JN167075

江戸300藩　読む辞典

八幡和郎

講談社＋α文庫
プラスアルファ

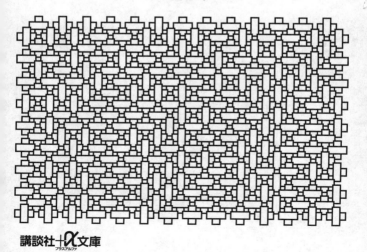

まえがき

城下町に生まれた人は幸せだと思う。そこでは誰しもが、〝お城〟を故郷のイメージとしてもちつづけることができるからだ。ヨーロッパの諸都市を訪ねてうらやましいのは、たいていの町の中心に立派な教会と広場があって、その都市のシンボルになっていることだ。市民たちは、世代も職業も超えた連帯を、この大聖堂のおかげでもつことができる。日本の都市ではそういうモニュメンタルな建築が少ないのだが、お城は素晴らしい例外である。

明治以来の近代日本には、三〇〇年もの徳川時代の太平が先立ち、そのとき日本は三〇〇の藩に分かれていた。日本という国を理解するためには、江戸時代の日本の姿、そして、その前史としての戦国時代から、信長、秀吉の時代を知らなくてはならないし、実際、人々の関心も高い。

ＮＨＫの大河ドラマが始まったのは、東京オリンピックの前年、一九六三年のことだが、それ以来、ほとんどの大河ドラマのテーマは、戦国時代から幕末までである。例外は、「平清盛」「義経」「太平記」「北条時宗」など、それほど多くない。べつに大河ドラマに限らず、「時代劇」といえば、チョンマゲものであり、この時代を扱ったものである。しかし、時代劇のテーマは、そのほとんどが、江戸や京都の話か天下取りがテーマで、地方はどうなっていたのかよくわからない。地方の状況をもっと知らなければ、天下の情勢も理解できないのは当然のことである。逆に郷土史のようなものでは、日本全体の動きとの関連がもうひとつ希薄にしか書かれておらず、「郷土の偉人」礼賛論に終わっていることも多い。

また、大河ドラマなどでは、登場人物がやたら多いのだが、主な登場人物以外は教科書で習っていない人物ばかりで、何者かよくわからない。最近の歴史教育は、暮らしや文化重視で、英傑美女の話はあまり教えないからなおさらなのだが、昔風の歴史物語も夢があって捨て難いし、こうしたことでは、全国の名所旧跡も廃《すた》れてしまうのではないかと心配である。

そこで本書では、全国の四七都道府県別に、戦国時代から幕末までの流れを、とくに三〇〇藩すべての成り立ちと統治ぶりを中心に追いかけてみた。また、お城や城下町の好きな方のために、観光案内としても使えるようにしてある。

この本を読んでもらえば、江戸時代のことも、故郷のことも、もっとよくわかってもらえると思うし、大河ドラマを見ても、ちょっとほかの人と違う解説をして、子供たちなどから物知りだと感心してもらえるかもしれない。また、過去の大河ドラマで扱われていた登場人物やエピソードはできるだけ拾うようにした。大河ドラマの視聴率は、だいたい二〇パーセント以上が普通だから、歴史が好きな人はほとんどが見ておられると思うからである。

本書は二〇〇三年にだした『江戸300藩 県別うんちく話』を12年ぶりに大改訂したものだが、初版当時は三〇〇藩すべてを扱った珍しい本として多くの方々に読んでいただいた。普通、目立つ藩だけ重点的に取り上げるものだから、江戸時代の本当の姿が浮かび上がってこない欠陥があった。それが本書で無名の藩まで取り上げたことによって江戸時代についての常識がかなり覆《くつがえ》ったと思う。

そして、この本のあと、『江戸三〇〇藩　最後の藩主』（光文社知恵の森文庫）、『本当は恐ろしい江戸時代』（SB新書）、『江戸三〇〇年「普通の武士」はこう生きた』（ワニ文庫）などを上梓したが、この改訂版ではそうした成果も取り入れている。また、平成の大合併による市町村名の変更、その後の大河ドラマなど話題になった歴史ドラマなどで扱われたテーマも補強した。

八幡和郎《やわたかずお》

目次◉江戸300藩 読む辞典

第五章　近畿地方

第六章　中国・四国地方

第七章　九州・沖縄地方

第八章　関東地方

第九章　東北・北海道地方

第十章　なぜいま江戸時代なのか

江戸300藩　読む辞典

第一章　ダブル二重構造の時代

皇居二重橋

旧国と都道府県

——— 旧国の境
━━━ 都道府県の境

旧国の制度は大化の改新のころに設けられました。改廃がしばらく続きましたが、823年に加賀が越前から分離したのを最後に68ヵ国で安定しました。ただし、対馬・壱岐を島として計上したりして66国と称されることもありました。そして、明治元年になって陸奥が陸奥、陸中、陸前、磐城、岩代に、出羽が羽前と羽後に分割されました（現在の県とは多くの場所で不一致）。このとき、蝦夷地にも11ヵ国が設けられましたが、それらは図示していません。なお、旧陸奥国（陸中）の一部は秋田県に入っています。

江戸時代の首都は京都か江戸か

徳川家康が征夷大将軍になってから、慶喜《よしのぶ》が大政奉還するまでの三〇〇年足らずを江戸時代と呼ぶ。しかし、家康が将軍宣下《せんげ》を受けたのは伏見城で、慶喜が大政奉還を宣言したのは二条城である。とくに幕末になると、一四代将軍・家茂《いえもち》は長州征伐《せいばつ》のため出陣した大坂城で死に、慶喜は二条城を本拠に幕政を行い、江戸には一度も戻っていない。江戸時代のはじめと終わりには、京都で政治が行われていた。あるいは、二代将軍・秀忠の時代になってからしばらくは、駿府《すんぷ》（静岡）に大御所・家康がいて実権を握っていた。しかし、そうはいっても、徳川三〇〇年のほとんどの時期、幕府の政治が江戸を中心に動いていたのは確かである。

しかし、江戸時代の日本の首都はどこだったのだろうか。地理の教科書では、首都とは「政府が存在しているところ」としているから、それなら、もともと首都は江戸だったというのが正しい。ところが、歴史の先生方は、江戸時代の首都は京都だと考えているらしい。だからこそ、「東京遷都」というのだ。日本は縦割り社会で、みんなが勝手なことをしても平気なセクショナリズムの国だから、同じ社会科の地理と歴史で矛盾することを教えても、文部科学省は平気なのである。

もっとも、これを矛盾としないために、無理やり理屈をつけられなくもない。つまり、江戸時代にあっても、元首は天皇であり、正式な日本政府は朝廷だったと考えることである。将軍や幕府は、日常的な決裁権を与えられていたものの、条約を結ぶというようなことになると、朝廷の承認を受けなくてはならなかったと考えるのである。

これも、幕末の外交舞台では、だいたい将軍が元首として扱われているのだから、本当はおかしいのだが、官僚的な浅知恵を働かせれば、こんな説明もあるということだ。

さらに、江戸幕府は同時に二つの顔を持っていた。中央政府と江戸藩である。幕府はもちろん日本政府としての仕事をしている。ところが、その財源は、八〇〇万石の江戸藩としての収入をあてにしていたのだ。もちろん、大名には、戦争になれば兵を出せといえるし、城の普請《ふしん》を手伝えともいえる。あるいは参勤交代をさせ、江戸藩邸でお金をじゃぶじゃぶ使わせて、江戸の経済発展に寄与させていたのだが、それにしても、おかしな仕組みだ。江戸幕府の仕事を見ていると、日本の利益と江戸藩のそれと、どちらを追求するのかがごっちゃになっていたように思える。

この遺伝子は、いまの永田町や霞が関に受け継がれていて、東京のことは政府が責任を持つが、地方のことは自己責任という差別につながっている。同じような施設をつくる場合でも、東京では国が、よそでは地方自治体が負担するようなことが多いのだ。首都機能移転論議が盛んなころ、当時の東京都知事だった石原慎太郎氏は、江戸時代以来の伝統を守らなければならないというが、それこそ日本という国の最悪の病なのだ。

だいたいこうした意味で、江戸時代の日本は、将軍と天皇、幕府と江戸藩という「ダブル二重構造の時代」だったといえるというのが、この章のタイトルの意味である。

藩は日本人の原点なのか

「廃県置藩」ということを提唱する人がいる。明治以来の中央集権体制を否定して、江戸時代に戻すくらいのつもりで地方分権を進めようというわけである。あるいは、市町村を合併して、三〇〇くらいの基礎自治体にしようという提案もあって、これがちょうど江戸時代の三〇〇藩に一致するし、三〇〇の小選挙区にもなるという人もいる。こうした考え方には、江戸時代の日本が、かなり立派な地域経営をやれるような立派な藩ばかりからできていたという誤解が根っ子にあるようだ。

たしかに、薩長土肥のような現在の県にほぼ一致する藩もあるにはあった。ところが、そんな藩は少数で、いまの都道府県がほぼ一つの藩の領地になっていたのは、かなり甘く見ても、仙台（宮城県）、加賀（石川県）、紀州（和歌山県）、鳥取、徳島、土佐（高知県）、長州（山口県）、佐賀、熊本、薩摩（鹿児島県）くらいである。

あるいは、小選挙区と同じくらいというと、だいたい一五万石くらいなのだが、郡山、松山、高田、姫路、小倉といった藩がこの規模で、一五万石以上のものは、全部で二八しかない。

しかも、藩の領地は、一ヵ所にまとまった土地とは限らない。一つの県内でも虫食い状態に散在しているし、江戸や京都の周辺には、江戸屋敷や京屋敷の賄《まかな》い費用をひねり出すための領地があって、たとえば彦根藩（滋賀県）は世田谷を領地にしていた。だから、井伊《いい》直弼《なおすけ》のお墓は、小田急線沿線の豪徳寺《ごうとくじ》にある。あるいは近江（滋賀県）の旧・八日《ようか》市《いち》（現・東近江市）の南半分は、仙台の伊達藩だった。また、前任地のときにもらった領地の名残《なごり》などというものもあった。越後（新潟県）の柏崎《かしわざき》は桑名藩だったが、これは江戸時代の中ごろ、桑名藩主が高田城主だったときにもらったものである。

さらに付け加えると、実は、藩という名称は江戸時代には正式のものではなかった。もともとは古代中国で武将などに辺境の支配をまかせた地域のことで、儒学者が大名領がそれに似ているとして藩と呼んだのだが、正式の名称にはならなかった。ところが、これが長州から流行が始まって勤王派が使うようになり、明治初年の府藩県三治制の下で旧大名領の名称となった。つまり、明治になってはじめて誕生した名前なのである。

それに、八〇〇万石といわれる幕府領の存在も大きい。このなかには、四〇〇万石の幕府直轄領（「天領」というのは明治になり新政府になってからの呼称で江戸時代には使われていなかった）もあって、県庁所在地でいうと京都、大坂、大津、奈良、神戸、横浜、静岡、甲府、新潟、長崎がそうだった。そのほかにも、函館、相川《あいかわ》（佐渡）、伊勢、堺、倉敷、大森（島根）、日田《ひた》（大分）など、当時の主要都市の多くがいわゆる天領である。これらの都市には城代や奉行が置かれた。ちなみに大岡越前守《おおおかえちぜんのかみ》は山田奉行（三重県伊勢市）のとき、紀州藩領との争いで気骨ある処置をして、当時の紀州藩主・吉宗の目にとまり、吉宗が将軍になってから重用された。

旗本の中には、大名と同じように自分の領地を持っている者もいて、たとえば吉良《きら》上野介《こうずけのすけ》は、先祖伝来の三河国吉良（愛知県）を領地にして、ときどき出かけていたことが、大河ドラマ「元禄繚乱《りょうらん》」にも描かれていた。逆に普段は地元にいて、何年かに一度だけ江戸に出てくる寄合旗本もいた。さらに、寺社領や皇室・公家の領地もあり、場合によっては、一つの集落を半分ずつといったこともあった。

私の本籍がある滋賀県守山《もりやま》市の矢島という集落は、幕末のころは三〇〇戸からなり、石高は一千石ほどだったが、琵琶湖の反対側の高島郡大溝《おおみぞ》藩（分部《わけべ》氏）の飛び地であり、隣の赤野井《あかのい》という集落は淀藩、そのほか刈谷《かりや》藩、前橋藩、天領に周辺を囲まれていた。また、同じ滋賀県の草津市にある平井という集落は、稲葉、酒井、本多、諏訪部《すわべ》彦次郎、諏訪部長八郎、渡辺、多羅尾《たらお》の七人の領主の共有だった。

そこで山形藩では、せめて同じ郡内に散在している自領を再編してまとめてほしいと幕府に陳情したが、混乱をもたらすという理由で許されなかった。

結局のところ、江戸時代の考え方では、領地は私有財産でしかなかったし、領地の境界もビスケットを粉々に割ったようなものだった。これを美化して地方分権のお手本にしようとする考え方は、歴史知識のお粗末さをさらすものだ。

都道府県については、江戸時代の藩とはまったく無関係に、律令制度のもとでの国を再編成する形で成立している。また、都道府県庁所在地も大きな城下町に多いが、それが一般原則というわけでもない。この経緯については、拙著『デジタル鳥瞰 47都道府県庁所在都市 東日本編／西日本編』（講談社）に詳しく書いたので参照されたいが、領地が私有財産として誰に帰属していたかは、近代国家の論理に無関係であることは当然で、だいたい筋の通った選択がされているといえる。また、都道府県名は、都道府県庁所在地の都市名か、それが属する郡の名前でほぼ統一されている。

日本的なものの始まりは室町時代

それでも、鎌倉時代や室町時代の仕組みに比べると、江戸時代が少しは近代国家に近づいてきたのは確かだ。それ以前には、荘園主と地頭がいて、重なり合って領地を持っていた。各国別に守護はいるが、これはもともと検察官兼裁判官のような役割しか与えられていなかった。しかも、鎌倉時代には、守護職が世襲されることも少なかった。それが、室町時代には世襲が一般化し、持ち主のない土地などを集めて、徐々に自分の領地を持つ守護も現れたのだが、権力は弱いし、しょっちゅう跡目争いをしていた。一つの国を分割して、複数の守護がいることもあった。

しかも、普通は京都か鎌倉に住んで、守護代といわれる代官に任地は任せていた。こんなものは、明確な意思を持った行政の仕組みとはいえないから、結局は腕力での自力救済に訴えるしかなかったのが室町時代である。幕府も同じようなもので、珍しく室町時代を扱った大河ドラマ「花の乱」では、およそ国の最高指導者らしいことを何も考えていない将軍・義政の姿がよく描かれていた。

室町幕府は江戸幕府より、直轄地はさらに少なかった。そこで、守護たちからの貢《みつ》ぎ物が大きな収入源だった。しかも、幕府が持つ最大の権限は、守護の跡目を誰が嗣《つ》ぐかもめたときに、それを決めることだった。こうなると、もめごとがないと、政府の懐《ふところ》が寂しくなるのだから困ったものである。あるいは、京都周辺で関所などをつくって収入を上げるというようなこともしたわけだが、いずれにせよ、きちんとした税制もなかったのだ。

そこへいくと、江戸時代の仕組みは、それぞれの領地の中では殿様が一番偉くて法の支配者だという原則を確立して、少し近代国家に近づいたということがいえる。

もっとも、室町時代は、いろいろな意味で近代日本の基礎をつくった時代である。日本文化とか日本的な生活と我々が考えているものは、だいたい室町時代に始まっている。茶道、華道、能楽、自然を取り入れた庭園、書院造りの民家など、いずれもそうである。蓮如上人《れんにょしょうにん》によって飛躍した浄土真宗など、宗教も民衆のものになっていった。

山口、足利、静岡、土佐中村などに代表されるように、地方でも独自の文化が花開いていった。農村や都市では、住民自治が行われるようになった。とくに農村では、集落が成立して惣《そう》（あるいはムラ）という組織となったが、文書で知られる最初の惣は、一三世紀に近江八幡《おうみはちまん》市の奥島《おくしま》というところで成立したというものである。この組織は、いまでいう自治会にあたるが、明治維新の段階で七万くらいあり、これを小学校をつくるために一万余りにまとめ、戦後には新制中学を維持するために三〇〇〇余りにして、平成の大合併で約二〇〇〇になった。これが現在の市町村であって、日本の地方自治制度の基本は江戸時代でなく、この時代にルーツを持つのである。

お家断絶の恐怖

天下太平の世では、殿様はいつまでも同じだと思っている人が多いのではないだろうか。例外は、「忠臣蔵」の浅野内匠頭《あさのたくみのかみ》のように刃傷《にんじょう》ざたを起こしたような場合で、そうあることではないものと誤解されている。ところが、江戸時代でもお家取り潰しは結構ひんぱんにあったし、減封《げんぽう》とか、よその土地への移封《いほう》なども珍しくなかったのである。

お家取り潰しの原因で一番多かったのは、跡継ぎがない場合である。江戸初期は養子が認められる条件が厳しかったので、続々と大藩が改易《かいえき》された。とくに、殿様に実子がないまま若死にしたときが悲劇だった。そこで幕府では、五〇歳未満の殿様に限り末期《まつご》養子、つまり、もうだめだというときになってから後継者指名することを認めるようにしたので、無嗣《むし》断絶はかなり減った。

養子は、弟や甥《おい》でもいれば一番都合がいいが、他家に嫁いだ娘の子の場合もよくある。上杉家を吉良上野介と上杉家出身の奥方との間の息子である綱憲《つなのり》が嗣いだりしたようなケースである。さらに、将軍家や御三家の次男坊、三男坊といった者も、もらい手が多い。五五人の子供がいた一一代将軍・家斉《いえなり》の場合、紀伊（御三家）、清水、田安《たやす》（以上、御三卿）、鳥取、津山《つやま》、浜田、福井、徳島、明石へ、子供たちが養子に迎えられている。もらい受ける側からすれば、幕府との関係がよくなり、加増されることもあって、歓迎すべきことでもあったのだ。

一方、新しい大名も結構数多い。大きな大名家が、将来、取り潰しになったときに備える意味もあって、分家を開くのもよくあることだった。検地して石高が増えたので「……新田藩《しんでんはん》」をつくるといった具合である。あとは、旗本などが将軍の側近として活躍して、禄高を増やしてもらい、大名になるケースである。珍しいところでは、将軍跡継ぎを産んだ側室の実家が大名になるということもあった。家綱の母の実家の増山家が伊勢長島藩主、綱吉の母の実家の本庄家が丹後宮津城主になっているなどというものだ。春日局《かすがのつぼね》の子供（稲葉氏）が淀藩祖（本書では、はじめて大名になった人のことを「藩祖」とする)となったとか、家光の正室の弟・鷹司 信平が大名になったなどという例もある（吉井藩松平家）。

その一方、大名が領国経営に成功して実績を上げたところで、領地が増えるわけではない。上杉鷹山《うえすぎようざん》は全国の殿様の模範として、老中・松平定信に進講までしたが、だからといって米沢藩に加増はなかった。支店での実績などより、経営者の取り巻きのほうがよい目を見るのは、昔も今も変わらない。海外では、社長として実績を上げれば、もっと大きな会社の社長としてスカウトされることも多いし、市役所の幹部も評判がよければ、格上の自治体から誘われるのが普通だが、日本でそれがないのは、江戸時代からの悪《あ》しき伝統なのである。

お国替えは大迷惑

お国替えは、譜代大名にとくに多かった。主だった譜代大名で転封がなかったのは、彦根の井伊藩くらいで、佐倉藩主の堀田家などは、一七世紀の終わりごろ、安中《あんなか》・古河《こが》・山形・福島・山形と、一九年間に四回の移封を経験して、疲れはててしまった。あるいは姫路や浜松では、一〇家もが出たり入ったりしている。

人事異動といっても、藩士たちやその家族がみんなで引っ越ししなくてはならないし、藩札（藩内だけで通用する紙幣）でも出している場合は、それらを清算するなど、移封が大事業だったことは、「忠臣蔵」でもおなじみだ。引っ越し費用は、結局は領民の負担になったから、たまったものではない。明治になってからの官選知事の交替では、部下は一緒に引っ越しするわけではなかったから、それよりよほどひどいものだった。それでも、禄高が増えて栄進するならよいが、必ずしもそうとは限らない。

こうしたお国替えは、八代将軍・吉宗のあたりからかなり減って、江戸時代後期には、同じ家系の殿様が続くことが多くなった。それでも、なかには幕府の要職につきたいから、それに向いた領地に、という殿様もいる。天保の改革で知られる水野忠邦《ただくに》は、唐津藩主が長崎見廻役《みまわりやく》を務めることが慣例になっており、老中などを狙うのに不利だというので、家臣の猛反対を押し切り、実質的な減収覚悟で浜松への移封を願い出た。このあおりで、浜松藩の井上氏は福島県棚倉《たなぐら》へ、棚倉の小笠原氏が唐津へ引っ越しさせられた。あるいは、松平定信は幕閣の実力者だった地位を利用して、貧しい白河から要地である桑名に国替えされることに成功したので、桑名の松平（奥平）氏がはじき出されて忍《おし》に、忍の阿部氏が白河にと三角トレードされたが、なんともはた迷惑な話だった。

第二章　三都の興亡

二条城二の丸御殿

徳川家康の入国以前の江戸

（　）は現代の地名

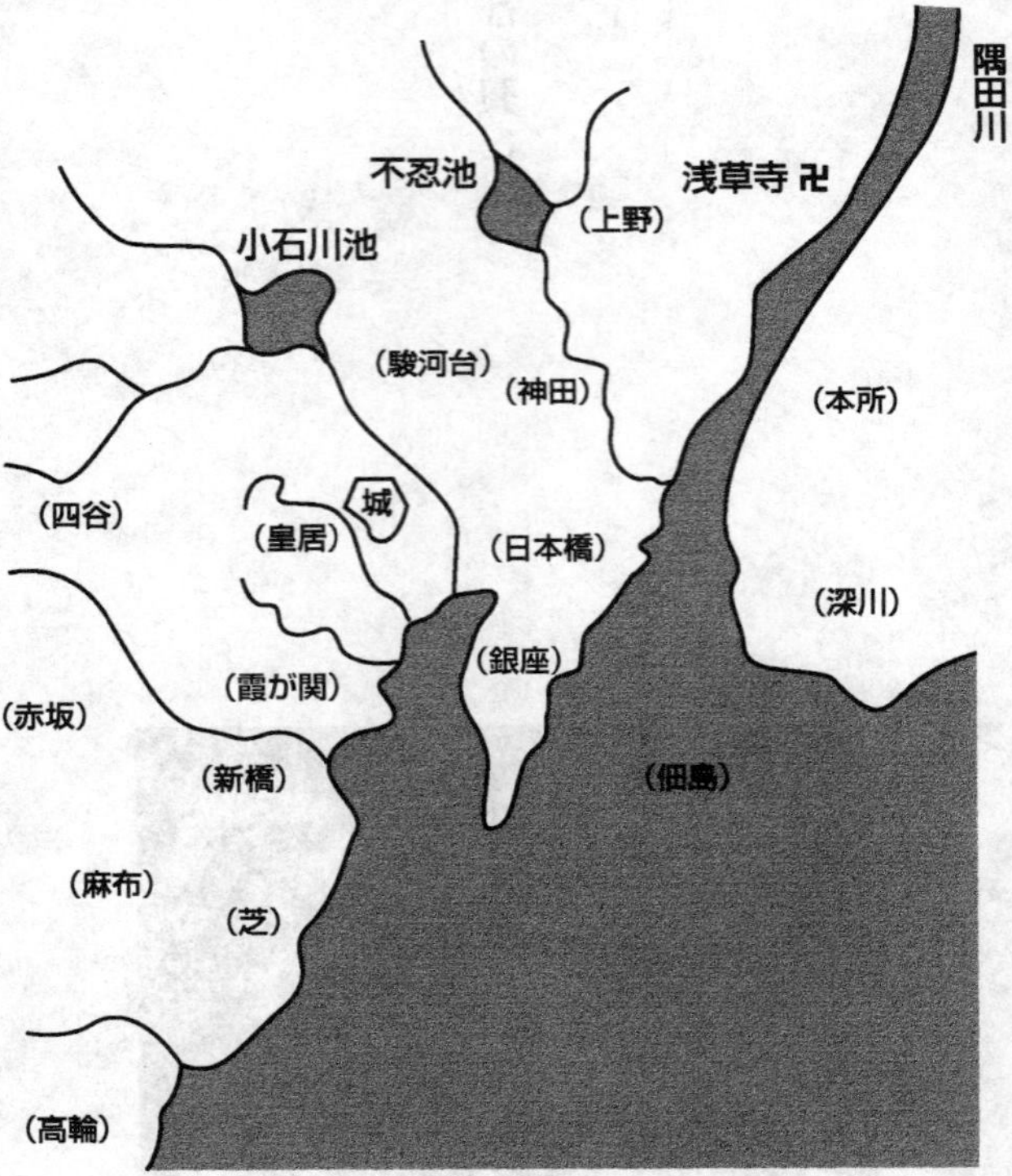

江戸・京都・大坂の役割分担

江戸、京都、大坂を三都というが、江戸時代は、この三つの素晴らしく個性的な都市が首都機能を分担した時代であった。

江戸には実質上の政府機能があり、政府職員である旗本などと、参勤交代や江戸屋敷の維持に伴う膨大な消費人口を抱えていた。お国元ではつつましやかな生活をする武士たちが、お江戸では交際費として贅沢《ぜいたく》に公金を垂れ流していた。体面を保ったり、情報収集を怠《おこた》らないという名目である。

京都には天皇がおられて、幕府の権力の正当性を保証していた。大河ドラマ「八代将軍吉宗」では、「御公儀がいかに思われることやら」というセリフが頻繁に出ていたが、曲がったことをすれば権力の基盤を否定されるという懸念は常にあったのである。当然のことながら、鎌倉幕府が後醍醐天皇との確執のなかで滅んだ二の舞を避けようという意識もある。

将軍は、家光が一六三四年に上洛して以来、家茂《いえもち》に至るまで、一度も京都には行っていない。家光があまりにも豪勢にやったので、それより貧弱にするわけにもいかず、かといって慢性的な財政難のもとでは、同等以上にとはいかず、やめたものだろう。そのかわり、京都生まれの母を持つ綱吉の時代あたりから、江戸城の生活がどんどん都風になってくる。現代でも、関西風の文化を吸収しつつ、東京一極集中が進むという流れがあるが、それと同じことだった。この間、京都は衰えつつも、洗練された文化の発信基地としての機能を維持し続ける。

大坂は「天下の台所」といわれたように、経済の中心としての地位を与えられた。とくに、全国の米の取引は、大坂での相場を基準に行われる。また、金融機能の発展は、多くの藩の財政をコントロールするようになる。いまふうにいえば、銀行管理である。大坂の蔵元であった升屋《ますや》の手形を藩札として流通させた仙台藩など、その一例である。大坂には各藩の蔵屋敷が設けられ、財務担当者が常駐したが、そのなかで、福沢諭吉は、中津藩（大分県）の大坂駐在員の子として、浪速《なにわ》の地で生まれている。

この三都には、それぞれ将軍の城があった。江戸城がその一つであることはいうまでもないが、京都には最初は伏見城、ついで二条城ができた。大坂の陣のあとは、伏見城の機能のうち、西日本支店としての機能は大坂城へ移り、京都別邸としての役割は二条城に任され、伏見城は跡形もなく破壊された。ここでは、信長、秀吉の時代から江戸時代までの、三都における天下人の城の話をもう少し詳しく見てみよう。

江戸を選んだ秀吉の知恵

江戸城を関東の中心として選んだのは、豊臣秀吉である。このことは、幕府の公式の史書である『徳川実紀』に書かれている。大坂を天下統一の基地としたのも、あとで説明するが、京都や博多の現在の都市プランの基本をつくったのも秀吉であり、その下で指揮をとったのは黒田官兵衛である。彼らの偉大な都市プランナーとしての功績は計り知れないほど大きい。

秀吉が北条氏を滅ぼしたあと、関東に移封《いほう》された家康にとって、本拠地として最も自然な選択は、小田原か鎌倉だった。小田原は、町全体を囲む広大な総構えを持っており、その当時、日本最大のものだった。鎌倉は、室町時代にも鎌倉公方《くぼう》や関東管領《かんれい》が住み、京都五山に対する鎌倉五山もあって、関東の都としてのカリスマ性を持っていた。

しかし、平野の中心で、大河が波静かな湾に流れ込み、丘陵地帯の先端なので地盤もそこそこよく、防御線もいちおう引けるこの江戸こそ、関東の中心にふさわしいと、秀吉は判断したのだろう。大坂とよく似た条件である。

この頃の地形を現在の東京から想像することは難しいが、日比谷公園のあたりが海岸線で、皇居や国会議事堂があるところは、少し高台になっていた。溜池《ためいけ》のあたりは入り江になり、海岸線は東海道本線に沿って南へ向かい、白金台《しろがねだい》のあたりは、東京湾を見晴るかす景勝地だった。東は浅草寺《せんそうじ》の後方から不忍池《しのばずのいけ》にかけて湿地帯が入り込み、利根川や渡良瀬川《わたらせがわ》は東京湾に流れ込んで、現在の利根川下流は常陸川《ひたちがわ》と呼ばれていた。

防御線として弱い北方には、神田川が飯田橋から首都高速道路に沿って大手町方面へ流れ込んでいたのを、水道橋、お茶の水方面の高台を深く掘り込んで外堀とした。また、不足する商業地にあてるため、銀座周辺の海を埋め立てた。旗本屋敷は番町《ばんちょう》・麹町《こうじまち》あたりに配置し、大名の屋敷は、江戸城に近いところに上屋敷《かみやしき》、遠いところに中屋敷、下屋敷というように分けたりした。現在の東京大学は加賀藩で、ホテルニューオータニ付近の紀尾井町《きおいちょう》は紀伊、尾張、井伊の屋敷があったところである。江戸の山の手では、高い塀に囲まれたお屋敷が並んで、町としての賑《にぎ》わいはなかった。

江戸城では、現在の東御苑《ひがしぎょえん》に本丸があり、いま皇居があるのは、かつて嗣子《しし》や大御所が住んだ西の丸だった。天守閣は三度造営された。最初は慶長年間（一六〇七年ごろ）で、総塗籠《そうぬりごめ》の壁と鉛の瓦《かわら》のため、「富士山と雪の峰に聳《そび》える」真っ白な天守閣だった。二度目は大坂の陣の少しあとの元和《げんな》時代、三度目は家光の寛永時代だが、一六五七年の振り袖大火で焼失してからは再建されなかった。元和、寛永の天守閣はよく似たデザインで、現存の松本城の天守閣を大きく贅沢にしたようなものだった。五層で、各層の壁の下部に黒い板を張っていた。元和のときは漆塗りの板だったが、寛永では黒色に加工した銅板だった。破風《はふ》のデザインは松本城より派手だが、四層目に唐破風を配している点は似ている。また、瓦には金の飾りが取り付けられ、華やかさはないが、豪奢だった。いまこれを復元しようという運動があるが、高さ約六〇メートルあって皇居を威圧するような徳川のバブリーな天守閣を建てることには賛成しかねる。

現在の皇居の美しさは、土塁《どるい》と石垣、さらにその上に繁る松の木のハーモニーだろう。関東の城では、よい石材がないので、石垣でなく土塁が主体になる。江戸城の場合は、土塁で大きな構造をつくり、その上に、それほど高くない石垣を重ねてある。松の木のある場所は、もともと土塀だったが、台風などで倒れるので松の木にした。天下太平の象徴である。

慶喜の時代は京都に幕府があった

菅原道真《みちざね》をまつる北野天満宮は梅の名所だが、梅林の中を散策すると「御土居《おどい》」の跡がある。堤防のようなものと空堀からなるが、この御土居は、かつては京都の町をぐるりと囲っていた。現在の京都駅も御土居の上にある。豊臣秀吉は、この御土居をつくり、現代にまで踏襲される市街地の範囲を画定した。南北の道を多く通して、鰻《うなぎ》の寝床のような町屋が背中合わせに並ぶ短冊《たんざく》形の街区をつくったのも秀吉である。

室町時代の京都には、大河ドラマ「花の乱」で雰囲気がよく出ていたが、花の御所をはじめ武家の屋敷が並び、遊郭や茶屋もできて、都市文化らしいものが発展していった。ところが、応仁の乱で市街のほとんどが焼失し、現在の上京《かみぎょう》区、下京《しもぎょう》区とは一致しないが、現在の西陣地区にあたる上京と、室町地区にあたる下京が、ほとんど独立した別々の城塞《じょうさい》都市のようになってしまっていた。

織田信長は、その中間にあたる京都府庁の南方あたりに、足利義昭《よしあき》の二条城（いまの城とは別の場所）を造営して、都市改造に乗り出した。しかし、事業が本格化する前に、本能寺の変で生涯を閉じた。いまの本能寺は、三条大橋に近い寺町御池《おいけ》の繁華街にあるが、当時は下京の油小路蛸薬師（現・中京区）にあった。丹波《たんば》との境にある老ノ坂《おいのさか》から一気に駆け下りたところであり、明智光秀の攻撃になすすべもなかった。

秀吉は市内の整備をするとともに、聚楽第《じゅらくだい》をかつての大内裏《だいだいり》の跡に築き、近代的な城下町としての京都を完成させた。豪華絢爛《けんらん》な聚楽第を、秀吉は関白・秀次《ひでつぐ》に譲ったのだが、秀次事件（四七ページコラム参照）の前後から、新たな京都の城として伏見城を築く。この城は、宇治川の観月橋《かんげつきょう》の近くにある指月山《しづきやま》にあって、別荘風のものだった。ところが、この第一期伏見城が大地震で崩壊したので、秀吉は現在の明治天皇陵がある木幡山《こはたやま》を本丸にして、第二期の伏見城を建設した。秀吉が一生を終えたのはこの城だが、その死後は、秀頼と前田利家《としいえ》は大坂城に移り、徳川家康がここで政務を見た。この城は、関ヶ原の戦いの前哨戦で落城し炎上したので、戦後、家康によって再建された。家康が一六〇三年に将軍宣下《せんげ》を受けたのはこの城である。

家光の時代に伏見城は廃城となり、建築物は各地に移された。そのうち、現代にまでその姿を伝えるのは、皇居二重橋の伏見櫓《やぐら》、福山城の伏見櫓、二条城唐門《からもん》、豊国《とよくに》神社唐門、琵琶湖《びわこ》に浮かぶ竹生《ちくぶ》島《しま》にある都久夫須麻《つくぶすま》神社と宝厳寺《ほうごんじ》、東山高台寺《こうだいじ》、伏見御《ご》香宮《こうのみや》、長浜大通寺《だいつうじ》の諸建築、西本願寺白書院、松島観瀾亭《かんらんてい》など数多い。すべての伝承が正しいとは限らないし、一度焼けてそのままの姿で再建されたものもあるが、いずれも我が国の建築史上の傑作群である。このなかには、三期にわたる伏見城のいろいろな段階のものが含まれているし、聚楽第からの移築も入っているだろう。江戸時代には、城跡に桃の木が植えられたことから、桃山と呼ばれるようになった。大正になって、明治天皇の伏見桃山御陵が本丸跡に営まれた。天守台は御陵の背後にある。戦後復元された天守閣は、城跡の北の端に建てられている。

この伏見城を関西における徳川氏の居城として扱うとともに、家康は、京都の市中に新しい二条城を築いて、京都所司代などもここに置いた。現在の二条城の建物は、家光の上洛《じょうらく》のときのものであるが、幕末になって一五代将軍・慶喜《よしのぶ》が事実上の居城とし、大政奉還の発表もここで行われた。大河ドラマ「徳川慶喜」の後半は、ほとんど舞台を京都としていたのを覚えておられるだろう。

もし吉宗が大坂に移っていたら

大阪城は市民から「太閤《たいこう》さんのお城」と親しまれ、徳川家康を狸爺《たぬきじじい》と嫌う関西人にとって、「アンチ関東」のシンボルのようになっている。しかし、たいへん残念なことに、現在の大阪城は、大坂夏の陣で豊臣秀吉の城が廃墟と化したあと、徳川氏によって再建されたものである。

そのことは、黒田家所蔵の「大坂夏の陣屛風《びょうぶ》」などに描かれた秀吉時代の大坂城と、現在の遺構があまりにも違うことから、古くから常識となっていた。それが、代代大工として活躍した中井家から、豊臣時代の本丸図が発見され、さらに読売新聞社によるボーリング調査で、地下七メートルのあたりに中井家本丸図に示されたような石垣が発見されて、決定的なものになった。

大阪城のあるところは、堺市の仁徳天皇陵があるあたりから四天王寺周辺を経て、北に伸びる台地の北端にあたる。その昔は、大和川《やまとがわ》も淀川と合流して、城の東側は低湿地になっていたし、御堂筋《みどうすじ》のあたりまで海がきていて、防衛上もたいへん都合のよいところだった。

そんなわけで、仁徳天皇以来の難波宮《なにわのみや》もここに営まれたし、中世の石山本願寺も立派な城塞都市だった。秀吉の大坂城は、石山本願寺の跡地を利用するとともに、いまの船場《せんば》のあたりに東横堀川《ひがしよこぼりがわ》や道頓堀川《どうとんぼりがわ》などを縦横にめぐらして、商業地として開発した。

秀吉創建の城では、天守閣は全面に黒い漆《うるし》の板が張られたもので、現在の伏見城のイメージにやや近い。小天守や、西の丸に徳川家康が建てた天守は、各層の下部のみが板張りで、下見板張り仕上げという様式である。御殿は贅《ぜい》を極《きわ》め、秀吉が明《みん》の使節を謁見《えっけん》した千畳敷や、黄金の茶室があった山里丸などがあった。

徳川氏の城は、日本の土木史上に残る巨大な石垣と、やはり壮大な櫓《やぐら》や城門からなる。京橋口《きょうばしぐち》の肥後石は、高さ八・五メートル、幅一四メートル、重さ六〇〇トンと推定されている。現在も残る大手門や千貫櫓《せんかん》からも、その規模は実感できるが、一一棟の三層櫓が多聞櫓《たもん》で結ばれていた本丸の偉容は、幕末の古写真でも偲《しの》ぶことができる。天守閣は小堀遠州《こぼりえんしゅう》の設計で、名古屋城天守閣を一回り大きくしたものだった。

徳川三〇〇年の太平の中で、大坂城はほとんど無用の長物になっていた。ところが、幕末になると、にわかにあわただしくなった。長州征伐のために一四代将軍・家茂《いえもち》が入城したのである。しかし、長州戦線での敗報が続くなかで、家茂はここで永眠した。慶喜は、いったんは出陣を決意するが、小倉城陥落を聞いて中止。そののちは、政治の中心は京都に移り、大政奉還へ進んでいく。しかし、辞官納地（内大臣の辞任と天領の朝廷への引き渡し）の命令に怒った慶喜は、大坂城へ退き、京都へ圧力をかけるが、会津藩など強硬派が拙速《せっそく》に鳥羽《とば》伏見の戦いを仕掛け、錦の御旗《みはた》の前に敗戦する。慶喜は将兵をだまして再起を誓うが、夜闇《よやみ》にまぎれて脱出し、松平容保《かたもり》や老中たちと、幕府の戦艦で江戸に逃げた。

歴史に「もし」は禁物というが、慶喜は本拠を江戸から大坂に移すことを考えていたようである。将軍家主導で近代国家をつくるとしたら、天皇を法王のような位置づけにして、山城国をバチカン市国のような皇室領にし、江戸城を本拠にした江戸藩を独立させて中央政府機能と分離し、プロシア王がドイツ皇帝を兼ねるようなかたちで、将軍が皇帝となるしかなかっただろう。

ただ、それを実現するには時間もなかったし、腐りきった幕府を改革して模様替え

大坂冬の陣当時の大坂　（　）は現代の地名

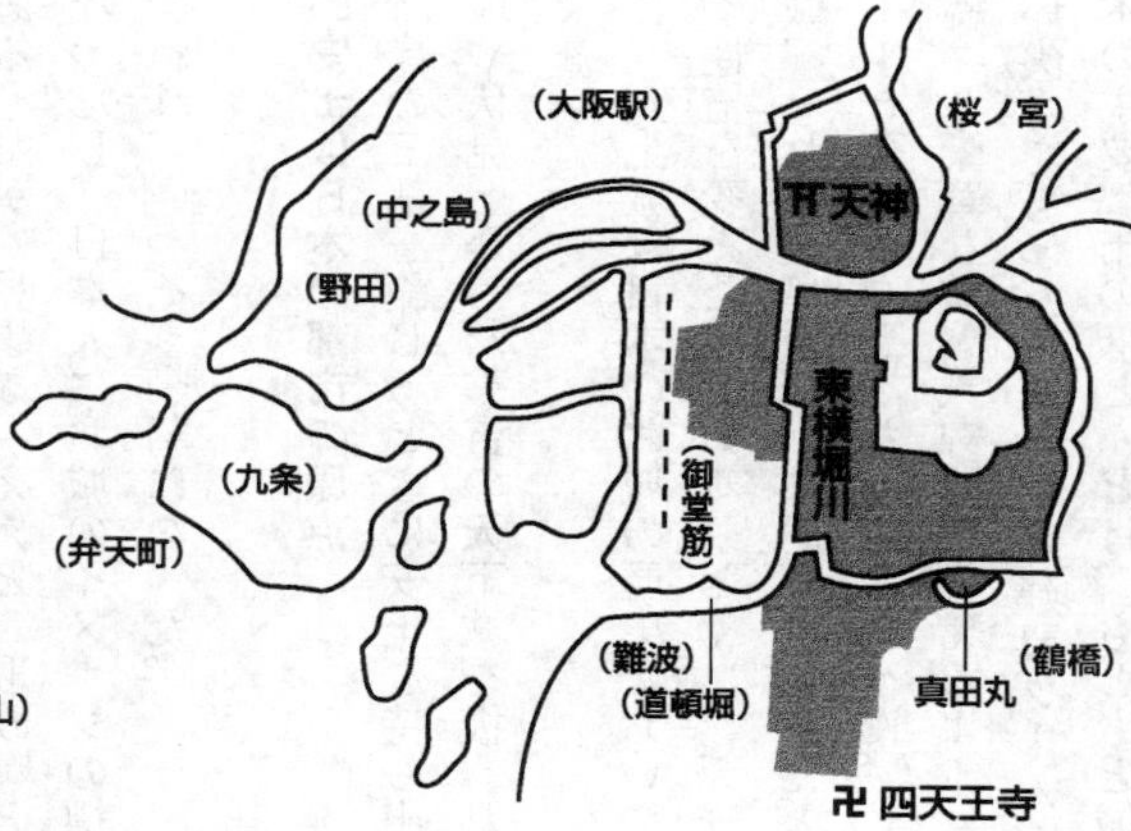

するよりは、すっきり新政府にしたほうが合理性があった。もし、そうした構想が可能だったとしたら、吉宗のころだったと思う。大河ドラマ「八代将軍吉宗」には、大御所となった吉宗が上洛を希望したが果たせなかったエピソードが登場していた。そのころに、中央政府と江戸藩の分離を行い、幕府を大坂に移し開国の準備をしておけば、徳川主導の近代国家建設も可能だったのではないか。

現在の天守閣は、昭和天皇の即位記念に市民の寄付で再建されたものである。徳川時代の天守台に、豊臣時代の天守閣のデザインを取り入れつつ、徳川時代と同じ白亜の漆喰総塗籠式《しっくいそうぬりごめ》で仕上げたもので、歴史考証としてはでたらめである。だが、見事な「ええとこ取り」ともいえ、その後の天守閣復元ブームの嚆矢《こうし》になったし、日本人にお城のイメージの標準型を与えた名作である。近年、化粧直しが行われ、いっそう豪華になった。

信長の安土は日本の都市の原点

江戸時代の三都を論じるときに安土を持ち出すことは、奇異のようでもある。しかし、大坂や伏見といった秀吉の天下城を扱った以上、信長の安土を後回しにするわけにもいくまい。

それに、安土城は日本のお城の歴史において特別の存在である。それまでの城とはまったく性格を変えたのである。とくに、天守閣については、それ以前の、伊丹城とか楽田城《がくでん》、それに岐阜城などに萌芽《ほうが》はあったとしても、安土城のそれは明らかに違ったスケールと豪華さをもったものであった。この衝撃があまりにも大きかったので、全国に続々と豪華な城と天守閣が聳《そび》えるようになった。中世末期のヨーロッパにおいて、高い尖塔《せんとう》をもったカテドラル建設ブームが起こったのと比肩すべき出来事だった。日本の主要都市のほとんどは、もともと城下町だから、安土には日本の都市の原

京・近江の戦国時代

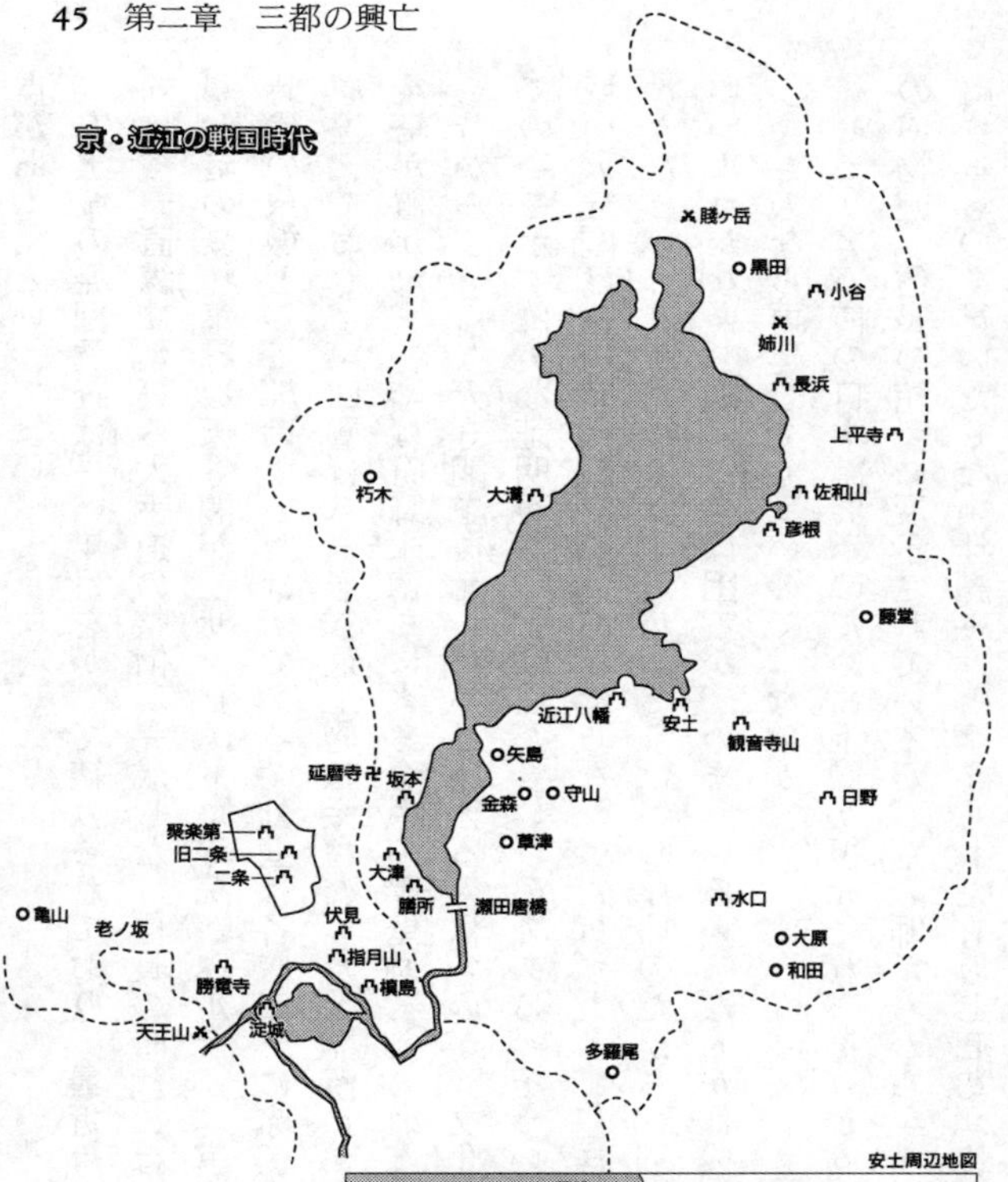

安土周辺地図

近江八幡市周辺は戦国期に日本の中枢機能がしばしば存在した。また、織田家発祥の地でもある。参考：『琵琶湖と人の環境史」（岩田書院、「安土築城期における大中の湖の湖沼環境変化」古関大樹）

点があったといってよい。

安土城の発掘調査は長い年月をかけて続けられており、最近は、山麓から天守閣に向けて一直線に延びる大手道の整備が完成した。信長の時代には、この道の頂上に五層七階の豪壮華麗な天守閣が、サンピエトロ寺院かベルサイユ宮殿のように、新しい時代の象徴として輝いていたはずである。外壁は各層ごとに赤、青、漆塗りなどに色を違えており、第四層は八角形、最上層は金色だったと記録にある。内部は、地下に宝塔が置かれ、各階は狩野永徳《かのうえいとく》らによる金色の障壁画で飾られていた。

昔から、そんな天守閣を復元したいと考える人は多いが、文化庁は、図面などかつての姿を示す確実な証明がないと駄目だというのである。そういう考え方だと、大坂城の天守閣は徳川時代風でなくてはならなかったはずだし、皇居の二重橋など撤去すべきだということになるはずだが、そうはいわないのだから、弱いものいじめとしかいいようがない。醜《みにく》いものは困るが、いま、いろいろな人が作成している復元図のようなものなら再建してもよいのではないか。

セビリア万博の日本館展示のために上層が復元され、それが安土町（近江八幡市）の博物館「信長の館」に展示されているが、宣教師たちから「キリスト教国にも、比肩するものを見いだせない壮麗さ」と讃《たた》えられた在りし日の勇姿を、本来の場所で見鶴松の夭折《ようせつ》を受けて、豊臣秀吉は甥の秀次《ひでつぐ》を後継者とし、関白の位も譲った。ところが、そののちに秀頼が生まれ、秀次は謀反の疑いで自刃《じじん》に追い込まれていった。

養子にあとを譲ったり、それを約束したあとに実子が生まれるのはよくあることだが、そのとき養子は、自分から身を引くことが最大の保身術である。秀吉は、秀次の娘と秀頼を縁組みさせようという妥協案を持ち出したのだが、秀次は、それさえ渋った。秀頼が秀吉の実子ではないという噂で、決断が鈍ったこともあるかもしれない。

秀次は、特別に有能ではなかったにせよ、暗愚《あんぐ》というわけでもなかった。ただ、神経質で不安などから、多くの妻妾を抱えたり、大名のなかにシンパをつくろうとした。秀吉は秀次廃嫡を決断するについて、徳川家康や前田利家らとの親交を深め、彼らに秀頼を後見してもらうめどをつけてから行動に移った。秀吉は、同世代のよしみもあってか、家康の実直さを愚かにも本当に信用していたのである。

秀次事件の黒幕として、石田三成をいう人は多いが、最終段階での実務的な差配はともかく、黒幕というのは濡れ衣である。三成は、秀吉が家康らを信用し、秀頼の将来を託そうとしていることを警戒し、秀次が慎重に行動するよう助言するなど、秀次側近との関係は悪いものではなかったし、淀君がことあるごとに北政所と張り合おうとするのにも批判的であった。

コラム「秀次事件の黒幕は誰か」

たいと考えるのは私だけではあるまい。

幸い安土城の石垣はかなり良好に保存されており、ぜひとも訪れるべき城跡である。しかし、その周辺には町らしきものは何もない。安土の町は本能寺の変のあと突然なくなったのではない。お城も信長の孫の三法師《さんぼうし》丸《まる》（織田秀信《ひでのぶ》）の居城となったくらいで、なにがしかの建物も再建されたはずであるし、城下町も同様だろう。ところが、のちにこの地の領主となった豊臣秀次《ひでつぐ》は、城を近江八幡《おうみはちまん》に移転し、城下町も移したのである。つまり、今日の近江八幡が、安土の町の現在の姿なのだ。城跡の八幡山には、秀次の母が晩年を過ごした京都の村雲《むらくも》御所が寺院になっていたのを戦後に移したものがあるだけだが、城下町を囲む八幡堀や西川ふとん店の本宅など、立派な商家の数々が残る。また、山の上ホテルや東洋英和女学院、関西《かんせい》学院などの設計者として知られる建築家であるとともに、伝道師、実業家でもあったヴォーリズの本拠だったことから、彼の手になる建築が数多く見られる。お城の遺構こそないが、全国でも最も美しい城下町のひとつである。また、市民の秀次に対する敬慕《けいぼ》の念は強く、青年会議所などが、大河ドラマ「秀吉」の放映の際には、堺屋太《さかいやた》一《いち》氏の原作で秀次がよく書かれていないことを心配して、軌道修正をNHKに陳情したりした。

安土から近江八幡に移ったのは、愛知川が運ぶ砂で港としての機能が年々、悪化したのが理由のようだ。また、豊臣秀次は天下統一後に織田信雄《のぶかつ》の居城だった清洲に移ったので、京極高次が城主になったが、やがて大津城に移った。

ところで、なぜ、信長が安土に城を築いたのかだが、安土や近江八幡の属する旧蒲《が》生《もう》郡は、織田家の出身地なのである。織田家は越前から尾張に移ったが、もともとは、平資盛《すけもり》の子を連れた女が、近江八幡市の湖岸にある津田というところの郷長《ごうちょう》の妻となって暮らし、やがて訪れた織田神社の神官に与えたこの子が織田家の始祖・親実《ちかざね》であり、その一八代の孫が信長である。これを信長の創作だという人が多いが、そういう言い伝えがあったのだろう。織田家では次男以下に津田姓を名乗らせているのも、この地と縁がある証拠だ。また、足利義昭との関係でも、鎌倉将軍と北条執権家、あるいは古河公方と後北条氏の例から、将軍をお飾りにした関係を念頭に置いたようである。それに対して、義昭は信長を斯波《しば》管領家《かんれいけ》の継承者として実権を確保しようとして失敗した。また、信長の母・土田《つちだ》御前は美濃の出身だが、その先祖は同じく土田町（近江八幡市）の出身とされているから、信長にとって、このあたりは二重の意味で祖先の地であるということになる。単なる偶然というにはできすぎであろう。

あくまでも推理でしかないが、「安土城は、信長が平家ともゆかりのある父祖の地に源氏の棟梁である足利将軍の権威に替わるシンボルとして建てた」という説を唱えておこう。

第三章　愛知県（尾張・三河）

犬山城

愛知県の戦国時代

◎は城（幕末に藩が置かれていたもの）
○は陣屋
●数字は下記松平家の発祥地
凸はその他の城
✕は合戦地

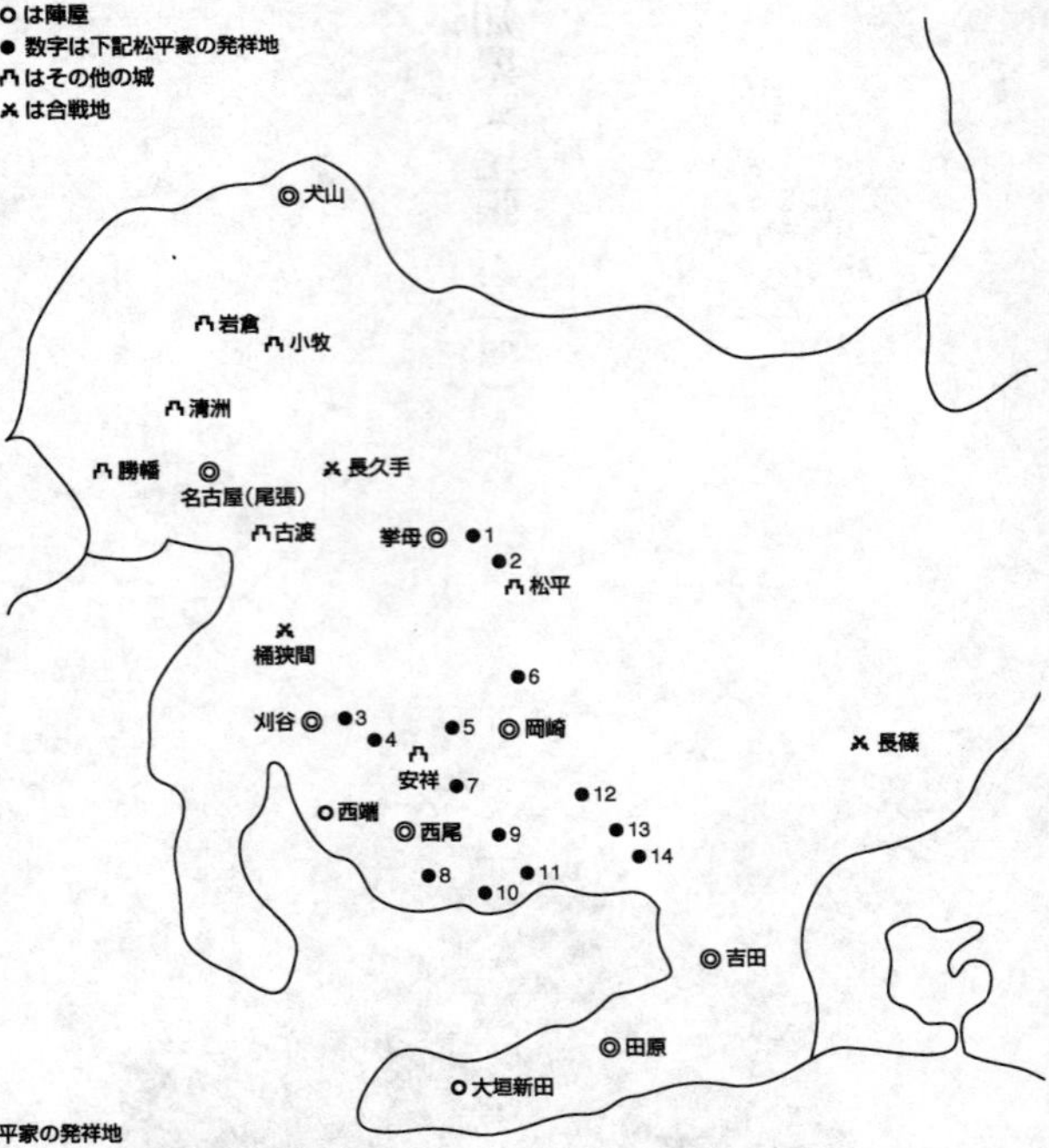

松平家の発祥地
1.大給　2.滝脇　3.藤井　4.安祥　5.桜井
6.能見　7.三木　8.東条　9.深溝　10.形原
11.竹谷　12.大平　13.長沢　14.御井

信長、秀吉、利家それぞれの家庭事情

天下人になった信長の夢を偲《しの》ばせる安土城跡には、建物こそ残っていないが、石垣が山の麓《ふもと》から天守跡に巨大な竜のように横たわっている。ところが、信長が桶狭間《おけはざま》の戦いに勝って天下取りに飛び立った清洲には、城跡も、秀吉とねね、利家とまつが青春時代を送った城下町も、その痕跡すらとどめていない。

徳川家康が名古屋を新しい尾張の中心に選んだことで、「清洲越し」といわれる六万人の引っ越しが一六一〇年に行われ、しかも、その翌年には、五条川の洪水で城下町の遺物までもすべて流れてしまったからである。そのあとは、新田として開発されたが、のちに美濃路の宿場町ができて、今日の清洲の町になった。

室町時代の尾張国守護は、三管領家《かんれいけ》のひとつで足利一族の斯波《しば》氏だった。この斯波氏は越前、尾張、それに遠江《とおとうみ》の守護も兼ねていた。このうち、越前の守護代が朝倉氏で、尾張の守護代が織田氏である。

織田氏は、越前国丹生《にう》郡越前町にある劔《つるぎ》神社の神職で、荘園の管理もしていた。福井市の南東にあり、カニ料理やスイセンの群落で知られる越前海岸から山を隔《へだ》てた裏側にあたる。さらに、その祖先が近江の出身で、平家の血を引くとしていることは

すでに紹介した。藤原を名乗ったこともあるが、当時は源氏や平氏を名乗るのは根回しが必要で、とりあえず、藤原を名乗ることが多かっただけである。

応永年間（一四〇〇年ごろ）に、斯波義重《よししげ》が織田常昌《つねまさ》の子が美少年であるのに目をつけて召し抱え、その父を尾張の守護代にしたのが、織田家が尾張に来た始まりである。このころから美男美女の系統だったのであろう。織田家は岩倉織田家と清洲織田家に分かれて、尾張の南北を分割して支配したのだが、信長の家は清洲織田家の三奉行のひとつにすぎなかった。信長の父である信秀《のぶひで》は、清洲の西にある稲沢市の勝幡城《しょうばた》を拠点に、尾張南西部や木曽川流域を抑えただけでなく、三河西部で松平氏と争い、美濃にも出兵し、京都の御所の修繕の費用まで出している。尾張には守護もいれば本家筋の守護代も健在であったのに、陪臣《ばいしん》の身で出すぎたことをと奇異な感もあるが、江戸時代の藩ほどには固い上下関係がなかったこの時代にあっては、当たり前のことだったのである。

この信秀の死後、信長は幸運から清洲城を手にする。守護代・織田信友と守護の斯波義統《よしむね》はともに清洲城にあったのだが、信友が義統を暗殺した。そこで義統の子の斯波義銀《よしかね》に助けを求められ、信長は清洲城を攻め取った。さらに信長は弟の信行、あるいは斯波義銀の反乱、岩倉織田家の追放などを経て、さらには最大のピンチであった今川義元との戦いを乗り越えて、名実ともに尾張の絶対権力者になった。

それでも、信長は国人たちに服従を要求できるほど強くなかった。有力家臣は自分の土地と城と家来をもっている。たとえば、前田家は、名古屋市の南西部にある中川区荒子《あらこ》というところの城主である。彼らは有利な戦いには加勢するが、不利だとサボタージュを決め込んだ。現に、今川義元が攻めてきたときも、尾張一国を挙げて戦いに挑めたわけではない。

そこで信長は、木下藤吉郎のような武士になりたがっている農民、あるいは滝川一益《たきがわかずます》のような流れ者、それに前田利家のような土豪の長男以外などを集めて、意のままになる軍人や官僚の集団をつくろうとした。やがて信長は、土豪たちの家族にも岐阜や安土に移ることを要求し、あるいは利家の兄・利久に命じて、家督までも自分の子飼いである弟に譲らせるようなこともした。

織田信長の生まれは、那古野《なごや》城（現・名古屋城）であり、天下取りの過程で清洲、小牧、岐阜、安土と本拠を移していくのだが、清洲が織田家の本城と考えられていたことは、本能寺の変後の重臣による協議がここで行われたことにも現れている。清洲は織田信雄、羽柴秀次、福島正則、家康の四男・松平忠吉《ただよし》を経て、一六〇七年には家康の九男・義直《よしなお》が領主となったが、義直は低湿地にあって水攻めに弱い清洲を捨て名古屋城を築いた。このとき、城下町まですべてが移り、清洲にはなにも残っていなかったが、一九八九年、信長をテーマにした町おこし（当時、清洲町〈現・清須市〉）の一環として豪華な天守閣が復元され、新幹線のすぐ横に姿を現した。しかし、この名物町長の信長マニアぶりはちょっといきすぎだったらしく、共産党から出た対抗馬に負けて、あえなく落選してしまった。

名古屋城には豪華な御殿なども含めて、創建時の姿がほぼそのまま残っていたが、空襲でわずかの櫓《やぐら》を残して焼け、戦後、天守閣などだけが再建されている。天守閣は白い壁の漆喰総塗籠《しっくいそうぬりごめ》で、飾り破風《はふ》はたくさんついているが、いずれも小型で、下層と上層の大きさがあまり違わない層塔式といわれる江戸時代風である。屋根は銅板葺《ぶ》きで緑色であり、大型の金の鯱《しゃちほこ》が、一点豪華主義のアクセサリーになっている。新幹線からは、名古屋駅から少し大阪寄りの庄内川鉄橋あたりから、一瞬だが見える。本丸御殿の復元が二〇一八年の完成をめざして進行中で一部が公開されている。市内には徳川美術館があり、大名家に伝えられた家宝を展示したものとして、第一級のものである。

歴代の藩主で知られているのは、七代・宗春《むねはる》である。吉宗の改革に抵抗して、華やかな文化と自由な世相を現出させた。規制緩和と消費刺激の経済政策をとって一定の成果を上げたが、産業の振興やインフラ整備を怠《おこた》ったので、最後は経済的にも破綻《はたん》した。だが、名古屋が江戸、京都、大坂と同列の繁栄を獲得したのは、間違いなくこの殿様のおかげである。

名古屋空港や東名・名神高速道路のインターチェンジがある小牧《こまき》には、平野の真ん中に小高い丘があり、織田信長が美濃攻めのためにここに本拠を移したこともある。小牧・長久手《ながくて》の戦いでは、徳川家康の本陣となった。現在は、山頂に天守閣風の展望台がある。

犬山は古くから尾張北部の要地だが、現在の形にしたのは松平忠吉《ただよし》の付家老《つけがろう》・小笠原吉次《よしつぐ》で、その後、犬山城は、やはり尾張藩の付家老・平岩親吉《ちかよし》、同じく成瀬正成《なるせまさなり》の居城となった。大名扱いではなかったが、幕末に紀伊や水戸の付家老とともに滑り込みで諸侯に列した。国宝の天守閣は美濃兼山《みのかねやま》城のものを移築したともいわれ、かなり改変されてはいるが、一階の間取りが田の字型であるなど、天守閣が単なる望楼兼倉庫でなく、侍《さむらい》たちが集まる場であった時代の雰囲気を残している。荻生徂徠《おぎゆうそらい》が長江の白帝城にたとえたように、奇岩が続く木曽川のほとりの丘の上にある風景は、ラインの古城を彷彿とさせる。麓《ふもと》の名鉄犬山ホテルには、信長の弟である織田有楽斎《うらくさい》が京都につくった国宝の茶室・如庵《じよあん》が移築されている。市内には全国各地から明治時代の建築を移した「明治村」もあり、第一級の観光地である。

松平家のルーツ

徳川家康が生まれたのは三河岡崎城だが、松平家の発祥は、その北にひろがる奥三河高原の山中に深く入ったところである。松平郷といって、岡崎からまっすぐ北へ向かい、豊田市の東のはずれに入ったところにある。豊田あるいは岡崎からバスに乗り、さらにタクシーに乗り換えなくてはならない。渓谷に沿って、かなり山を登っていったところだが、そこそこ田地《でんち》もあり、小武装勢力が力を蓄《たくわ》えるのには好適の場所であったように見受けられる。

室町時代なかごろの一五世紀初め、徳阿弥《とくあみ》なる流浪《るろう》の僧侶がこの地の土豪の入婿となり、松平親氏《ちかうじ》を名乗ったのが初代とされる。徳阿弥は新田義重の流れだと称し、土豪は在原業平《ありわらのなりひら》の子孫と名乗っていた。真偽のほどは不明であるが、まったくのウソと決めつけられるものでもない。江戸時代には旗本・松平太郎左衛門家がここを守り、近くの高月院《こうげついん》という寺院には親氏、泰親《やすちか》、信光三代の墓とされる宝篋印塔《ほうきょういんとう》が残る。

このころ三河国の守護は足利一族の一色《いっしき》氏だったが、吉良上野介義央《きらこうずけのすけよしなか》の先祖である吉良一族など、足利将軍に直接仕える奉公衆が所有する領地も多く、守護の力は弱かった。松平家も将軍側近の伊勢氏に属し、その仲介で琵琶湖の北部にある日野氏所領菅浦《すがうら》・海津《かいづ》大崎《おおさき》の代官を務めるといった傭兵業をやっていたことも、近江で発見された古文書で明らかになっている。

戦国の争乱が始まると、いまの市町村単位ごとくらいに分かれて群小勢力が割拠したが、松平一族も兄弟で分割相続を繰り返し、互いに協力したり反目したりしながら勢力を拡大していった。そのなかで三代目の信光は、三河西部に勢力を伸ばし、安祥《あんしょう》城を奪って本拠とし、戦国大名への道を歩み始めた。

いまこのあたりを訪れると、日本のデンマークといわれた豊かな農業地帯のなかにトヨタ自動車の関連工場がひしめく。結婚式場とパチンコ屋の豪華さが目立つ地域だが、ここが松平家を育てた土地であり、日本社会には、この地域独特の集団主義的気風が色濃く反映されている。なにしろ、三〇〇藩主の半分は、この西三河の出身なのだから当然である。

今川氏の勢力が伸びてきたのは一六世紀の初めごろらしい。そのころ活躍した七代目清康《きよやす》は傑出した武将で、本拠を岡崎に移すなどして三河の主になるかに見えたが、二五歳で部下に暗殺された。それでも、清康の嫡子《ちゃくし》・広忠《ひろただ》は、今川義元の後押しでなんとか松平家の惣領《そうりょう》の地位を確保し、尾張との緩衝地帯の有力者である刈谷の水野忠政の娘・於大《おだい》の方と結婚して、もうけた子が竹千代、のちの家康だった。

しかし、於大の方の兄・信元が織田方についたことから、やむを得ず離縁となって、母は竹千代のもとを去った。しかも、竹千代は人質として駿河へ送られる途中に、田原《たはら》の戸田康光《やすみつ》に誘拐され、信長の父である織田信秀《のぶひで》に捕らわれる羽目になった。その後、人質交換で尾張から脱出し、当初の予定通り今川義元のもとに送られ、人質として幼少期を駿府で送った。父・広忠の死後は、三河も今川家による実質支配のもとに入り、駿河に留め置かれた。しかし、義元の姪である関口氏の娘・築山殿《つきやまどの》と結婚させるなど扱いは悪くなく、桶狭間《おけはざま》の戦いには一方の大将として出陣し、今川勢が退去したあとの岡崎城に復帰した。そののち、家康は織田信長と同盟を結び、さらに武田信玄とはかって今川氏真《うじざね》を攻めて遠江《とおとうみ》を獲得し、本拠を浜松に移した。

三河の諸大名の動向

岡崎は、家康が関東へ移封《いほう》されたあと、秀吉の家臣で近江出身の田中吉政に与えられたが、江戸時代には譜代の大名が代々居城し、一七六九年以降は本多氏が在城した。本多家は徳川譜代でも屈指の名門で、幕末には九人の大名を数えた。岡崎藩主は、徳川四天王の一人といわれた本多忠勝《ただかつ》の子孫で、播磨《はりま》山崎《やまざき》、陸奥泉はその分家である。このほか近江膳所《ぜぜ》、伊勢神戸《かんべ》、三河西端《にしばた》、駿河田中（維新後に安房長尾へ移封）、信濃飯山藩も、別系統ながら本多一族が占めた。

忠勝は蜻蛉切《とんぼきり》と呼ばれる長い槍を操り、姉川の戦いで敵陣に切り込み、信長軍の不利を挽回する活躍をしたことで、その武勇が天下に轟《とどろ》いた。上総大多喜《かずさおおたき》、ついで桑名に領地を得た。息子の忠政《ただまさ》は徳川信康の娘を娶《めと》り、その二人の子供の忠刻《ただとき》は、秀頼未亡人の千姫を迎えて姫路に栄転したが、その後は嗣子《しし》がなかったりして、大和郡山、福島、姫路、越後村上、三河刈谷、下総古河《しもうさこが》、石見《いわみ》浜田と全国を転々と移され、岡崎五万石の小大名になった。岡崎城は三層の天守閣が幕末まで残り、戦後、復元された。城内にある「三河の武士館」は、徳川氏の歴史を最新の研究に基づいて、わかりやすく展示している。岡崎は明治になって鉄道の通過を拒否して、だいぶ損をした。

愛知県東部の拠点都市で、名物の竹輪でも知られる豊橋は、かつては吉田と呼ばれていた。長岡藩などの祖先である牧野氏は、この地方の土豪だった。家康の関東移封後は池田輝政《てるまさ》が領主となり、本格的な築城を始めたが、未完成に終わった。一七四九年、浜松より大河内信復《おおこうちのぶなお》が再封されて幕末に至った。大河内家は、一四松平のひとつである長沢松平が絶えたのちに名跡を継いだので、松平姓で呼ばれることもある。家光の側近で、智恵伊豆《いず》という呼び名で聡明さを讃《たた》えられた信綱の子孫が、吉田藩と高

三河国

藩　名	大名家	石　高(万石)	分　類	藩庁所在地	格
吉田	大河内	7.0	譜代	豊橋市	城主
田原	三宅	1.2	譜代	田原市	城主
大垣新田	戸田	1.0	譜代	田原市	陣屋
西大平	大岡	1.0	譜代	岡崎市	陣屋
岡崎	本多	5.0	譜代	岡崎市	城主
挙母	内藤	2.0	譜代	豊田市	城主
西尾	松平	6.0	譜代	西尾市	城主
刈谷	土井	2.3	譜代	刈谷市	城主
西端	本多	1.0	譜代	碧南市	陣屋

尾張国

尾張	徳川	61.9	御三家	名古屋市	城主
犬山	成瀬	3.5	譜代	犬山市	城主

崎藩、弟の系統が大多喜藩となった。

豊橋から渥美半島に入ると、徳川後期の思想家で画家でもあった渡辺崋山《わたなべかざん》が家老を務めた田原藩がある。一六六四年に挙母《ころも》より児島《こじま》高徳《たかのり》の子孫という三宅康勝《やすかつ》が入って藩主になった。隅櫓《すみやぐら》などが復元されている。

大垣新田（畠村）藩は、一六八八年に戸田氏成《うじしげ》が大垣藩から独立した。陣屋は田原市にあり、夕日が美しい伊良湖《いらご》岬に近い。

岡崎市東部の西大平《にしおおひら》には、一七四八年に大岡越前守忠相《ただすけ》が立藩した。大岡家は松平広忠に仕えた忠勝が祖で、忠相が吉宗の将軍就任後、江戸町奉行や寺社奉行をつとめ大名となった。武蔵岩槻藩は忠相の祖父・忠世《ただよ》の弟から分かれた分家である。大岡家の領地は相模などにもあって、そのうち茅《ち》ヶ崎《さき》市の浄見寺家康の長男である信康《のぶやす》が、信長の指示で切腹させられたが、信康は無実で、家康が強力になりすぎるのを怖れた信長の強要によるものだといわれるが、本当だろうか。

　信康は信長の娘・徳姫《とくひめ》を妻に迎えたが、その徳姫が、「信康は、家臣や領民に残虐な行いが多く、母の築山殿《つきやまどの》ともども武田方と通じている」と信長に訴えた。いずれも具体的であり、信長から事情を聞かれた家老の酒井忠次《ただつぐ》も、否定しなかった。むしろ、武田氏への融和策を主張し、粗暴ながらも勇猛さで、三河武士たちにも人気が出てきた信康の処置に家康が迷っていたのを、信長が決断を促《うなが》したのではないか。

　桶狭間の戦いのあと、自分たちが今川家に人質になっている間に織田と結んだ家康

コラム　「信康は有罪の心証」

を、築山殿も信康も快く思わなかった。なにしろ、築山殿の父親は今川氏真《うじざね》に自刃《じじん》させられているのだ。また、信康は、武田から寝返った奥平信昌《のぶまさ》と、同腹の妹・亀姫《かめひめ》を結婚させるのに猛反対したりもしている。三河武士の間でも、織田一辺倒でよいのかという世論も相当に強く、うっかりすると、信康に家康が追われる可能性も皆無ではない緊迫した状況だったのではないか。

　家康にとっては、生涯を通じて苦い思い出として残った。ただ、信康が無実なのに、かわいそうなことをしたと考えていたふしはなく、亀姫の夫である奥平信昌（武蔵忍《おし》藩）や、信康の娘の嫁ぎ先である小笠原秀政《ひでまさ》（小倉藩）、本多忠政《ただまさ》（岡崎藩）も、それほど優遇されていない。

に墓所がある。四月に大岡祭が行われるなど、こちらのほうが大岡家の本拠の感がある。

豊田市は企業名が町の名前になった珍しいケースで、もともとは挙母といった。一七四九年、安中《あんなか》から内藤家が入ったが、延岡藩祖・政長の次男・内藤政晴から始まる分家である。

お茶の産地でもある西尾《にしお》には、一七六四年に山形より松平（大給《おぎゅう》）家《いえ》が入った。家乗《のり》が関ヶ原の戦い後に、美濃岩村で二万石を得て大名となった。吉宗の側近として重用された松平乗邑《のりさと》を出した。大河ドラマ「八代将軍吉宗」では阿部寛《あべひろし》が扮していた。西尾に移ってからも、乗完《のりさだ》、乗寛《のりひろ》、乗全《のりやす》と三人の老中を出した幕閣の名門である。豊後府内藩、信濃田野口藩、美濃岩村藩と同系である。城跡に隅櫓《すみやぐら》が復元されている。

刈谷は家康の母・於大《おだい》の方の実家である水野氏の本拠地で、家康の祖父にあたる忠政が築城した。一七四七年に西尾から古河藩主土井家分家の土井利信《としのぶ》が入った。

碧南市《へきなん》にあった西端藩《にしばた》は、一八六四年、九千石の本多忠寛《ただひろ》が江戸警備の功で加増され陣屋を構えたもの。

このほか三河には、長篠《ながしの》の戦いの古戦場となった長篠城跡がある。豊橋から長野県の飯田に向かうJR飯田線の沿線は、武田、徳川の攻防戦が行われた地域で、長篠城のほか、新城市《しんしろ》には、武田信玄が三方原《みかたがはら》の戦いのあと攻撃中に倒れた野田城もあった。病死だろうと考えられるが、城内から聞こえる笛の音に魅せられて、聞き惚れていたところを銃撃されたという美しい伝説もある。新城市の語源は、奥平氏が長篠の戦いのあと、ここに本拠を移して城を築いたことによる。この地名の由来を記念して、世界中からニューカッスルとかシャトーヌフといった同じ意味の名前をもつ町を集めて、国際会議を開いたことがある。

第四章　中部地方

金沢城

中部地方の藩

○は城（幕末に藩が置かれていたもの）
●は陣屋（数字は下記藩名）
⛫はその他の城
◎は城下町でない県庁所在地

1.大垣新田　2.西大平　3.西端　4.高須　5.今尾
6.高富　7.小島　8.相良　9.須坂　10.岩村田
11.田野口　12.鯖江　13.敦賀

岐阜県（美濃・飛騨）――落城ばかりしていた岐阜城

鵜飼いで有名な岐阜の長良川《ながらがわ》のほとりに立って峻険《しゅんけん》な金華山《きんかざん》を見上げた観光客は、「さすが難攻不落の城」と感嘆する。ところが、山頂に小さな天守閣をもつ岐阜城は、落城ばかり繰り返していた守りに弱い城なのである。

室町時代の美濃では、守護・土岐《とき》氏のもとで風雅な室町文化が栄えた。応仁の乱のときには、将軍の後継を争った足利義政の弟・義視《よしみ》が、岐阜市南部の革手《かわて》城に身を寄せたこともあった。しかし、土岐氏が戦国大名への地歩を固めることができないなかで、斎藤道三《どうさん》が台頭してくる。道三の出自は、はっきりしないが、大河ドラマ「国盗り物語」では、平幹二朗《ひらみきじろう》扮する道三が、油売り商人から一代で国盗りに成功したとされていた。ただ、これには、美濃にやってきたのは道三の父親であるという異説もある。いずれにせよ、道三は守護代の斎藤氏を追放してその姓を名乗り、織田信長と娘の濃姫《のうひめ》を結婚させて勢力を伸ばした。さらに、道三は土岐頼芸《よりなり》を追放し、名実ともに美濃の支配者となり、稲葉山《いなばやま》（金華山）城を本拠とした。

斎藤道三は、いったん子の義竜《よしたつ》に家督を譲るが、のちに対立し敗死する。義竜のあとを竜興《たつおき》が嗣《つ》ぐが、その統治に不満をもった竹中半兵衛の反乱にあって、少人数の集団に追い出されてしまった。竜興は半兵衛から、いったん城を返されるが、織田信長の攻撃にあって陥落した。さらに、賤ヶ岳《しずがたけ》の戦いでは、柴田側についた信長の三男・信孝《のぶたか》もあっさり開城。関ヶ原の前哨戦でも、信長の孫で幼いころ三法師丸《さんぼうしまる》と呼ばれた織田秀信《ひでのぶ》が、池田輝政《てるまさ》らの攻撃の前になすすべもなく高野山に落ちていった。北は長良川が流れ、東は絶壁が続くが、南東方面の山伝いに攻められると弱いのである。

稲葉山城と呼ばれたこの城を美濃の中心にしたのは斎藤道三だが、美濃を攻略した織田信長は、周の故事にならって岐阜と改称し、天下統一への道を歩み始めた。その城は金華山上に天守閣をもち、麓《ふもと》には千畳敷と呼ばれる四階建ての宮殿が営まれた。「金襴の布張りで欄干を備えた二階の居室や三階の静寂な茶室」の豪奢《ごうしゃ》さは、宣教師フロイスによりヨーロッパにまで伝えられた。現在の天守閣は、旧岐阜城の天守閣が移築された加納《かのう》城天守閣の古図が残っていたので、それを参考に復元したものである。

江戸時代には、家康の長女・亀姫《かめひめ》を妻とする奥平信昌《のぶまさ》が一〇万石で封じられ、市内南部の加納に城を築いたが、その後は小藩が続き、一七五六年に武蔵岩槻《いわつき》より永井氏が入った。大和《やまと》櫛羅《くじら》藩・永井氏の分家である。

岐阜市の北隣の高富《たかとみ》（山県《やまがた》市）には本庄氏の陣屋があった。五代将軍・綱吉の母である桂昌院《けいしょういん》の異母兄・道芳《みちか》から出ており、最初、同じ美濃国の岩滝に陣屋を設け、のちに高富に移った。丹後宮津藩は、桂昌院の異父弟の系統である。

木曽谷の玄関口にあたり、「栗きんとん」で知られる中津川は、中山道《なかせんどう》の宿場町であるが、木曽川を挟んだ対岸の絶壁の上に苗木《なえぎ》城跡がある。遠山友政《ともまさ》は織田氏に従ったあと、家康に属していたが、関ヶ原の戦いの際に旧領へ帰って、西軍に属した領主・川尻直次を苦しめたのが認められ、戦後、苗木藩主とされた。

その中津川より少し名古屋のほうへ向かったところに恵那《えな》という駅がある。ここから明知《あけち》鉄道というローカル線に乗ると、岩村《いわむら》（恵那市）という町があり、ここに森蘭《もりらん》丸《まる》の居城があった。鎌倉時代から遠山氏の一族が拠《よ》っていたが、城主・景任《かげとう》の夫人として、織田信長の叔母で美貌で知られたおつやがやってきた。彼女は、夫の死後、女城主となったが、武田側の攻撃を受けて開城し、こともあろうか、攻め手の武将である秋山信友の妻となってしまった。長篠の戦いののちに信長に下ったが、おつやは磔《はりつけ》にされてしまった。信長は、この城を小姓で美少年として知られる森蘭丸に与えて、近代的な城に改修させた。塩野《しおの》七生《ななみ》の小説にでも出てきそうなルネサンス的愛憎劇である。一七〇二年に西尾藩大給《おぎゅう》松平氏の分家で、四代将軍・家綱の小姓だった乗《のり》政《まさ》の子乗紀《のりただ》が、小諸から移り領主となった。この家は、一時、石川氏を名乗っていたこともあるが、のちに松平に復した。立派な石垣が残り、太鼓櫓《やぐら》が復元されている。
鎌倉時代から室町時代にかけて郡上八幡《ぐじょうはちまん》を支配した東《とう》氏は下総《しもうさ》国出身だが、承久《じょうきゅう》の変の功により郡上を与えられた。室町時代の城主・東常縁《とうのつねより》は和歌に通じ、飯尾宗祇《いいおそうぎ》がわざわざ郡上を訪れて、古今集の解釈について三年間にわたり教えを受けた。これが「古今伝授」という儀式の始まりである。町の中心部にある泉は「宗祇水」と呼ばれ、全国名水百選にも選ばれた。郡上八幡に城を築いたのは、東氏を滅した近江三上藩の祖である遠藤氏である。一七五八年に宮津から丹波篠山《ささやま》藩分家の青山氏が入ったが、藩祖・幸成《ゆきなり》は秀忠の書院番頭だった。城跡には天守閣が新しく建てられている。鉄道もあるが、岐阜からはバスが便利だ。

大垣は西濃《せいのう》の中心として古くから城が営まれたが、現在の城は、豊臣時代後期に伊藤祐盛《すけもり》によって築かれた。関ヶ原の戦いの前夜には西軍の本拠となり、作戦会議もここで開かれた。一六三五年、尼崎《あまがさき》より、島原の乱の鎮圧に松平信綱とともに活躍した戸田氏鉄《うじかね》が一〇万石で入った。父の一西《かずあき》は長篠の戦いなどで活躍し、関ヶ原の戦いのあと膳所《ぜぜ》城を築いた。戊辰《ぼしん》戦争にあっては官軍側で奮戦した最後の藩主・氏共《うじたか》はオーストリア・ハンガリー帝国駐在特命全権公使となった。夫人の極子《きわこ》は岩倉具視《ともみ》の娘で、鹿鳴館の花とうたわれ、ウィーン社交界で活躍した。伊藤氏の築いた天守閣は太平洋戦争で焼失し、その後、再建されたが、四層という珍しい形である。戸田一族の宗家は松本藩である。

大垣の南には「養老の滝」があるが、さらに南へ進むと、揖斐川《いびがわ》と長良川に挟まれた海津市《かいづ》があり、尾張藩の支藩である高須藩《たかす》があった。高須には、一七〇〇年に尾張光友《みつとも》の次男・松平義行《よしゆき》が領地移動に伴い陣屋を設けた。小藩だが、高須藩主からは尾張藩主を二度出しており、とくに一〇代藩主の義建《よしたつ》は尾張慶勝《よしかつ》、会津の松平容保《かたもり》、桑名の松平定敬《さだあき》という幕末に活躍した著名人三名の父である。なお、義建の父・義和《よしより》は水戸家からの養子であり、三人の殿様も水戸頼房《よりふさ》の子孫ということになる。

海津市には今尾藩がある。滋賀県仁正寺《にしょうじ》藩祖である市橋長勝《ながかつ》の居城だったが、一六一九年、尾張義直の母、お亀の方が前夫との間につくった子供で、尾張藩の付家老となった竹腰《たけのこし》正信が入り、幕末になって諸侯に列した。

飛騨は佐々木氏が守護だったが、戦国時代には三木、姉小路《あねがこうじ》、江馬《えま》の三氏が覇権を争った。やがて三木氏が勝利を収めるが、秀吉の命を受けた金森長近《かなもりながちか》によって制圧された。金森氏はもともと大畑氏といい、土岐氏の庶流というが、蓮如上人《れんにょしょうにん》も一時身を寄せた滋賀県守山市の金森《かながもり》の城主だったことから金森姓を名乗った。長近は、茶人や蹴鞠《けまり》の名手としても知られる風流人で、かつて国分寺もあった高山に居城を構え、雅《みやび》

美濃国

藩名	大名家	石高(万石)	分類	藩庁所在地	格
苗木	遠山	1.0	外様	中津川市	城主
岩村	松平	3.0	譜代	恵那市	城主
郡上	青山	4.8	譜代	郡上市	城主
加納	永井	3.2	譜代	岐阜市	城主
高須	松平	3.0	家門	海津市	陣屋
今尾	竹腰	3.0	譜代	海津市	城主
高富	本庄	1.0	譜代	山県市	陣屋
大垣	戸田	10.0	譜代	大垣市	城主

やかな城下町を営んだ。「小京都」の名はこの町のためにあるといっても過言ではない。鉄道では名古屋からJR高山本線に乗るのが便利だが、松本方面と結ぶ安房《あぼう》トンネルの開通で、東京からのドライブも容易になった。

金森氏は一六九二年に出羽上山《かみのやま》に転封《てんぽう》され、飛驒は天領となった。出羽に移された金森氏は、わずか五年後には美濃国郡上八幡に戻ってくるが、風流に凝りすぎたのか、たびたびの移封《いほう》での出費のためか、財政困難に陥《おちい》って年貢増徴を強行したので、農民一揆が起こり、江戸にまで訴えが出てきた。困った藩では、幕閣の中堅どころに賄賂《わいろ》攻勢をかけたが、事件は老中のもとで吟味され、金森氏だけでなく、賄賂を受け取った若年寄の本多忠央《ただなか》(相良藩)も除封、さらに老中、勘定奉行、美濃郡代などが処分される大スキャンダルになった。

静岡県（駿河・遠江・伊豆の大部分）——徳川家の一六代目

明治になって華族制度ができたとき、殿様出身で公爵になったのが五家あった。薩摩の島津については久光《ひさみつ》と忠義《ただよし》の二家、長州の毛利、それに二つの徳川家である。そのひとつが徳川慶喜《よしのぶ》家であることはいうまでもないが、この慶喜家は徳川本家の扱いは受けていない。江戸開城の際、徳川慶喜は家督を田安家達《いえさと》に譲り、その家達は駿河、遠江《とおとうみ》、三河で七〇万石を得て、静岡にかなりの幕臣とともに引っ越した。そのあおりで、この地方の大名のいくつかは房総半島などに移されもした。ただし、あまりにも短期間で廃藩置県になっているので、本書では家達の静岡入り以前の配置で扱っている。

そんなわけで徳川の本家は家達家だし、先祖代々の家宝もそちらに伝えられた。しかし、明治も三〇年代になり、水戸を経て静岡に隠遁《いんとん》していた慶喜が宮中にも参内《さんだい》するということになって、明治政府は改めて慶喜に別家を立てさせたうえで、公爵にした。ただ、これに対する家達の対抗意識はすさまじく、あるとき、慶喜と同じところに招かれて、先着の慶喜が上座に座っていたところ、あとで着いた家達は「私の席がない」と駄々をこねた。「あちらは徳川家をつぶした人、こちらは立てた人」などともいっていたくらいで、慶喜に対する政府や世間の厚遇ぶりには大いに不満だった。

家達は明治末期から昭和の初めまで、三〇年も貴族院議長をつとめた。なお、家達は一一代将軍・家斉《いえなり》の弟である斉匡《なりまさ》の子孫で、血筋からいえば吉宗の四男である一橋宗尹《ひとつばしむねただ》系である。

静岡はもともと駿府とか府中などと呼ばれていた。室町時代には、駿河の守護を足利一族の今川氏がつとめてここに館を置き、戦国大名による分国法の代表といわれる「今川仮名目録」を制定するなど、戦国大名への地歩を固めていった。もともと斯波《しば》氏が守護だった遠江、さらには、三河、尾張の一部に勢力を伸ばし、北の武田氏、東の北条氏とは縁戚関係を結ぶなどして背後を固めた。一五六〇年に今川義元は満を持して上洛の兵を起こしたが、桶狭間《おけはざま》で織田信長の奇襲によって討ち死にし、絶対本命を失った天下取りレースは混沌《こんとん》とすることになったとされてきた。

その後、駿河は武田氏、遠江は徳川氏と山分けされたが、武田氏の滅亡によって駿河も家康が獲得した。こうして今川氏は滅びたが、今川氏の旧臣は井伊氏を筆頭に取り立てられ、三河出身の譜代大名の家中でも重臣クラスのかなりを占めている。

家康は遠江攻略後、浜松を本拠にしたが、小牧・長久手の戦いのち、駿府に移った。城は今川氏の居館を発展させて築かれたが、現在の形になったのは一六一二年、家康の隠居城として大改修された結果である。縄張りはほぼ正方形の三重の堀で囲まれ、名古屋城をもっと華麗にしたような五層の天守閣があった。家康の死後、家光の弟で幼少のころは国松君《くにまつぎみ》といわれた忠長《ただなが》が入った。もし、忠長が御三家並みの待遇で我慢したら問題なかったのだろうが、一〇〇万石あるいは大坂城を望み、家光への対抗心をあらわにしたため、死に追いやられることになった。その後は幕府も、大御所の城というカリスマ性を背負った殿様の出現を嫌ったのか、城は荒れるにまかされ、城代が管理するところとなった。最近、城門などが復元されたが、ほかに見るべき遺構はなく、静岡という町自体も浜松などと比べて存在感に乏しい。

東駿河では、かつては沼津が中心都市だった。一七七七年に結城藩分家の水野忠友《ただとも》が入り、大御所・家斉《いえなり》時代の老中首座・忠成《ただあきら》はここの殿様だった。千本浜の松並木や、海越しに見る富士山が美しい町で、かつては御用邸も設けられ、とくに昭和天皇の母である貞明《ていめい》皇太后は、ここで多くの時間を過ごされた。戦前に弾丸列車構想があったときには、沼津に駅ができるはずだったが、近年では、伊豆の玄関口で東レなどの工場進出も盛んな三島が発展して、新幹線の駅もそちらにとられた。現在、旧御用邸は公開されており、皇族の生活を垣間見《かいまみ》ることができる貴重な場所となっている。

清水次郎長とJリーグのエスパルスで知られる清水（静岡市と合併）の東部にあるJR東海道本線興津《おきつ》駅から北へ向かうと、小島藩の陣屋跡がある。一七〇四年に陣屋を構えた滝脇《たきわき》松平家は、正勝が大坂の陣で戦死して家が絶えたのを、丹波亀山藩主の系統である形原《かたのはら》松平家から養子をとって存続したものである。

東海道五十三次の宿場町・藤枝市郊外にあった田中城は、ほぼ同心円上に四重の堀が囲む珍しい縄張りの城で、昭和三〇年ころの航空写真を見ると、外側の二重の堀が田園地帯の中にくっきりと美しい姿を現している。関ヶ原の戦い後に入った酒井忠利《ただとし》によって完成された。一七三〇年に本多正矩《まさのり》が沼田から入り幕末に至るが、この本多家は、家康の側近だった本多正信の弟・正重《まさしげ》の子孫である。維新時の藩主・正訥《まさもり》は駿河城代だったが、尾張藩の説得で城を明け渡し、官軍の江戸攻めに参加した。

今川氏から遠江を奪った徳川家康は、三河にも近く、天竜川を防衛線ともできる浜松に目をつけて、ここを一五七〇年に本拠とした。徳川氏の関東移封後は、堀尾吉晴《よしはる》が城主となり城下の整備につとめたが、関ヶ原の戦い後は出雲へ移った。江戸時代には頻繁に藩主が交替したが、幕末の藩主・井上氏は、将軍・秀忠の乳兄弟で側近だった正就《まさなり》から出る。正就は、松平清康《きよやす》の家臣・阿部定吉《さだよし》(その子・弥七郎が清康を誤って斬殺)の子を孕《はら》んだ女が井上清秀のもとに嫁いで生まれた子であるとされる。浜松は二度目だが、第一回のときは、藩主で奏者番の正甫《まさもと》が農家に泥酔して乱入し狼藉を働いたという不名誉な理由で左遷された。そのあとには、天保の改革で知られる水野忠邦が入り、当地でも倹約を強いて、名物の大凧《おおたこ》上《あ》げを禁止するなど悪政を敷き、浜松を去るときには、領民たちが左遷を因果応報とはやしたてた。しかも、移封のときには領民からの借上金を踏み倒すなどしたというから、何をかいわんやである。再封された井上氏のほうは、陸奥棚倉を経て封じられていた上野《こうずけ》館林から機織《はたおり》技術を持ち込み殖産興業につとめ、これがヤマハ、ホンダ、スズキ、河合など、浜松の機械産業の原点となり、現在でも民尊官卑のこの町で唯一高く評価されている殿様である。小さな天守閣が新たに建設され、新幹線からも見える。

掛川《かけがわ》には、今川氏の重臣だった朝比奈氏が城を構えていたが、家康の関東移封のあと城主となった山内一豊《やまのうちかずとよ》が近代的な城にした。一七四六年、上野館林から太田資俊《すけとし》が五万石で入った。太田道灌《どうかん》の子孫・重正が家康に召し出され、妹が側室・お梶の方となったこともあり、息子の資宗《すけむね》が大名となった。新幹線の掛川駅付近から、天守閣が気品のある姿を見せるが、近年における木造でのお城再建ブームの嚆矢《こうし》になった。

掛川市の南部には、武田、徳川の攻防戦の舞台となった高天神《たかてんじん》城がある。東側が断崖になった堅固《けんご》な砦《とりで》で、信玄はたびたびこの城を狙ったが、ついに落とせなかった。これを勝頼は長篠の戦いの前年に落として武名を上げたが、のちに家康による攻撃に援軍を送ることもできず見殺しにして、武田家が滅亡への道をたどる転機となった。

駿河国

藩名	大名家	石高(万石)	分類	藩庁所在地	格
沼津	水野	5.0	譜代	沼津市	城主
小島	松平	1.0	譜代	静岡市	陣屋
田中	本多	4.0	譜代	藤枝市	城主

遠江国

藩名	大名家	石高(万石)	分類	藩庁所在地	格
相良	田沼	1.0	譜代	牧之原市	陣屋
掛川	太田	5.0	譜代	掛川市	城主
横須賀	西尾	3.5	譜代	掛川市	城主
浜松	井上	6.0	譜代	浜松市	城主

この高天神城の少し東の現・掛川市（旧・大須賀《おおすか》町）に横須賀《よこすか》城がある。家康に仕えた吉次に始まる西尾氏が一六八二年に入った。

駿河湾の東部、御前崎の手前に位置する牧之原市（旧・相良《さがら》町）には、田沼意次《おきつぐ》の居城があった。一七五八年に田沼意次が藩主となったときは一万石だったが、最盛期には五万七千石に栄進し、新たに築城工事を行った。しかし、その失脚後は陸奥下村へ移され、政敵・松平定信の命で、城は徹底的に破壊された。相良はいったん天領になったが、意次の次男の意正《おきまさ》が一八二三年に再入封した。意次については、汚職政治家のイメージがつきまとう。江戸時代も後半になると、大名の石高が固定化し、たとえ幕閣の最高権力者となっても、さほどの加増が望めなくなっていたので権力者が役得を求めるようになったという背景があるし、伝えられるダーティーぶりはかなり誇張されたものであるとはいえ、当時の人からもいきすぎと見られていたのは間違いない。ただその時代認識の鋭さにおいては、徳川三〇〇年でも群を抜いた宰相であった。

伊豆国は天領が多く、幕末の段階では藩は存在しなかったが、三島から伊豆箱根鉄道ですぐのところ、伊豆の玄関口にあたる韮山《にらやま》（現・伊豆の国市）は、北条早雲が本拠としたところである。ここでは江川氏が代々代官をつとめ、大砲製造のための反射炉（溶鉱炉）があったことで知られるが、伊豆の歴史的な展開は相模国と一緒に見たほうが便利なので、神奈川県の項で扱うことにしたい。

山梨県（甲斐）――人は石垣、人は城ならず

源氏というと源平合戦のイメージから、武士の代表というイメージがあるが、「光源氏」もまた源姓であることでもわかるように、この姓は皇室の皇子たちが臣籍に下る際にしばしば与えられたもので、いくつもの系統がある。そのなかで、武士として栄えたのは近江源氏佐々木氏などの宇多《うだ》源氏、播磨の赤松氏らを出した村上源氏、それに源頼朝らの清和《せいわ》源氏である。この清和源氏の基礎を固めたのは、藤原道長の時代に活躍した頼義《よりよし》だが、その子の新羅《しんら》三郎義光《さぶろうよしみつ》から武田、小笠原、南部、佐竹など信濃・甲斐源氏が分かれた。このうち武田氏は、鎌倉時代から甲斐国守護をつとめ、室町時代には、分家が安芸《あき》や若狭の守護となった。甲斐では南部の穴山《あなやま》、北西部の小山田《おやまだ》といった有力な国人もいたが、信虎、信玄（晴信）らの時代になると、武田氏の主導権が明確になってくる。

信玄は組織をよく掌握し、情報網の整備も怠《おこた》らず、信玄堤の整備など、治水事業でも大きな実績を上げたし、近隣の勢力に隙があると見るや、鷹が獲物に向かうように襲いかかった。ただし、信玄はその生涯のほとんどを信濃一国の奪取に使い切り、晩年になって駿河を得ただけである。また、信長とは勝頼の夫人に信長の養女（姪）をあて、娘を信長の嫡男信忠の婚約者とするなど同盟関係にあり、対決に踏み切ったのは死の半年前からのことだ。

それでも氏族連合の形は最後まで変わらず、農村を基盤にした農民兵の集団であるがゆえの弱さも不変だった。織田信長のように、新しい時代の日本はかくあるべしというビジョンをもっていたとは思えない。つまるところ、首尾よく近江瀬田《せた》の唐橋に旗指物を掛けたとしても、室町幕府の管領《かんれい》にでもなって、幕府中興の功労者としばし評価されただけだろう。ただ、それでも企業戦士から見た理想の社長としての人気は高く、一九八八年に中井貴一が主役を演じた「武田信玄」は、大河ドラマ史上でも有数の視聴率を誇った。また、二〇〇七年の「風林火山」は信玄の軍師である山本勘助が主人公だった。

その信玄は「人は石垣、人は城」という哲学のもと、堅固な城は築かなかった。信玄の父・信虎が本拠として新しく設けたのが、甲府市の北部にあった躑躅《つつじ》ケ崎《さき》の館であるが、甲府盆地を見下ろす山腹に設けられた居館兼政庁で、防御のたしにはあまりならない。跡は武田神社になっており立派な天守台まであるが、これは、豊臣時代になって築かれたものだ。そこで、勝頼は、長野県境に近い韮崎《にらさき》に新府《しんぷ》城を築いて移ったが、籠城するかどうか決めかねているときに織田軍が来た。そこで、県東部にある家臣の小山田氏居城に移ろうとしたが、小山田氏の裏切りにあって自害した。たしかに企業でも、成長期には社員を信頼しておればよくても、ちょっとおかしくなると安全装置をいろいろ考えておかないと裏切られやすい。それと同じで、部下を信頼した信玄の哲学も形勢不利になると裏目に出たのである。

現在の甲府城は、豊臣時代に加藤光泰《みつやす》、浅野長政《ながまさ》らによって築城されたもので、甲府盆地にある一条山と呼ばれる丘の上に築かれた平山城である。ＪＲ中央本線に乗って、東京方面から甲府駅に入る少し手前の左側車窓に石垣が見える。どのような建物があったかを示す資料はまことに乏《とぼ》しく、天守台はあるが天守閣が築かれたという記録はない。柳沢吉保《よしやす》の時代に描かれた図面によると、本丸に二層の櫓《やぐら》があったようである。

甲府には、徳川時代になって、徳川義直《よしなお》、松平忠長《ただなが》、徳川綱重《つなしげ》、武田旧臣の柳沢吉保など、そうそうたる城主が入ったが、享保年間を最後に天領の城となる。しかし、徳川三〇〇年を経ても武田信玄の人気は衰えず、戊辰《ぼしん》戦争の際に官軍を率いた土佐の乾退助《いぬいたいすけ》は、先祖が武田氏に属した板垣氏であることから復姓して、「武田の残党が徳川を討つ」というふれこみで甲斐へ進軍したところ、効果抜群だった。

長野県(信濃)——家康裏切りの報酬は少なかった

国の指定文化財でも、重要文化財であれば、ちょっと古くて立派なものなら簡単になれるが、国宝になるのはなかなか大変である。とくに建築については厳しく、ひとつもない都道府県が一九もある。お城についても、姫路、彦根、犬山、松江そして松本の五つの天守閣と二条城二の丸御殿が指定されているだけである。

その松本城は、五層の大天守に渡り櫓で結ばれた三層の小天守、それに天守閣に付属する辰巳《たつみ》付《つけ》櫓、さらにそれに続く月見櫓が一群となった複雑な姿がなかなかの迫力で、黒い下見板張りが、雪に輝く北アルプスの山々とコントラストを示す姿が美しい。だが、遠くから見えにくいのは、平地に建てられ、しかも石垣が堀の水面から六メートルと低いからである。

信濃国の守護は小笠原氏で、この松本がある筑摩《ちくま》地方を本拠としたが、一族の内紛が絶えず、諏訪《すわ》、木曽など、それぞれの地方の豪族も割拠していた。そのなかで、甲斐の武田氏が勢力を伸ばして小笠原氏らを圧迫したので、これを救援しようとした越後の上杉謙信との間で、有名な川中島の戦いが繰り広げられた。

松本付近には国府もあり古くから要地だったが、秀吉の時代になって石川数正《かずまさ》が城を修築して、現在も残る天守閣をつくった。石川数正は家康の筆頭家老の一人だったが、小牧・長久手の戦いのあと、秀吉との和解路線を推進して、徳川家内で浮いてしまい、秀吉の下に走った。しかし、家康の下を離れてしまえば大した利用価値もなく、それほど優遇されず、松本でもらった八万石は、家康の下にとどまった井伊、榊《さかき》原《ばら》、本多が関東で得た一〇万石より小さかった。しかも、子の康長《やすなが》は、大久保長安事件に連座して改易《かいえき》された。

その後、一七二六年になって戸田氏が入った。戸田氏は三河田原の豪族で、松平広《ひろ》忠《ただ》の後室、つまり家康の継母も戸田氏から来ているが、この継母の父である康光《やすみつ》は織田方と内通し、駿河に送られるはずの家康を尾張に拉致《らち》した。しかし、のちに家康の母を今川から取り戻すのに功があって、家康の信任を受け松平姓を名乗った。宇都宮藩は康光の子から分家しており、足利藩はその分家。大垣藩系の戸田氏は、婚姻によって戸田を名乗ったようである。

上田には、真田《さなだ》昌幸《まさゆき》が一五八三年に築城し、関ヶ原の戦いの際には、中山道を東上する秀忠軍を籠城戦で釘づけにした。一七〇六年に松平（藤井）氏が入った。山形県上山《かみのやま》藩の分家であり、幕末の藩主・忠優《ただます》（忠固《ただかた》）は、ペリー来航時の老中だった。二層の隅櫓が残り、城門なども復元された。

真田氏が上田から移った長野市郊外の松代城は、海津《かいづ》城ともいう。武田信玄が上杉に対する守りの拠点として本格築城し、川中島の戦いの際に武田の本拠となる。森忠《もりただ》政《まさ》、松平忠輝《ただてる》、松平（越前）、酒井を経て一六二二年、真田信之《のぶゆき》が入った。八代藩主の幸貫《ゆきつら》は松平定信の子で、水野忠邦の時代に老中になり、佐久間象山《しょうざん》を起用して、大砲の鋳造《ちゅうぞう》や蘭学を盛んにした。城跡には石垣などしか残らないが、近年、城址公園として整備され、櫓なども復元された。長野市に合併されてしまったので存在感がもう一つだが、城下町らしい雰囲気をよく残していることでは県下第一である。

「小諸《こもろ》なる古城のほとり」で始まる島崎藤村の詩で有名な小諸城には、一七〇二年に牧野氏が入った。長岡藩の分家である。千曲川に面した城跡に城門などが残る。

諏訪湖のほとりの高島城は、もともと諏訪氏の出城のひとつ。豊臣時代に美濃出身の日根野高吉《ひねのたかよし》が本格築城し、一六〇二年に諏訪頼水《よりみず》が復帰した。諏訪氏の嫡流は信玄に滅ぼされたが、一族の頼忠《よりただ》が家康に仕えた。明治維新のときに壊された三層の天守閣が戦後に復元され、寒さを考慮してもともとはこけら葺《ぶ》きだったのを銅板葺きに変えているが、素朴さが信濃にふさわしかったのに惜しいことだ。家康の六男で伊達政宗の娘婿だった忠輝が幽閉されたところで墓もある。

桜の名所として、東京からも中央自動車道経由の観光バスが出る高遠城《たかとお》は、信長の武田攻めのとき、勝頼の異母弟である仁科盛信《もりのぶ》らが勇猛に抵抗したところである。一六九一年に延岡藩内藤氏の一族で秀忠の守り役から関東奉行もつとめた清成《きよなり》を祖とする清枚《きよかず》が封じられた。七代将軍・家継の時代に大奥を揺るがした江島事件の主役・江島は、ここで二七年間も幽閉された。赤みがかったコヒガンザクラが南アルプスの残雪に映える光景は、全国でも屈指のものである。

リンゴ並木で知られ、人形劇のメッカでもある飯田には、一五九三年に封じられた京極高知《きょうごくたかとも》が本格築城した。丸亀藩祖である高次の弟で豊岡、峰山藩に連なる。一六七二年に堀家が入った。堀秀政《ひでまさ》は美濃の人であるが、信長に仕え、山崎の戦いのあとの坂本城攻撃の総大将をつとめた。佐和山から北庄《きたのしょう》(福井)の領主となり、次代のホープといわれたが、天下統一直後に三八歳で死んだ。子の秀治《ひではる》は、上杉景勝《かげかつ》会津転

信濃国

藩　名	大名家	石　高(万石)	分　類	藩庁所在地	格
飯山	本多	2.0	譜代	飯山市	城主
須坂	堀	1.0	外様	須坂市	陣屋
松代	真田	10.0	外様	長野市	城主
上田	松平	5.3	譜代	上田市	城主
小諸	牧野	1.5	譜代	小諸市	城主
岩村田	内藤	1.5	譜代	佐久市	城主格
松本	戸田	6.0	譜代	松本市	城主
田野口	松平	1.6	譜代	佐久市	陣屋
高島	諏訪	3.0	譜代	諏訪市	城主
高遠	内藤	3.3	譜代	伊那市	城主
飯田	堀	1.7	準譜代	飯田市	城主

封のあとの越後国主となった。しかし、この本家は、その子の忠俊のときに、家老・堀直政《なおまさ》家中の騒動で誤った措置をしたとして除封された。飯田藩は秀政の次男である親良《ちかよし》から出て、一六一一年に飯田に落ち着いた。

豪商田中本家など、土蔵づくりが美しい須坂《すざか》には、堀直政の三男・直重《なおしげ》が大坂の陣の功で封じられた。幕末の藩主・直虎《なおとら》は若年寄兼外国奉行だったが、一八六八年、明け渡し直前の江戸城中で切腹した。幕末維新の騒乱で死んだ、ただ一人の殿様である。戊辰戦争では多くの悲劇が生まれたが、主君のために死んだ侍は多くても、家臣のために命を差し出した殿様は誰もいなかった。殿様たちは、自分が主人であるのは、何かのときに犠牲になる覚悟と引き換えだというノーブレス・オブリージュというものを忘れていたのである。

鯉の産地として知られる佐久市の岩村田《いわむらだ》には、高遠藩から分かれた内藤正次が四代将軍・家綱の守り役となり、その子の正勝《まさかつ》が大名に取り立てられ、その子の正友《まさとも》が一七〇三年に岩村田に移った。

同じ佐久市にある田野口《たのくち》には、一八六三年、三河奥殿《おくどの》の松平乗謨《のりかた》が居所をここに移し、五稜郭《ごりょうかく》のような西洋式の要塞を築こうとした。いまも、櫓が残る。西尾藩の大給《おぎゅう》松平家の分家である。乗謨は明治になると大給恒《ゆずる》と改名し賞勲局総裁となり華族制度の構築の中心となり、子爵から伯爵に陞爵《しょうしゃく》した。

長野県の北端にある飯山は、上杉氏の信州における拠点だったが、一七一七年に糸魚川から本多氏が入った。家康に仕えた広孝《ひろたか》、康重《やすしげ》父子の子孫で、同じ本多でも、忠勝系よりは正信の家系に近い。

石川県(加賀・能登)――軟弱こそ最大の防御

金沢城は、白山山系から連続する丘陵地帯が果てる崖の上に築かれている。この地に最初に注目したのは蓮如上人で、ここに尾山御坊《おやまごぼう》を建立した。やがて、一向宗《いっこうしゅう》が、「勧進帳」でも知られる守護・富樫《とがし》氏を追放して、加賀の国全体を支配するようになり、「百姓が持ちたる国」になるに及んで、この地方の中心になった。一向宗による支配は、一五八〇年に佐久間盛政《もりまさ》によって攻略されて終わったが、盛政は、この御坊を修築して居城とした。近代的な城郭としての体裁を整えたのは、佐久間氏のあとに入った前田利家《としいえ》・利長《としなが》親子で、以後、幕末に至るまで、加賀一〇〇万石の居城として栄えた。

天守閣は一六〇二年に焼失したあと、再建されなかったが、三層五階で最上階に高欄を巡らした櫓が天守台に建てられた。これに限らず、金沢城では火事が絶えなかったので、現在残されている石川門や隅櫓では、鉛瓦《なまりがわら》や海鼠《なまこ》壁（壁の腰の部分に平瓦を格子《こうし》状にはめ込んだもの）を使うなど、防火への配慮を徹底しているが、これが個性的な外観をつくりだして、金沢城のシンボルのようになっている。

金沢の城跡は金沢大学のキャンパスとして使われていたが、その移転ののち、「金沢城公園」の整備が始まり、天守の代用となっていた菱櫓《ひしやぐら》をはじめ、二の丸の景観が木造で復元された。江戸時代の大名庭園の最高傑作である兼六園や、隣接した藩主夫人の隠居所・成巽閣《せいそんかく》が残る。城下町も戦災にあわずに、城下町というより「北の京都」ともいうべき風雅なたたずまいを見せている。

前田利家については、次の富山県の項で書くことにするが、江戸時代の前田家は、とことん軟弱で無気力であることをもって生き延びようとした。関ヶ原の戦いの直前に、徳川家康は難癖《なんくせ》をつけて利長を討とうとしたのだが、利家未亡人の芳春院《ほうしゅんいん》は、自ら進んで人質として江戸に赴《おもむ》き、正面衝突を避けたし、豊臣秀頼から誘いがあったときも、「羽柴肥前守利長としては豊臣に忠義を尽くしたいが当主である弟松平筑前守利常は徳川の娘婿なので無理」といい、自殺に近い死に方をしたといわれる。幕末維新のときも、「京洛《きょうらく》で騒ぎを起こすのはおそれ多い」と帰国してしまったり、鳥羽伏見の戦いでは幕府方につきながら、錦の御旗が出るとたちまち官軍についた。あまりの軟弱ぶりはどちらからも評価されず、明治以降も甘く見られたのか、戊辰《ぼしん》戦争で負けた東北地方より冷遇され、北陸新幹線の開通も東北新幹線より三三年ものちだった。帝国大学も創ってもらえなかったこの平和主義が金沢に絢爛《けんらん》とした文化を栄えさせ、今日も美しい城下町の風情を残すことになったのもたしかである。

三代藩主・利常《としつね》は、わざと鼻毛を異常に伸ばして暗愚《あんぐ》を装ったし、五代藩主・綱紀《つなのり》は木下順庵、室鳩巣《むろきゅうそう》、朱舜水《しゅしゅんすい》などの学者や書籍を集め、新井白石から「加州は天下の書庫」と誉められた。茶道や能楽を栄えさせたのもこの殿様である。六代藩主・吉徳《よしのり》のとき、足軽出身の大槻伝蔵《おおつきでんぞう》が取り立てられて藩政改革を行ったが、旧勢力から猛反発を受け、最後には藩主の側室と密通して自分の子を藩主にしようとしたとされて、

加賀国

藩名	大名家	石高(万石)	分類	藩庁所在地	格
加賀	前田	102.2	外様	金沢市	城主
大聖寺	前田	10.0	外様	加賀市	城主

越中五箇山《ごかやま》に幽閉され自殺した。ちなみに、この五箇山では、合掌づくりの民家が白川郷のそれとともに世界遺産になっている。

その加賀藩が、もしかすると天下を取るチャンスがあった。一一代将軍・家斉《いえなり》は五五人もの子持ちだったが、寵愛したお美代《みよ》の方の産んだ溶《やす》姫《ひめ》は加賀藩へ輿入《こしい》れし、そのときに建てられたのが加賀藩邸跡にある東京大学の赤門である。この溶姫の子供が、加賀藩最後の藩主となる慶寧《よしやす》だが、お美代の方は、なんとこの孫を一三代将軍としようとしたが、たくらみは成功せず、お美代の方も加賀藩にお預けになった。

加賀藩には二つの支藩があったが、そのひとつが関西の奥座敷というべき山代《やましろ》温泉や片山津《かたやまづ》温泉のある加賀市にあった大聖寺《だいしょうじ》藩である。一六三九年に前田利常の三男・利治《としはる》が独立。古くから山岳信仰の拠点として大聖寺があり、砦も築かれた。大聖寺藩の居城は、その麓の居館で、藩主の別荘である長流亭は重要文化財になっている。

江戸時代初期には多くの藩が二つ以上の城をもっていたが、元和《げんな》の一国一城令で取り壊された。しかし、いくつかの例外があって、小松城もそのひとつである。二本松藩の祖である丹羽長重《ながしげ》の居城だったが、加賀藩三代目の利常が隠居所として整備し、その死後は城番が置かれた。建設機械で知られるコマツの発祥の地である。

能登は白米《しろよね》の千枚田《せんまいだ》や能登金剛《こんごう》など、交通不便だが魅力的な景観をもつ。畠山家が守護だったが、戦国時代末期になって上杉、織田の勢力が伸び、畠山家も分裂した。上杉謙信が七尾《ななお》城を包囲したときに詠んだという「霜は陣営に満ちて秋気清し」という漢詩は頼山陽《らいさんよう》の『日本外史』でよく知られた傑作だが、謙信の自作であったかどうかは疑わしい。その七尾城は、標高三〇〇メートルの松尾山にあり、いまも、石垣などがよく残っている。その後、能登が前田領となったあと、市内に新しい城が築かれたが、「一国一城令」で廃城となった。

関ヶ原の戦いのころの七尾城主は、利家とまつ（芳春院）の次男である利政だったが、東軍に与《くみ》せず中立を守ったため改易《かいえき》され、京都嵯峨野《さがの》に隠棲《いんせい》した。江戸での一四年に及ぶ人質生活を送ったまつは、利長が死んだあと金沢に戻ったが、大坂の陣のあとに上洛《じょうらく》し、利政とほぼ二〇年ぶりの対面を果たしている。

富山県（越中）――黒百合城の伝説

「黒百合《くろゆり》伝説」というのが富山にはある。家康と結んで秀吉への抵抗を試みた佐々《さっさ》成《なり》政《まさ》は、極寒期に雪深い北アルプスを越えて浜松へ赴いたが、旅から帰ったとき、夫人から愛妾《あいしょう》・黒百合が密通を働いたと聞かされた。黒百合は殺されたが、「立山に黒百合の花が咲くころ佐々の家は滅びるだろう」といい残した怨念のゆえか、肥後へ移された成政は、国人たちの反乱の不始末を追及されて、秀吉から切腹させられた。大河ドラマ「利家とまつ」では、利家とまつのライバルとして山口祐一郎《やまぐちゆういちろう》と天海祐希《あまみゆうき》が佐々成政夫婦を演じた。

応仁の乱による混乱のなか、越中国の守護代であった神保長誠《じんぼうながのぶ》は将軍・足利義稙《よしたね》を放生津城《ほうじょうづ》（射水市新湊《しんみなと》）に迎えた。越中は畠山氏の領国で、遊佐《ゆさ》、神保、椎名氏が守護代として国を治めており、応仁の乱では細川勝元の指揮する東軍に属して、この国の武士たちが奮戦した。このとき、畠山政長は義稙とともに河内で戦っていたが戦死し、義稙は越中でかくまわれることになったのである。義稙は、ここを根拠に上洛を試みるが近江で敗れ、山口の大内氏の下に敗走した。この戦いのさなか細川政元《まさもと》は、加賀の一向一揆を越中に侵入させたが、これに対抗して越後国守護代の長尾氏（のちの上杉氏）が進出するなど、裏切りも続出して、敵味方入り乱れた。しかし、上杉謙信の死によって越後勢は後退し、神保氏とも結んだ織田家の武将・佐々成政が新しい越中の領主となった。

前田利家が豊臣政権で徳川家康に次ぐ地位にのぼりつめ、江戸時代にも一〇〇万石を保った理由は何だったのだろうか。

秀吉は、信長と対等だった家康と違い、織田株式会社の専務の立場で、たまたま一族に適当な後継者がいなかったことを口実に社長になったにすぎない。それだけに織田家旧臣グループ内部での支持のとりまとめが重要だった。

信長の全盛時代に、織田家代々の家老のうち、林佐渡守《さどのかみ》信勝や佐久間信盛《のぶもり》は、信長個人に対する忠誠心が低かったので追放された。なんとか生き残った譜代は、柴田勝家と丹羽長秀であり、ここに新参者の明智光秀、羽柴秀吉、滝川一益が加わった五専務体制になった。ところが、本能寺の変と

コラム　「織田株式会社社員総代としての前田利家」

後継争いの中で、勝家、光秀、一益が消え、長秀は自殺した。それに次ぐ池田信輝は、森長可《ながよし》らとともに小牧・長久手の戦いで戦死。次のランクが佐々成政と利家あたりだが、成政が失脚、若手のホープである蒲生氏郷《がもううじさと》が死亡して利家が残った。

利家は、長生きと先輩の失脚に助けられて、織田家家臣団代表として一〇〇万石を手に入れた。その利家が秀次を排して、織田家の血を引く秀頼を後継者とすることを支持し、晩年に家康から守ろうとしたのは、秀吉に対する友情ではなく、織田株式会社の旧社員代表としての意地であった。

利家が秀頼の「守り役」となったのも織田家への愛着がゆえで、極端には、たとえ秀吉の子でなくてもよかったのである。

越中国

藩名	大名家	石高(万石)	分類	藩庁所在地	格
富山	前田	10.0	外様	富山市	城主

この佐々成政に代わって越中を得たのが、加賀の前田利家である。若いころ、信長に寵愛されたが、茶坊主と諍《いさか》って殺したことで追放された。その後、許されたが、織田家の主要な武将に比べて出世は遅れた。「槍の又《また》左《ざ》」といわれたように、武芸に秀《ひい》で、敵将の首級《しゅきゅう》を多く取った武勇は評価されたが、独創性や将としての人間的魅力はもうひとつだったのも一因だろう。若いころから秀吉とは友人であったが、賤《しず》ヶ岳《たけ》の戦いでは、領地が隣り合っている柴田側についたものの戦わず撤退し、それ以降は秀吉を助けた。

丹羽長秀《ながひで》、柴田勝家《かついえ》、池田信輝《のぶてる》、滝川一益《かずます》、蒲生氏郷、佐々成政らの織田家重臣が相次いで死んだのち、旧織田家家臣にあって、秀吉に次ぐナンバーツーとしての立場を確立し、家康とともに天下を狙いかねないと、石田三成などからは警戒される存在で、秀吉が利家を尾張に移そうとしたときには、「虎に翼を与えるもの」として反対したほどだった。秀吉の死後は、秀頼の守り役として諸大名から新年の拝賀を受け、また、家康が諸大名と婚姻政策を進めることを詰問したりするなど、積極的に家康と対抗したが、関ヶ原の戦いの前年に死去した。これによって、石田三成と加藤清正らの対立も調停者を失い、五大老、五奉行制も実質崩壊した。

秀頼の誕生からのちの秀吉は、家康と利家という同世代の二人の友情を信じることに賭けたといってよい。石田三成などはこれを苦々しく思い、秀次《ひでつぐ》が自重して隙《すき》を与えないようにアドバイスしたりしている。ところが、秀吉は、秀次より家康や利家のほうが秀頼にとって安全だと判断したのである。しかし、三成も感じたように、利家も野心家であり、たまたま利家が家康に先立ったので、家康に天下が回ったが、もし、これが逆だったら、利家が天下人になっていたかもしれない。

利家の嫡子・利長は、隠居したあと、最初は富山城を隠居所としようとしたが、火災のため焼けたので、県東部の中心で蜃気楼《しんきろう》の町として知られる魚津《うおづ》に一時滞在したのち、かつての国府で万葉歌人・大伴家持《おおとものやかもち》が国司として赴任したこともある高岡に城を築いて、ここで晩年を送った。利長の死後、城は破却されたが、高岡は銅器製造など、加賀藩領における商工業の中心として栄えた。

富山城には神保氏も拠ったことがあるが、佐々成政が近代的な城にした。一六三九年に前田利常《としつね》の次子・利次《としつぐ》が一〇万石を得て、最初は百塚《ひゃくづか》の予定だったが、既存の富山城を居城とした。富山の薬は、二代目藩主・正甫《まさとし》が江戸城中で急病になった大名に手持ちの反魂丹《はんごんたん》を飲ませたところ、たちどころに回復したので名声が高まったといわれる。薬を与えたのはとっさのことだったろうが、よほどそのあとの宣伝が上手だったのであろう。殿様による特産品のトップセールスの成功である。現在、城跡には石垣と堀が残り、三層の天守閣がかつての姿とは関係なく新築された。

福井県（越前・若狭）——藩校のアメリカ人が見た明治維新

福井藩の藩校であった明新館のアメリカ人教師・グリフィスによる回顧録は、廃藩置県を描いた最も美しいメモワールである。一八七一年一〇月一日、福井城の大広間に藩士たち三〇〇〇人が集められ、「遥か永遠に思いを馳《は》せながら（封建制度の）厳粛なる埋葬」に立ち会った。翌日、最後の藩主となった松平茂昭《もちあき》が東京へ旅立つときには、近在からも幾千もの民衆が押し寄せ殿様の行列を見送り、「人々のすすり泣きはやがて号泣となった」という。

幕末維新の英傑は多いが、殿様のなかで「この人なかりせば」というキーマンを一人だけ挙げるなら、福井の松平慶永《よしなが》（春嶽《しゅんがく》）ではないか。橋本左内《さない》らを登用して藩政改革に取り組み、通商条約の無断調印に反対し、将軍後継問題では一橋慶喜《よしのぶ》擁立の中心となり、政事総裁職への就任を経て、山内容堂《ようどう》、島津久光《ひさみつ》、伊達宗城《むねなり》とともに四賢侯の一人として、大政奉還を演出した。大異変のなかで強い責任感をもって大きな流れをつくっていった功績はたいへんなものである。

越前松平の祖は徳川家康の次男・秀康《ひでやす》である。長男・信康《のぶやす》の死後は嫡男となるはずが、弟の秀忠を後継者にした。秀忠の母は愛妾だが、秀康の母には気まぐれで手をつけただけであり、母親についての愛情の度合いの差が主たる理由である。それに、秀康が本当に自分の子かどうか一抹の不安もあった。秀康は豊臣秀吉のもとに人質代わりの養子に出され、そこから関東の結城家へまた養子に出された。関ヶ原の戦いのあとは、越前で六八万石を与えられたが、まもなく病死している。梅毒が原因といわれる。しかし、多くの子供を残し、子孫は福井、川越、松江、明石、津山、糸魚川、出雲広瀬、出雲母里《もり》という八藩の藩主となり隆盛を誇った。

越前国の守護は三管領のひとつの斯波《しば》家だったが、応仁の乱のあと、守護代の次のナンバースリーだった朝倉氏が細川氏の後押しで守護になった。朝倉氏は福井市南方の一乗谷《いちじょうだに》に本拠を構えた。足羽川《あすわがわ》の支流・一乗川の谷が険しい山に三方を囲まれているところで、鉄砲伝来前には要害の地として理想的なところだった。京風文化を取り入れた美しい街が営まれたが、最近では発掘が進み、代表的な中世遺跡として観光地になっている。奈良を脱出した足利義昭《よしあき》も、近江の甲賀郡和田（甲賀市）、野洲《やす》郡矢島（守山市）や若狭を経て、一時、ここに滞在した。

朝倉氏は、近江の浅井氏とともに織田信長と戦ったが、一五七三年に滅ぼされた。その後、越前では、門徒衆が実質的な支配を得るが、信長は再びこれを攻め、柴田勝家を領主として送り込み、北庄《きたのしょう》に城を築かせた。九層の天守閣をもっていたこの城は、賤ヶ岳の戦いのあと炎上し、柴田勝家はお市の方を道連れに壮絶な自刃をした。現在の福井城は、柴田勝家の城をやや北方にずらして再建したもので、足羽川のほとりに築かれた平城である。五層の天守閣は一六六九年に焼失し再建されず、残る櫓なども明治維新の際に破却されたが、本丸の石垣と堀だけは残り、そこに県庁が置かれている。特産の純白の絹織物をイメージした求肥餅《ぎゅうひもち》「羽二重餅《はぶたえ》」は名菓として知られる。

「日本一短い『母』への手紙」コンクールで有名になった丸岡のお城は、もともと、柴田勝家の養子・勝豊によって築かれ、いまでも小高い丘の上に、三層で素朴な板張りと石瓦が印象的な可愛い天守閣が残る。建築年代については諸説あるが、初期の天守建築の様式をよく残す。藩主・有馬家は、肥前島原半島のキリシタン大名だったが、日向《ひゅうが》延岡に移封されるときに、家臣のうち棄教しなかった信者を置き去りにした。この人々が島原の乱に加わるのだが、有馬氏は糸魚川《いといがわ》を経て、元禄年間に丸岡藩主となった。福井からJR北陸本線で北へ三つ目の駅である。

勝山藩主の小笠原家は、小倉の小笠原氏と同じく甲斐・信濃の名族で、一六九一年に美濃高須から移った。勝山は、白山信仰と結びついた平泉寺《へいせんじ》（現・白山神社）の門前町だった。現在、城跡には何も残っていないが、郊外に大阪のタクシー王である多田清氏が大仏殿と姫路城に似せた壮大な白亜の天守閣を建てた。

「北陸の小京都」といわれる大野は、飛騨高山の建設者でもある金森長近《かなもりながちか》の前任地であり、飛騨高山の兄貴分ともいうべき美しい町である。一六八二年に、老中もつとめた土井利房《としふさ》が常陸《ひたち》より移り、その子孫が幕末まで治めた。幕末の藩主・土井利忠《としただ》は蘭学を取り入れ、大野屋という地元産品直売店を大坂に設けたりするなど、めざましい成果を上げている。近年、天守閣も復元された。大豆、白ゴマ、水飴を合わせ、ひねった形にした「けんけら」という干菓子が名物。かつての天守閣は中国の建物のような複雑で華麗な形をしていたが、戦後、建てられたものは普通の桃山風である。最近、「天空の城」のひとつとして売り出し中だ。

眼鏡の世界的な産地として知られる鯖江《さばえ》の藩祖である間部《まなべ》詮房《あきふさ》は、小姓として甲府藩主・徳川綱豊《つなとよ》に仕えたが、主人が六代将軍・家宣《いえのぶ》になってからは側用人に出世した。七代将軍・家継の時代には生母・月光院の信頼も厚く、最高権力者の一人になった。月光院との恋愛関係を噂されたり、幼将軍の側に座して大名などと会うことが多

越前国

藩名	大名家	石高(万石)	分類	藩庁所在地	格
丸岡	有馬	5.0	準譜代	坂井市	城主
福井	松平	32.0	家門	福井市	城主
勝山	小笠原	2.2	譜代	勝山市	城主
大野	土井	4.0	譜代	大野市	城主
鯖江	間部	4.0	譜代	鯖江市	陣屋
敦賀	酒井	1.0	譜代	敦賀市	城主格

若狭国

小浜	酒井	10.3	譜代	小浜市	城主

かったところ、家継が「上様とは間部のことか」と聞いたとかいったエピソードも多く、時代小説でもお馴染みである。幕末の藩主・詮勝《あきかつ》も井伊大老の側近として、老中などをつとめ、吉田松陰に暗殺の標的とされたことは大河ドラマ「花燃ゆ」でも登場した。

若狭国は、甲斐武田氏の支流が一五世紀以来守護をつとめ、織田信長の時代も生き抜いたが、明智光秀の反逆に荷担して滅ぼされた。小浜《おばま》城を築いたのは、関ヶ原の戦いののちに入封した京極氏で、一六三四年に領主となった酒井氏によって完成された。酒井家の嫡流ではないが、家光の時代に謹厳実直な忠臣として忠勝《ただかつ》が活躍して大老となり、一一万石を得た。学問を奨励し、『解体新書』を訳した杉田玄白や、尊皇攘夷の志士・梅田雲浜《うんぴん》を生んだ。城は若狭湾に浮かぶ小さいが美しいもので、下見板張りで三層の天守閣もあったが、明治になって取り壊され、いまは石垣が市街地に埋没するように残るのみである。しかし、城下町には遊郭跡の紅殻格子《べんがらごうし》の家並みが残り、郊外には国宝の三重塔がある明通寺《みょうつうじ》など、古雅な寺院も多い。淀君《よどぎみ》の妹で京極高次《きょうごくたかつぐ》の妻だったお初《はつ》の方(常高院)の墓も当地にある。小浜の名前はオバマ大統領と同じだというので話題に。

越前嶺南《れいなん》地方の中心都市で交通の要衝でもある敦賀は、古代から日本海沿岸交流の国際都市として栄えた土地で、仲哀《ちゅうあい》天皇の皇居が営まれたと伝えられる。江戸時代には、小浜藩主の分家が陣屋を置いた。幕末には、筑波山で挙兵して京をめざした水戸天狗党が、ここで幕府に降伏し、三五二名が処刑された。

第五章　近畿地方

和歌山城

近畿地方の藩

○は城（幕末に藩が置かれていたもの）
●は陣屋（数字は下記藩名）
凡はその他の城
◎は城下町でない県庁所在地

1.宮川　2.大溝　3.山上　4.三上　5.仁正寺
6.園部　7.山家　8.綾部　9.峰山　10.伯太
11.狭山　12.丹南　13.麻田　14.菰野　15.柳生
16.小泉　17.柳本　18.芝村　19.櫛羅　20.三田
21.柏原　22.小野　23.三草　24.林田　25.安志
26.山崎　27.三日月　28.豊岡

滋賀県（近江）――ここそ〝お城の本場〟

近江の国は私の故郷だが、日本の〝お城の本場〟といってよいのではないかと思っている。お城のような文化遺産に本場という表現が似つかわしいかは知らないが、大和の国が仏像について、京都の町が庭について占めているのと同じような存在感が、湖国にはある。

その理由の第一は、日本の近世城郭史を開いた安土城の存在である。第二は、このほかにも中世の代表的な山城である観音寺城や、国宝の天守閣をもつ彦根城をはじめ、多くの名城があることである。そして、第三は、穴太衆《あのうしゅう》と呼ばれる石垣職人団の存在である。

日本の城が持つ美しさの根幹が石垣にあることは誰しも異論がないだろうが、この技術に優れていたのが、大津市北部の小さな集落で、成務《せいむ》、仲哀《ちゅうあい》両帝の都が営まれた穴太の村の衆だった。穴太衆は湖東三山、三井寺《みいでら》、坂本などに見事な石垣を築いていたが、これが安土城などに利用されて全国に広まった。

近江の守護は佐々木氏だったが、鎌倉時代に南部を支配する六角氏と、北部に拠《よ》った京極《きょうごく》氏の二系統に分かれた。京極氏については、丸亀《まるがめ》藩のところで紹介する。六角氏は、安土に近く史上最大級の山城である観音寺城を本拠にしていた。その城跡は東海道新幹線からもよく見え、麓から徒歩で上り、裏側にあたる安土城のほうへ降りるルートは、ハイキングコースとしてお勧めできる。将軍家とも頻繁に争ったが、大河ドラマ「花の乱」の主役・日野富子《とみこ》の子で九代将軍になった足利義尚《よしひさ》は、六角氏と争って栗東《りっとう》市鈎《まがり》の陣に滞在しているときに陣没した。新幹線の南側に「ISHIDA」という秤《はかり》メーカーのビルが見えるあたりである。また、一五代将軍・義昭《よしあき》は、兄の一三代将軍・義輝《よしてる》が殺されたとき奈良興福寺にいたが、脱出して六角氏を頼り、最初は甲賀市の和田、ついで守山市の矢島にかくまわれたが、六角家の態度が不鮮明だったので、若狭を経て越前に移った。信長が上洛のため協力を要請したときに、六角承禎《ろっかくじょうてい》(義賢《よしかた》)は拒否して籠城したが、たちまちのうちに落城させられ、甲賀に逃げ隠れた。

湖北の主・京極氏は、米原市の上平寺《じょうへいじ》城を本拠にして、城下町らしきものも発生しつつあったことが発掘調査で明らかになっている。浅井氏は京極氏に属していたが、京極氏を圧倒し、長浜市の小谷《おだに》城に拠った。浅井長政《ながまさ》は信長の妹・お市の方と結婚し、六角氏をともに攻めたが、信長の朝倉攻めには同調せず、姉川《あねがわ》の戦いなどを経て滅ぼされた。城の遺構は長浜や彦根に持ち去られたが、それでも近年の発掘調査で壮大な規模が明らかになりつつあり、中腹まで車で上ることもできるようになった。館は麓の清水谷にあって長女の淀殿や次女の京極初子はここで生まれたが、落城の少し前から山上に移ったので、末っ子である江《ごう》だけはこちらで生まれた。拙著『浅井三姉妹の戦国日記』（文春文庫）は、次女・初子の回顧録の形式で大河ドラマ「江〜娘たちの戦国〜」の世界を描いたもの。

浅井氏の滅亡後、小谷城には羽柴秀吉が入ったが、湖岸に長浜城を築いて移った。秀吉の中国攻めの間も、家族は長浜に残しており、大河ドラマ「秀吉」や「功名が辻」の舞台のかなりはこの町だった。長浜で秀吉は子を得て、秀勝と名づけるが、これを祝って始められたのが「長浜曳山祭《ひきやままつり》」である。城は跡形もなくなっていたが、近年、市民の協力で天守閣が建てられた。市内の大通寺《だいつうじ》は、真宗東本願寺派の主要寺院のひとつである。伏見城の遺構が移され重要文化財になっている。冬の「長浜盆梅展」や「鴨すき」も有名だが、古い商家を活用してガラス工芸の町として売り出そうという「黒壁《くろかべ》」という事業も大成功して、すっかり観光都市として知られるようになった。

関ヶ原の山間から抜けてきた中山道が湖岸に出るところに佐和山がある。東海道新幹線米原駅の少し南である。ここには、石田三成の城があった。関ヶ原の戦いのあと、井伊直政が領主となったが、関ヶ原での傷が原因で二年後に死亡し、それを嗣《つ》いだ直継が彦根に城を移したとき、佐和山城は徹底的に破壊された。三成の記憶をぬぐい去ろうとしたともいわれるが、彦根城を見下ろすような形の佐和山に城塞としての機能を残すことは、軍事的にみて愚劣であり、三成うんぬんは考えすぎであろう。

彦根城は、第一回の大河ドラマ「花の生涯」の舞台となったが、湖岸に面した金亀《こんき》山《さん》の山上に三層の天守閣があり、国宝に指定されている。大津城からの移築といわれてきたが、解体修理の結果、それが実証された。大きくはないが、華麗な桃山風である。このほか、多くの櫓《やぐら》や城門、それに御殿が残る。そのなかでも、ふたつの櫓と城門が一体になった天秤《てんぴん》櫓は見事であるし、麓の玄宮園《げんきゆうえん》からは、天守閣と庭園が一緒にカメラに収まるすばらしいアングルがある。彦根城博物館は、国宝の「彦根屏風《びようぶ》」などを所蔵し、尾張徳川家のそれと並んで、最高の内容を誇る井伊家の財宝を展示する。町並みもよく残り、城と城下町のすべての要素がバランスよく現存する全国ただ一つの町である。長浜および彦根へは、新幹線米原駅から在来線に乗り換えてすぐだが、タクシーでもそれほどの距離ではない。

直政のあとは、最初、嫡男の直継が嗣いだが、病弱を理由に弟の直孝《なおたか》に交替させられた。直孝は、家光の時代に長老として重きをなし大老となった。幕末の大老・直弼《なおすけ》は、兄弟たちが養子に出て大名などになっていくなかで、城下の埋木舎《うもれぎのや》で長く部屋住みを続けていたが、三六歳のときに藩主となった。やがて大老になったが、桜田門外の変で暗殺されたために、三五万石から一〇万石減らされた。

大津には坂本、大津、膳所《ぜぜ》という三世代の城があった。坂本城は明智光秀の居城で、延暦寺がある比叡山の麓の湖岸にあった。天王山の戦いのあと、一族が自害したのはここの城である。大津城は現在の大津市中心部の湖岸にあり、関ヶ原の戦いの際には、京極高次《たかつぐ》が西軍の攻撃をよく防いだが、園城寺《おんじようじ》（三井寺）観音堂付近の丘の上から大砲を撃ち込まれ落城した。このとき、城下に火をかけて焼き払った高次に対して町民の反感は強く、西軍の砲撃を見物し、声援を送ったと伝えられている。

江戸時代には、大津には天領の商業都市として代官が置かれ、城は少し南寄りの膳所に移された。城は琵琶湖に浮かぶ美しい水城で、四層の天守閣が築かれ、膳所藩は琵琶湖南部の水上警察権や瀬田の唐橋の管理権ももっていた。最初の藩主は、のちに大垣藩主となる戸田氏だったが、頻繁な交替ののち、一六五一年に伊勢亀山より本多氏が入城し、一三代にわたり在城した。城は明治維新後、徹底的に破壊されたが、城門が近くの神社に移築されたほか、近年、多聞櫓《たもんやぐら》や城門も復元された。藩校遵義堂《じゅんぎ》のあとには県内第一の進学校である県立膳所高校が置かれている。昭和天皇の師である杉浦重剛《じゅうごう》は、膳所藩の出身。松尾芭蕉の墓は、大津と膳所の中間の義仲寺《ぎちゅうじ》にあって、木曽義仲と枕を並べている。

湖東の永源寺《えいげんじ》は臨済宗の古刹《こさつ》で、関西で屈指の紅葉の名所である。一六八五年に鳥羽藩稲垣家分家にあたる重定《しげさだ》は若年寄に抜擢され加増され、元禄時代になって、東近江市の山上《やまがみ》に陣屋をもった。町役場付近に陣屋跡がある。

野洲《やす》市は、全国でも屈指の豊かな町である。銅鐸《どうたく》が多く出ていることでも知られ、銅鐸博物館まであるが、御上《みかみ》神社や大笹原神社の本殿も国宝になっている。ここにあった三上《みかみ》藩の藩祖である遠藤胤親《たねちか》は、大垣新田藩主・戸田氏成《うじしげ》の次男で、五代将軍・綱吉の側室で徳松君《とくまつのきみ》や鶴姫の母であるお伝《でん》の方の妹の子である。美濃土岐氏に従い、関ヶ原の戦いのあと郡上八幡《ぐじょうはちまん》城主となった遠藤慶隆《よしたか》の家が断絶したものを胤親が嗣いで、三上に封じられた。

蒲生氏郷《がもううじさと》の出身地として知られる日野町の西部には、仁正寺《にしょうじ》藩の陣屋跡がある。美濃の土豪出身の市橋長利は信長、秀吉に仕えた。

長浜郊外の宮司町には、堀田氏の宮川藩陣屋がある。佐倉藩二代目の正信《まさのぶ》が乱心で除封されたあと、正信の子の正国《まさくに》が宮川藩を興した(佐倉藩参照)。

湖西の高島市は、デパートの高島屋のゆかりの地であるが、大溝《おおみぞ》城は、織田(津田)信澄《のぶずみ》の築城になる。信澄は、信長と跡目争いをして殺された信行の遺児で、織田ちょっと成功した中小企業に、初めて高学歴の垢抜けた新入社員が入ってきたりすると、社長さんはとてもうれしい。ましてそのなかに優秀な若者がいると重宝する。旧松下電工の丹羽正治《まさはる》元会長など、松下幸之助にとって、そういう人物だった。

秀吉にとっては石田三成である。三成は、浅井氏の本拠である湖北の地侍の出で、秀吉が城主になって、盛んに有能な部下を抱え始めたころに仕え、官房長官のような役割を担《にな》った。態度が横柄で人望がなかったのは事実だが、すべてにわたって高い見識をもち、公正で清潔な人物であった。豊臣政権というのは、明治政府に似た政策を、三世紀早く試みた。その政治的な理想を達成するために、三成はできる限り、大領主に頼らない政権基盤をつくろうとしたが、秀吉による性急な朝鮮出兵がそれを許さなかった。関ヶ原の戦いは、入念に企《くわだ》てられた、実によくできたプロジェクトだったが、策士策におぼれた観がある。

コラム　「石田三成と井伊直政の希少価値」

三成滅亡後の佐和山に入ったのは、井伊直政《なおまさ》である。井伊家は遠江《とおとうみ》の豪族で、今川氏に属していたが、家康が遠江を攻略したあと仕官し、とんとん拍子に昇進し、関東移封ののちは、家臣のうちで最大の高崎一二万石の城主となった。しかも、秀吉のもとへ派遣されて、官位などももらい、娘を家康の四男の忠吉《ただよし》と結婚させている。三河以来の泥臭い家臣が多かったなかで、名門出身で教養があり、武勇に優れた直政は、家康にとって希少価値があったのだ。

近江国

藩　名	大名家	石　高(万石)	分　類	藩庁所在地	格
宮川	堀田	1.3	譜代	長浜市	陣屋
大溝	分部	2.0	外様	高島市	陣屋
彦根	井伊	35.0	譜代	彦根市	城主
山上	稲垣	1.3	譜代	東近江市	陣屋
三上	遠藤	1.2	譜代	野洲市	城主格
仁正寺	市橋	1.8	外様	日野町	陣屋
水口	加藤	2.5	準譜代	甲賀市	城主
膳所	本多	6.0	譜代	大津市	城主

家中で信忠、信雄、信包、信孝に次ぐ序列で明智光秀の娘婿であった。本能寺の変の際、信澄は四国攻めの準備のために、織田信孝らと石山（大阪）にあったが、光秀に与《くみ》することを疑われて殺された。大坂夏の陣後の一六一九年になり、伊勢の土豪出身で信長、秀吉に従った分《わけ》部《べ》氏が二万石を得て入城し、城跡に陣屋を構えた。

忍者で知られる甲賀市の水口《みなくち》には、豊臣時代に中村一《かず》氏《うじ》、増田長盛《ましたながもり》、長束正家《なつかまさいえ》らが封じられた。長束正家は草津市の生まれで、五奉行の一人として財政を担当した。近代国家らしい財政をもったのは豊臣政権がはじめであり、それを担《にな》った正家は、日本における初代の大蔵大臣というべきである。

このときの城は、岡山という丘の上に築かれていたが、一六八二年、新しく二万石を与えられた加藤明友《あきとも》が、二条城に似た御殿を中心とした平城を築いた。東海道を京へ上る道筋で最後の難所である鈴鹿峠を越えた地点における徳川家の宿泊施設であり、家光の上洛に際して使われた。ただし、その後は家茂《いえもち》まで将軍は関東にとどまって上洛しなかったので、無用の長物となった。加藤氏の祖は、賤《しず》ヶ岳《たけ》七本槍の一人である加藤嘉明《よしあき》である。その父は三河の住人で松平家に属していたが、一向一揆に与して逃れ、嘉明は長浜時代の秀吉に仕えた。関ヶ原の戦いののち、伊予松山城を築き、晩年、蒲生氏と交替で会津四〇万石の太守となったが、嫡子・明成《あきなり》のときに改易された。しかし、その嫡男・明友が水口藩を再興した。加藤氏は元禄年間に栃木県の壬生《みぶ》へ転封されたが、正徳年間にまた水口に戻った。城跡には水口高校が置かれているが、近年、櫓が復元されて資料館となっている。

京都府・大阪府（京都府は山城・丹後・丹波の一部。大阪府は河内・和泉・摂津の一部）――四〇〇年前の地形を再現する

淀の城といえば淀君が思い浮かぶが、江戸時代の淀城（京都市伏見区）は、大坂夏の陣ののちに桑名藩祖の松平（久松）定綱《さだつな》が築いたもので、淀君がいたのとは場所が違う。天守閣は、最初は伏見城のものを淀城にもってくるはずが、伏見のものを二条に、二条のものを淀にということになった。天守台は伏見城の寸法で築いてあったので、小さい二条城天守を移築しても空間が余る。そこで四棟の小櫓《やぐら》を置いて、天守曲《くる》輪《わ》のようにした。淀の町も船着き場として栄え、城の大水車は淀川の名所であった。何回かの領主交替を経て、一七二三年に稲葉氏が入封し、幕末まで続いた。稲葉正成《まさなり》は春日局《かすがのつぼね》の亭主で、妻が家光の乳母になったおかげで大名になった。もとは林姓を名乗って、信長が若いころの家老・林佐渡守と同族だった。最初、臼杵《うすき》藩祖である稲葉一鉄《いってつ》の孫娘を娶《めと》って稲葉姓となり、小早川秀秋《ひであき》に仕えた。春日局は後妻で、明智光秀の重臣・斎藤利三《としみつ》の娘である。大河ドラマ「春日局」では、大原麗子が主役を演じた。二人の子の正勝が小田原城主になったことは既に紹介したとおり。

鳥羽伏見の戦いでは、当主の正邦《まさくに》が老中であったにもかかわらず、敗残した幕府軍の入城を許さなかったが、その際に放火されて、城と城下町を失った。菊花賞などで知られる京都競馬場と京阪電車の線路をはさんだ反対側に、石垣がよく保存されているが、淀川の流路が明治になって変えられたので、かつての水城の面影はない。

室町時代、この山城地方から淀川下流にかけての地形は、現在のものとはまったく違っていた。伏見の南方、宇治の西にかけて、新興住宅街が広がっているあたりは、昭和になって干拓されるまでは巨椋池《おぐらいけ》と呼ばれる湖だった。秀吉の時代までは、ここに琵琶湖から流れ出た宇治川が流れ込み、池は水量によって大きくなったり小さくなったりしていた。また、大阪平野でも、大和川が大坂の町の東側を通って、淀川と合

山城国

藩　名	大名家	石　高(万石)	分　類	藩庁所在地	格
淀	稲葉	10.2	譜代	京都市	城主

丹波国

亀山	松平	5.0	譜代	亀岡市	城主
園部	小出	2.6	外様	南丹市	陣屋
山家	谷	1.0	外様	綾部市	陣屋
綾部	九鬼	1.9	外様	綾部市	陣屋
福知山	朽木	3.2	譜代	福知山市	城主

丹後国

田辺	牧野	3.5	譜代	舞鶴市	城主
宮津	本庄	7.0	譜代	宮津市	城主
峰山	京極	1.1	準譜代	京丹後市	陣屋

流していた。

こんな具合だから洪水が絶えず、また、都の近くにあることから、戦乱に巻き込まれることも多かった。応仁の乱で最も激しく、また、最後まで続いた戦闘は、畠山政長《はたけやままさなが》と畠山義就《よしなり》のものだが、一四八三年、義就はこんな地形を利用して、枚方《ひらかた》市の犬田《いぬだ》城を本邦初演の水攻めにして、大勝利を収めたほどである。

戦国時代に必要に迫られて発達した土木技術は、平和な世の中になると平和利用された。秀吉は、大坂や伏見の町をつくるとともに、宇治川を付け替え、巨椋池に入らずに伏見の町の横を流れるようにして、巨椋池にも文禄堤《ぶんろくづつみ》と呼ばれる堤防を築いた。そのおかげで、洪水は少なくなり、京都と大坂の水運も盛んになった。

山城国の守護は頻繁に替わったが、この国は常に戦乱に巻き込まれたので、一四八五年には国人たちが決起して、両畠山軍の撤退を求め、自治を始めた。いわゆる「山城国一揆」である。

いまの大阪府では、摂津《せっつ》と和泉《いずみ》は細川氏、河内は畠山氏が守護をつとめていた。戦国時代末期には、細川氏の家臣で阿波を本拠とする三好長慶《ながよし》が勢力を伸ばし、芥川山《あくたがわさん》城（高槻市）や飯盛城（四條畷市《しじようなわて》）を本拠として、幕政にも支配を及ぼした。また、いまの大阪城の場所には石山本願寺が偉容を誇り、一五八〇年まで信長に抵抗を続けた。

堺は応仁の乱ののちに国際貿易港として発展した。会合衆《えごうしゆう》と呼ばれる自治組織により運営され、まわりには環濠《かんごう》がめぐらされた。この自治と繁栄は、信長による支配、秀吉の大坂築城と移住命令により失われ、さらに大和川の流路変更により、港には砂がたまり、没落に拍車をかけた。それでも包丁や段通《だんつう》などの特産品をもつ産業都市としては健在で、明治以降もほぼ一貫して全国で人口二〇位以内の大都市としての地位を維持していることは、意外に知られていない。戦国時代の堺は「東洋のベネチア」というべき存在だったが、ＰＬ学園のある富田林《とんだばやし》のように、寺内《じない》町として環濠をめぐらした都市もあり、この時代の河内・和泉では、まさにルネサンス的都市文化の華が咲いたのである。余談だが、堺は摂津、和泉両国の境界の意味。江戸時代までは町の真ん中に国境があった。

豊臣時代や徳川時代、この地域は直轄領が多く、そのほかに、小規模な藩が散在していた。だんじり祭で有名な岸和田には、豊臣秀吉による根来《ねごろ》攻めのあと、園部《そのべ》藩祖である小出秀政《こいでひでまさ》が城を築いた。一六四〇年に高槻から岡部宣勝《のぶかつ》が入封した。岡部氏は駿河の土豪で、今川氏の滅亡後、武田の支配下に入り、さらに徳川氏に属した。何かというと扱いにくい紀伊の頼宣《よりのぶ》を監視するような意味もあって、家光側近だった宣勝が選ばれたのだろう。戦後、建てられた天守閣は、昔のものとは関係なくデザインされたものだが、小規模ながら華麗な姿で、関西空港から大阪へ向かうJR車窓からもよく見え、海外からの客を迎える格好のランドマークとなっている。朝日新聞社のオーナーである村山家の養子となり、長く社長をつとめた長挙《ながたか》は、岡部家の出身である。

和泉市の信太《しのだ》山《やま》駅の近くには、伯太《はかた》藩の陣屋があった。藩主渡辺家は松平家に代々仕え、寛文年間の吉綱《よしつな》のとき、大坂定番《じょうばん》をつとめ大名となった。

行基《ぎょうき》が造ったともいう狭《さ》山《やま》池で知られる大阪狭山市には、北条氏の陣屋があった。関東の覇者であった北条氏は、小田原攻めのあと、この山間の小大名として、徳川三〇〇年を生き延びた。

松原市には丹南《たんなん》藩の陣屋があった。高木家は、もとは水野信元（結城藩祖）に仕えていたが、一六二三年、正次《まさつぐ》が大坂定番となって一万石となり、丹南藩を開いた。三笠宮妃殿下の実家である。

高槻城は、キリシタン大名として知られる高山右近《うこん》の居城だが、一六四九年、山城長岡から永井直清が三万六千石で入封した。直清は大和櫛羅《くじら》藩祖・直勝の次男である。

伊丹空港に近い豊中市の阪急宝塚線蛍池《ほたるがいけ》駅のあたりには、麻田《あさだ》藩の陣屋があった。藩主の青木氏は美濃の住人で、一重《かずしげ》は今川、徳川を経て、関ヶ原の戦いのあと、大坂城にあって秀頼に仕えた。ところが、大坂夏の陣の直前に徳川方に使者として赴《おもむ》いたあと、そのまま抑留され、戦後、麻田藩を興した。

室町時代の丹波国と丹後国ではそれぞれ、細川、一色《いっしき》氏が守護をつとめていた。しかし、戦国時代には、丹波では守護代の内藤氏が南部で、西部では八上《やがみ》城の波多野氏らが強力になった。織田信長の進出の前に、これらの国人勢力は、恭順と抵抗の間で迷ったが、結局は明智光秀に攻略された。丹後でも、一色氏が信長に反旗を翻したために、細川藤孝《ふじたか》に討たれた。

丹波の入り口にあたり、保津川《ほづがわ》下りの乗船場である亀岡は、かつて亀山といわれたが、明治維新ののち伊勢亀山と同名なので改称した。明智光秀が城を築き本能寺の変のときには、明智の軍勢はここを出発し、西国街道と京への道の分かれ目になる老《おい》ノ坂《さか》で「敵は本能寺にあり」と京をめざした。秀吉時代には、信長の四男で秀吉の養子になった秀勝（於《お》次丸《つぎまる》）や、秀次の弟で徳川秀忠夫人・お江の方の最初の夫でもあり、やはり秀吉の養子になった秀勝などが領主となった。お江と秀勝の娘・完子《さだこ》は九条家に嫁ぎ、豊臣家のDNAを今上陛下にも伝えている。一七四八年に一四松平のひとつである形原《かたのはら》家の松平信岑《のぶみね》が、丹波篠山《ささやま》より移ってきた。かつては、藤堂高虎《とうどうたかとら》が今《いま》治《ばり》から移した四層の天守閣があったが、古写真が残るのみで、城跡は大本《おおもと》教団の施設となっている。

亀岡から、さらにJR山陰本線に乗って進むと園部（南丹市）である。藩祖・小出秀政は秀吉の母である大政所の妹を妻とし、岸和田城を築いた。のちに但馬出石《いずし》に移った本家は断絶したが、一六一九年に園部で二万六千石を得て陣屋を築いた分家が幕末まで続いた。櫓《やぐら》や門が現存している。野中広務《ひろむ》氏は、ここの町長をかってつとめた。

綾部は、山陰本線と舞鶴線の分岐点にある。藩主の九鬼《くき》家は鳥羽で水軍を率いていたが、一六三三年、この綾部と兵庫県三田《さんだ》の二家に分けられた。

同じ綾部市内の山家《やまが》には、谷氏一万石の陣屋があった。美濃、ついで近江犬上《いぬかみ》郡に住んでいたが、衛友《もりとも》が秀吉から、この地で領地をもらい、関ヶ原の戦いでは、西軍に属して田辺城の細川藤孝攻めに加わったが、歌の師である藤孝を攻められないとしてサボタージュしたおかげで、領地を安堵された。

丹波の中心地である福知山には、明智光秀が近代的な城を築城して、亀山城とともに丹波経営の拠点とした。一六六九年、朽木《くつき》氏が土浦より移って幕末に至った。朽木氏の出身地である滋賀県高島市朽木は、京都の八瀬大原から若狭へ延びる街道沿いで、安曇川《あどがわ》の上流にある。朽木氏は近江源氏佐々木氏の一族で、朽木荘の地頭となり、稙綱《たねつな》は足利義晴の側近として活躍した。将軍義稙《よしたね》や義輝《よしてる》は戦乱の京都を避けて、朽木に御所を移したこともある。朽木氏の菩提寺だった旧秀隣寺《しゅうりんじ》庭園は、現在でも流浪の将軍の心情を山里の清らかな空気の中で偲《しの》ぶことのできる素晴らしい場所である。

一八世紀後半の藩主・昌綱《まさつな》は画家、茶人であり、世界地理や古銭の研究でも知られる文化人であった。城門続櫓が残るほか、近年になって、光秀の時代の様式によって天守閣が復元された。

丹後の舞鶴は軍港として開かれ、シベリアからの息子の帰還を待つ「岸壁の母」のエピソードで有名だが、これは市東部の東舞鶴で、西舞鶴は田辺藩三万五千石の城下

和泉国

藩　名	大名家	石　高(万石)	分　類	藩庁所在地	格
岸和田	岡部	5.3	譜代	岸和田市	城主
伯太	渡辺	1.3	譜代	和泉市	陣屋

河内国

狭山	北条	1.0	外様	大阪狭山市	陣屋
丹南	高木	1.0	譜代	松原市	陣屋

摂津国

高槻	永井	3.6	譜代	高槻市	城主
麻田	青木	1.0	外様	豊中市	陣屋

町である。明治維新後、和歌山県の田辺と同名なので改称した。信長から細川藤孝が封じられ、丹波の明智光秀とともに山陰攻略の根拠地とした。本能寺の変のあと、光秀から誘われたが拒絶し、嫡子・忠興《ただおき》の妻だった光秀の娘・ガラシャを丹後半島奥深くの味土野《みどの》に幽閉した。その後、藤孝は天橋立《あまのはしだて》で知られる宮津に移り、忠興に田辺城を譲った。関ヶ原の戦いでは、忠興は上杉攻めに参加して、そのまま東軍に参加し、藤孝は宮津城を焼き払って田辺城にこもり、石田三成の軍と戦った。そのときに、古今集などの解釈の秘伝である「古今伝授」を八条宮智仁《としひと》親王に行ったエピソードはよく知られている。細川家は戦後、豊前小倉に移封され、丹後は京極高次《きょうごくたかつぐ》の弟である高知《たかとも》の領地となった。高知の死後、丹後は宮津、田辺、峰山《みねやま》に三分され、一六六八年の京極氏但馬豊岡転封ののちは、牧野氏が入封して、幕末まで在城した。越後長岡藩祖・康成《やすなり》の子である信成《のぶしげ》を藩祖とする。城跡に

は城門が復元されて、公園として整備されている。また、西舞鶴の駅前広場は、城下町らしいオブジェで雰囲気をうまく出している。

京極氏による丹後三分ののち、宮津には嫡男の高広が入ったが、その嫡男の高国は隠居した父と不仲で、領内統治も芳しくなく、除封された。その後、一七五八年、本庄氏が浜松より移って幕末に至った。本庄氏は、五代将軍・綱吉の母・桂昌院の弟である宗資《むねすけ》が一六八八年に下野《しもつけ》足利で一万石の禄を受けて大名になった。宮津城跡は市街地化して、何も残っていない。

プロ野球の野村克也の母校である峰山高校で有名になった峰山（京丹後市）には、丹後三分の際に、京極高知の妹の子で朽木家から養子にきた高通《たかみち》が陣屋を設け、幕末まで続いた。霧が深く湿度が高い気候を生かした丹後縮緬《ちりめん》の産地である。

三重県（伊勢・伊賀・志摩・紀伊の一部）――高虎はリストラ時代の鑑

伊勢津《つ》藩の祖である藤堂高虎は、一生で主人を八回替えたといわれる。そのようにいうと、いかにも節操のない人物に見えるが、むしろ、それぞれの時の流れに自然に従った誠実な人物だったのではないか。そうでないなら再就職も容易でないし、新しい主人からも信用されるはずがない。そんな意味で、高虎こそ、リストラ時代のサラリーマンの鑑《かがみ》といえるかもしれない。

藤堂家は近江国犬上郡甲良《こうら》町《ちょう》の出身で、近江源氏佐々木氏の流れといわれる。高虎は子供のころから浅井長政《ながまさ》に仕え、そののち頻繁に主人を替えた。だが、羽《は》柴秀長《しばひでなが》には長く仕え、紀伊粉河《こかわ》の城主となったが、秀長の養子・秀保《ひでやす》の死後は、剃髪して高野山にこもった。しかし、秀吉の勧めで復帰し、宇和島城主となり、関ヶ原の戦いでは東軍に属して今治に移り、さらに一六〇八年に伊勢の津に移った。大坂方への備えとして外交、軍事、土木、民政に通じた高虎が買われたのだろう。

この藤堂藩は、幕末には決定的なタイミングで、今度こそ本物の裏切りをする。鳥羽伏見の戦いで幕府軍に属して、淀川左岸を守っていたが、官軍に錦の御旗も下賜され、勅使も来て説得されたので、対岸に陣する幕府軍に砲撃を浴びせ、大坂への退却を余儀なくさせたのである。

津の海岸は現在では遠浅だが、室町時代の地震までは、安濃津《あのつ》と呼ばれる良港だった。本格的な築城は、織田信長の弟で伊勢の豪族・長野氏を嗣《つ》いだ信包《のぶかね》が一五八〇年に行った。城は平城で、天守閣はなかったが、広い堀と単純な矩形《くけい》だが横からの射撃用に凹凸をつけた石垣の線が高虎の築城術の特色だ。現在は石垣などが残り、三層櫓が復元されている。

津の西にある久居《ひさい》（津市）は風力発電で有名だが、一六六九年に藤堂高虎の孫の高通《たかみち》が五万石を分封されて陣屋を置いた。

室町時代の伊勢は一色氏らが守護であったが、支配はそれほど強くなく、北部は関、神戸《かんべ》、長野などの諸家が割拠し、南部では国司と称する北畠《きたばたけ》氏が支配した。美濃の攻略を完了した織田信長は伊勢への攻勢を強め、神戸氏には三男・信孝、北畠氏には次男・信雄《のぶかつ》、長野氏には弟・信包を養子として送り込んだ。

このうち北畠氏は、南朝の忠臣で『神皇正統記』を書いた親房の子である顕能《あきよし》が、伊勢国司となって以来続いた名家である。北畠具教《とものり》は松阪市の大河内《おおこうち》城での攻防戦ののち、信雄を養子として迎え、隠居生活を送っていたが、武田信玄と連絡を取って復権を図るなどしたため、一族ともども滅ぼされてしまった。

伊勢の豪族のうちでもっともしぶとく生き残ったのは、平重盛の子孫と称する関氏である。関盛信《もりのぶ》は蒲生氏郷《がもううじさと》とともに、長島一向一揆と戦い討ち死にしたが、弟の一政《かずまさ》は、秀吉によって陸奥白河城主とされた。その本拠の伊勢亀山城は、そのあとに領主となった岡本宗憲が近代的なものにした。関ヶ原の戦いののち、いったん関一政が復帰したが、その後、領主は頻繁に交替して、一七四四年に備中松山から石川氏が入って幕末に至る。石川数正《かずまさ》の従兄弟の康通《やすみち》が、関ヶ原の戦いののちに大垣城主となったのが始まり。常陸下館《しもだて》は分家。関一政のほうは、伯耆《ほうき》黒坂に五万石に加封されて栄転したが、家臣間での争いなどのために除封され、旗本として家名だけは残った。

F1のメッカとして知られる鈴鹿サーキットがある鈴鹿市は、城下町である神戸と、港町白子《しろこ》が合併して成立した。ここに織田信長の三男・神戸信孝《のぶたか》は、五層の天守閣をもつ城を築いた。信孝の滅亡後、主な建物は桑名城に移されたりしたが、一七三二年に本多忠統《ただむね》が入封して幕末に至る。近江膳所の本多の分家である。白子は、一八世紀終わりにアリューシャン列島に漂着し、ロシアのエカテリーナ二世に謁見《えっけん》したあと帰国した大黒屋光太夫《だいこくやこうだゆう》の出身地である。

鈴鹿山地の最高峰である御在所岳《ございしょがだけ》がある菰野町《こものちょう》には、土方《ひじかた》氏の陣屋があった。織田信雄の家臣であった土方雄久《かつひさ》は、信雄の改易ののち秀吉に仕え、嫡子・雄氏《かつうじ》が菰野に領地を得た。

木曽三川河口にある輪中《わじゅう》の村である長島（桑名市）は、戦国時代に門徒衆の拠《よ》るところとなり、一五七四年に織田方との壮烈な戦いののちに降伏したが、織田方は脱出する小舟を銃撃し、あるいは柵の中に閉じこめて焼き殺すなど、日本史上でも最もむごたらしい虐殺を行った。攻め手の被害もかなりのもので、信長の弟の信興、西美濃三人衆の一人・氏家卜全《うじいえぼくぜん》などが死んでいる。その後は滝川一益《かずます》などが居城したが、一

伊勢国

藩　名	大名家	石　高(万石)	分　類	藩庁所在地	格
長島	増山	2.0	譜代	桑名市	城主
桑名	松平	11.0	家門	桑名市	城主
菰野	土方	1.1	外様	菰野町	陣屋
神戸	本多	1.5	譜代	鈴鹿市	城主
亀山	石川	6.0	譜代	亀山市	城主
津	藤堂	32.3	外様	津市	城主
久居	藤堂	5.3	外様	津市	城主格

志摩国

鳥羽	稲垣	3.0	譜代	鳥羽市	城主

七〇二年には下館より増山正弥《ましやままさみつ》が入った。正弥の養父・正利《まさとし》は、お楽の方（家綱の生母）の弟である。お楽の方は浅草の町娘で、春日局が浅草寺参詣の際に見つけて、美貌のゆえに大奥に上がらせた。

蛤《はまぐり》の時雨煮《しぐれに》が名物の桑名は、東海道五十三次の宿場町だが、江戸時代には木曽三川の河口を渡る橋はなく、名古屋南方の宮《みや》との間を渡し船がつないでいた。豊臣時代には、長島で戦死した氏家卜全の嫡男・行広《ゆきひろ》が城主となっていたが、関ヶ原の戦いのあと本多忠勝《ただかつ》が入り、城と城下町を整備した。久松、奥平を経て、一八二三年、松平（久松）定永《さだなが》が白河から入った。伊予松山藩の分家である。白河時代には、田安家から、のちに老中になる定信《さだのぶ》を養子に迎えている。維新時の藩主・定敬《さだあき》は美濃高須藩から養子に入ったが、京都所司代として実兄の容保《かたもり》とともに幕府を支え、鳥羽伏見の戦いでも主力として戦った。慶喜《よしのぶ》とともに江戸へ脱出し、その江戸から飛び地の越後柏崎へ赴き、箱館まで転戦した。ところが、桑名では恭順か抗戦か藩論が分かれ、くじ引きで抗戦としたが、下級武士の反乱で恭順に転じ、定敬も箱館から家臣らの説得で連れ戻された。

志摩地方も国人が割拠する地域だったが、信長の後押しで志摩の平定を進めていた九鬼嘉隆《よしたか》は、妻の実家である橘氏の居城だった鳥羽を一五六〇年に手に入れ、水軍の根拠地としてふさわしい水城に改修した。関ヶ原の戦いでは、親子で東西を分担して窮地を脱したが、一六三三年、丹波綾部、摂津三田《さんだ》の二藩に分割され、水軍としての性格を失った。日本の国にとって貴重な海軍力をつぶしたツケは、幕末に払う羽目になるが、とりあえずは天下太平を維持するために、そんな愚行もやったのだ。鳥羽には、一七二五年に下野烏山《しもつけからすやま》から稲垣氏が入封したが、藩祖・長茂《ながしげ》は家康に仕え、関ヶ原の戦いのあと、上野《こうずけ》伊勢崎城主となった。

伊賀国は国人の自治が行われ、惣《そう》国一揆と呼ばれる状況にあったが、一五八一年に織田信雄が率いる軍勢が攻め込み、大虐殺を行った。滝川一益の養子・雄利《かつとし》が伊賀統治の中心として築城したのが伊賀《いが》上野《うえの》（現・伊賀市）の始まりであるが、秀吉の時代には、大和から筒井順慶《じゅんけい》の養子・定次《さだつぐ》が移った。

その後、領主となった藤堂高虎は、城を根本的に修築して大坂方への備えとした。

その石垣は日本一の高さを誇り一見に値する。天守閣は何ゆえか、完成後すぐに破却されたといわれている。現在の天守閣は、戦後に昔のものとは関係なくつくられたものである。伊賀の国人たちは、甲賀の人々と同様に忍術をつかい、江戸時代にも隠密《おんみつ》などとして重用された。また、藤堂藩は当地にも侍を駐在させていたが、そのなかから松尾芭蕉が出ている。伊賀上野へは名古屋、あるいは大阪、京都から近鉄が便利。

奈良県（大和）――理想のナンバーツーは大金持ち

「理想のナンバーツー」として堺屋太一《さかいやたいち》氏が絶賛するのが、大和郡山城を築いた豊臣秀長《ひでなが》である。大河ドラマ「秀吉」も、『豊臣秀長』という小説が原作の一部になっていたから、高嶋政伸《たかしままさのぶ》が演じる秀長が大活躍した。

秀長は秀吉の異父弟だが、温厚でバランスのとれた考え方が、豊臣家内外の信頼を集めた。小田原の役の直後、朝鮮出兵の計画を危惧しつつ病没して惜しまれた。秀吉からは大和、紀伊、和泉で一〇〇万石を預けられ、大和郡山に城を築いたが、石垣には石仏、墓碑、平城京羅生門《らしょうもん》など、古代遺跡の礎石なども活用された。五層の天守閣などすべて失われて、近鉄電車のすぐそばに、石垣などが残るのみだったが、近年、櫓《やぐら》や城門が復元されて、少し城跡らしくなった。

鎌倉時代から室町時代にかけて、大和国には武家の守護が置かれず、興福寺が守護の役割を担った。応仁の乱のなかで、国人たちは細川、畠山の両家の紛争に荷担したりしていたが、やがて、三好氏の家臣で将軍・義輝暗殺までやってのけた松永久秀《ひさひで》が支配することになった。久秀は東大寺大仏殿を焼いたので、このときから元禄時代に再建されるまで、奈良の大仏は鎌倉の大仏と同じように、野ざらしだったのである。久秀は生駒山中の信貴山《しぎさん》城、ついで奈良市の北に多聞山《たもんやま》城を築いたが、とくに後者は、豪華な天守閣をもち、安土城の前奏曲ともいうべきものだった。

久秀が信長に攻められて、信貴山城で名茶器「平蜘蛛《ひらぐも》」を道連れに自爆したのち、大和国は筒井順慶が支配し、その死後に秀長が入った。秀長の死後は甥の秀保《ひでやす》が嗣いだが変死し、五奉行の一人である増田《ました》長盛《ながもり》、水野勝成《かつなり》、松平忠明《ただあき》（忍《おし》藩祖）などを経て、一七二四年に柳沢吉保《よしやす》の子の吉里《よしさと》が郡山城主となった。柳沢家は甲州出身だが、武田滅亡後、徳川家に仕え、吉保が綱吉の小姓から最高権力者にのし上がった。「生類憐みの令」を止められなかったのは失点だが、有能で教養もある第一級の人物であることは間違いなく、綱吉の死後も、甲府から郡山への軽い左遷だけで生き残ったことは、人格についても高いものがあったのだろう。「忠臣蔵」ものでは主要登場人物の一人だが、大河ドラマ「元禄太平記」は、むしろ、この柳沢吉保を主人公として扱

大和国

藩　名	大名家	石　高(万石)	分　類	藩庁所在地	格
柳生	柳生	1.0	譜代	奈良市	陣屋
郡山	柳沢	15.1	譜代	大和郡山市	城主
小泉	片桐	1.1	外様	大和郡山市	陣屋
柳本	織田	1.0	外様	天理市	城主格
芝村	織田	1.0	外様	桜井市	陣屋
櫛羅	永井	1.0	譜代	御所市	陣屋
高取	植村	2.5	譜代	高取町	城主

っていた。ここの名物は金魚だが、これは柳沢家が甲府から持ち込んだもので、武士の内職として発展した。なお、大和郡山という地名は、市制施行が福島県郡山市より遅かったため、大和を加えさせられたものである。

明日香《あすか》村の真南にある高取《たかとり》城は、南北朝時代に南朝方の砦として築かれ、豊臣秀長が、南大和の要として近代的な城郭とした。一六四〇年に入封した植村氏は、もともと美濃国守護の土岐氏の一族だが、近江を経て三河に移り松平家に仕えた。標高五八四メートルの山上に三層の連立式天守が聳《そび》える姿が大和盆地南部からよく遠望され、「たつみ高取雪かとみれば雪ではござらぬ土佐（付近の地名）の城」と唄われた。

高取の西隣にあたる御所《ごせ》市の西郊、葛城山の麓に櫛羅《くじら》というところがあるが、ここに永井家の陣屋があった。永井氏は三河の名門で、長田を本姓としていたが、平治の乱に敗れて逃走中の源義朝を謀殺した一族の名だというので、名を変えさせられた。

　奈良の春日大社のあたりから山沿いに南に延びる「山辺の道《やまのべ》」には、柳本藩《やなぎもと》と芝村藩の陣屋があるが、藩主はいずれも織田家である。織田信長の末弟・長益《ながます》は、淀君の叔父という立場から、秀頼母子の後見役的存在として大坂城に入ったが、夏の陣の直前になって退去した。茶人としては有楽斎《うらくさい》の名で知られ、さらに江戸屋敷の所在地である有楽町にその名を残している。長益のあとは、二人の息子が遺領を二分して、四男・長政《ながまさ》が三輪素麺《そうめん》や三輪神社で知られる桜井市の芝村に、五男・尚長《なおなが》が天理教の本拠地である天理市の柳本に、それぞれ陣屋を置いた。

　大和郡山の西部にある小泉には、片桐家の陣屋があった。片桐家は近江の出身で、浅井家に属していたが、浅井滅亡後は羽柴秀吉に仕えた。且元《かつもと》は賤ヶ岳の七本槍の一人で、茨木城主となり、浅井の血を引く淀君の補佐役的存在として徳川側との交渉にあたったが、淀君の信頼を失った且元は、大坂冬の陣を前に城を出た。晩年、且元は大和竜田《たつた》城主として四万石を得たが、子孫は明暦年間に除封された。小泉の片桐家は、兄・且元と行動をともにした弟・貞隆の子孫である。二代藩主である貞昌《さだまさ》は、茶人として石州流を創始し、その隠居所だった慈光院は、茶道の世界ではよく知られた名刹《めいさつ》である。

奈良市の春日山の裏側にある柳生《やぎゅう》の里は、大河ドラマ「春の坂道」の主人公で徳川三代に仕えた剣豪・柳生宗矩《むねのり》の故郷であり、陣屋が置かれた。柳生家はもともと春日大社の領地の奉行をつとめていたが、代々将軍の剣術師範もつとめた。「春の坂道」では中村錦之助《なかむらきんのすけ》が、「武蔵 MUSASHI」では中井貴一《なかいきいち》が宗矩を演じている。

江戸時代の奈良の町には天領としての奉行所が置かれていた。

和歌山県（紀伊の大部分）――末っ子の本家乗っ取り作戦

和歌山城は緑色の城である。三層の天守閣は銅板葺《ぶき》屋根の緑青《ろくしょう》が鮮やかで、石垣には緑泥片岩《りょくでいへんがん》が使われて、やはり軽快な灰緑色である。その緑色と真っ白な壁とが醸《かも》し出すハーモニーは、いかにも南国にふさわしく、大河ドラマ「八代将軍吉宗」のタイトルバックにも使われて印象的だった。

大河ドラマ以来、和歌山というと吉宗ということになっているし、多くの大名が江戸屋敷生まれのなかで、吉宗は紀州生まれ紀州育ちだから、地元の誇りとするにふさわしい。しかし、紀州藩初代の頼宣《よりのぶ》というのも「遅れてきた英傑」として、なかなかおもしろい人物である。

頼宣は関ヶ原の戦いから二年あとに生まれた。甥の家光よりわずか二歳年上に過ぎ

紀伊国

藩名	大名家	石高(万石)	分類	藩庁所在地	格
新宮	水野	3.5	譜代	新宮市	城主
田辺	安藤	3.8	譜代	田辺市	城主
紀州	徳川	55.5	御三家	和歌山市	城主

ない。母は上総《かずさ》勝浦城主・正木氏の娘で、お万の方といった。家康は後家好みなどといわれたが、晩年は少女好みに変わったらしく、彼女が召し出されたのも一四歳のときである。お万の方は、頼宣と水戸藩祖・頼房《よりふさ》を産んだが、江戸中期以降は、二人の子孫が養子縁組を通じて、将軍家だけでなく、あちこちの分家を乗っ取っていった。

家康は剛毅な頼宣をことのほか気に入ったようで、晩年は自分が住む駿府の城主にしている。家康の死後、兄・秀忠は頼宣を紀州に移して遠ざけたが、頼宣は何かと野心家ぶりを隠さなかった。近松門左衛門の「国性爺《こくせんや》合戦《かっせん》」で知られる鄭成功《ていせいこう》が、明朝の復興を願って救援を求めてきたときも、天下の浪人を集めて出兵することを願い出たが、「太閤の愚挙を忘れたか」と井伊直孝《くわだ》に反対されて思いとどまらされたし、浪人・由井正雪《ゆいしょうせつ》が反乱を企てたときも頼宣の名前が使われたので、幕府は疑って、一五年も紀州への帰国を許さなかった。

その子の光貞《みつさだ》のときには、嫡子・綱教《つなのり》が綱吉の娘・鶴姫と結婚して将軍後継候補となり、光貞の末子・吉宗は、権謀術数の限りを使って、ついに将軍の座を勝ち取った。紀州家は三代続きの本家乗っ取り作戦が実って、江戸城本丸を奪い取ったのである。

紀伊国は畠山氏が守護をつとめていたが内紛で衰え、紀ノ川中流の大阪府との境に近いところにある真言宗根来寺《ねごろじ》の僧兵と、真宗系の雑賀衆《さいが》が北部を支配した。とくに、雑賀衆は鉄砲使いの集団として恐れられたが、一五八五年、秀吉の攻撃の前に壊滅し、根来衆は降伏を許されず虐殺された。どうもこのあたりから、秀吉も力をむき出しに、残虐な命令を出すようになったようだ。

和歌山に築城したのは、豊臣秀長の臣・桑山重晴《しげはる》で、関ヶ原の戦いのあと城主となった浅野幸長《よしなが》が天守閣などを建て、頼宣が外郭などをつくった。天守閣は戦災で焼失したが復元され、西の丸にある紅葉渓《もみじだに》庭園なども整備されている。

紀州藩領は、いまの和歌山県だけでなく、熊野灘に沿って、三重県でも紀伊国に属する熊野、尾鷲《おわせ》、さらには伊勢国の松坂にまで及んでいた。そのなかで、田辺と新宮は、付家老が城主として代々引き継ぎ、幕末になって大名扱いになった。

荒法師弁慶の故郷である田辺の安藤家は、家康の父・広忠《ひろただ》に仕えた家重に始まり、孫の直次《なおつぐ》、重信《しげのぶ》は家康に仕えた。直次は家康の側近として活躍した官僚で、紀伊頼宣の守り役として紀伊田辺を領した。弟の重信は武将として実績を上げ、磐城平《いわきたいら》藩祖となった。城の遺跡としては、海に向かう水門が残る。田辺は、近年、世界遺産にもなって人気が復活してきた「熊野古道」の玄関口でもある。

熊野三宮のひとつ熊野速玉《はやたま》大社がある新宮の水野家は、家康の母・於大《おだい》の方の甥である重央《しげなか》から出ている。本家は茨城県結城藩である。熊野灘を見晴らす小高い丘の上にあることから沖見城、あるいは丹鶴《たんかく》城といわれ、石垣がよく残っている。このあたりの名物料理には、鯨とサンマがある。三陸の脂ののったサンマと違って淡泊な味で、干物や押し寿司にする。

兵庫県（播磨・淡路・但馬・丹波の一部・摂津の一部）――娘婿が豪華にした姫路城

山陽新幹線の車窓からは、いくつもの名城を楽しむことができる。東海道新幹線からも名古屋城や彦根城が望めるが、米粒のように小さいし、ほんの一瞬で終わってしまう。ところが、山陽新幹線だと、小倉、広島、福山、岡山、そして姫路のお城の天守閣がほどほどの距離で、しかも、そこそこのあいだ見えるのがうれしい。

姫路城は世界文化遺産にも登録され、日本一の名城の誉《ほま》れも高い。壁だけでなく瓦まで白っぽく隙間まで漆喰で埋められていることが、白鷺《しらさぎ》城と呼ばれる美しさの秘密であるし、三つの小天守を従えた連立式の天守閣のほか、櫓《やぐら》や城門のほとんどが残っていることでも類例がない。

しかし、素朴な疑問は、県庁所在地にもならなかったこの町に、どうして日本一の城ができたかである。その疑問を解く鍵は、娘婿の威力である。この城を近代的にしたのは羽柴秀吉だが、現在の姿にしたのは、「武蔵 MUSASHI」でも故・十八世中村勘三郎《なかむらかんざぶろう》（当時は中村勘九郎《かんくろう》）が演じて、武蔵という名の名づけ親として登場した池田輝政《てるまさ》である。池田家については、鳥取藩や岡山藩のところで解説したいが、輝政の妻は徳川家康の娘・督姫《とくひめ》である。家康は、同じ子供たちの間でも好き嫌いで露骨な差別をしているが、督姫はお気に入りだったのだろう。最初は北条氏直《うじなお》と結婚させ、ついで池田輝政と再婚させたのだが、輝政に姫路五二万石を与えただけでなく、督姫が産んだ子供たちに備前や淡路を与えて、総計は一〇〇万石に近いといわれた。

池田氏が鳥取に移ったあとの領主となったのは、本多忠政《ただまさ》だが、この嫡子が忠刻《ただとき》で、豊臣秀頼の未亡人であった千姫を迎えている。忠刻の母は家康の長男・信康の遺児だから、新婦の従姉妹である。このとき、本多忠政には一五万石が与えられたが、これに加えて、忠刻に結納代わりに一〇万石が与えられた。姫路城の西の丸、三の丸などは、このときに築かれたものであり、日本一の名城は、二人の娘婿のおかげで完成したというわけである。

姫路城主は江戸時代に九回も替わったが、最後は一七四九年に酒井氏が入って、幕末まで続いた。徳川家の祖先の親氏《ちかうじ》は、松平家の世話になる前に、三河南西部にあった坂井郷の土豪の娘と男子を生《な》していた。これが広親《ひろちか》で、酒井氏の始祖である。その長男の氏忠《うじただ》の子孫が左衛門尉《さえもんのじょう》酒井氏といい、いずれも山形県の庄内藩、松山藩がここから出ており、次男の家忠《いえただ》から出た雅楽頭《うたのかみ》酒井氏に姫路、伊勢崎、小浜、安房《あわ》勝山、敦賀藩が属する。家康が若いころの家老・正親《まさちか》は西尾城主だったが、その玄孫が忠清《ただきよ》で、四代将軍・家綱のもとで大老となって下馬《げば》将軍といわれた（前橋藩参照）。

尼崎の殿様は桜井松平家である。一族でも有力で、忠正は家康の異父同母の妹を妻とした。その子、家正は家康の関東移封の際に上野松山で一万石を得たが家臣を誅するなどして勘気を蒙り自刃させられたともいわれる。桜井家は忠広の従兄弟の忠頼が嗣ぎ、関ヶ原の戦いの後は浜松城主となったが、酒宴の席で暗殺され、嫡男幼少のためにいったんは五千石まで減らされたが、掛川、飯山などを経て一七一一年に尼崎に入った。城には四層で弘前城のものに似た天守閣があり、古写真も残っているが、明治維新のときに破壊され、遺構らしきものは残っていない。

神戸牛の産地として知られる三田《さんだ》は、九鬼《くき》氏が藩主だった。鳥羽を根拠地に水軍を率いていた九鬼守隆の死後、三田藩と綾部藩に分けられた（三重県参照）。

丹波篠山《ささやま》は青山氏である。青山家は近江出身だが、三河に移り家康に仕えた。忠俊《ただとし》は家光の守り役となったが、家光が成長したあとも人前で家光をしかることがあり、疎《うと》まれて追放された。しかし、家光も、のちにこれを反省し、その子の宗俊《むねとし》に小諸《こもろ》で三万石を与え、子孫が一七四八年に篠山へ移った。城は大坂の陣に先駆けて、藤堂高虎の差配で築かれたもので、天守閣はないが堅固な石垣で、実戦的な構えである。古写真を参考に大書院が復元された。郡上八幡《ぐじょうはちまん》は分家。

柏原《かいばら》には織田氏がいた。織田信長の次男・信雄《のぶかつ》は大坂の陣のあと、大和で五万石を得たが、一部を三男・信良《のぶよし》に与え（天童藩）、死後は遺領を五男の高長《たかなが》が嗣いだ。一六九五年に柏原へ移された。このあたりは猪が多く、「ぼたん鍋」が名物である。

播磨国西部にある上郡町《かみごおりちょう》の地頭であった赤松円心《えんしん》は、鎌倉幕府打倒に活躍して、この国の守護となり、一時は、備前、美作《みまさか》の守護も兼ねた。しかし、満祐《みつすけ》が嘉吉《かきつ》の乱で将軍・義教《よしのり》を殺したことから混乱が始まり、細川、山名、さらには別所、小寺など群雄割拠のなかで、羽柴秀吉の侵攻が始まった。戦況は一進一退だったが、一五八〇年に三木城が陥落して大勢が決した。そのうち御着城主の小寺氏に仕えて姫路城主となったのが、黒田氏だが、官兵衛は毛利方についた主君を見限って織田方につき、姫路城を秀吉に譲った。黒田氏については福岡県の項で詳しく紹介する。

明石は越前松平家の分家である。秀康《ひでやす》の六男・直良《なおよし》を祖とする。一六八二年、その子の直明《なおあきら》が越前大野から当地に移った。当初は六万石だったが、家斉の二五男・斉宜《なりこと》を養子に迎えて八万石（一〇万石格）となった。三層の櫓が二基残り、山陽本線の車窓からよく見える。阪神・淡路大震災で破損したが修復された。

小野の一柳《ひとつやなぎ》氏は、もとは伊予国の河野一族だが、美濃の土岐氏に仕えて一柳と改姓した。信長、秀吉に仕え、一六三六年に小野へ移り、分家が伊予の小松に拠った。豊郷《とよさと》小学校校舎で有名になった建築家・ヴォーリズは、一柳満喜子《まきこ》と結婚して一柳米来留《めれる》を名乗った。

三草《みくさ》（加東市）の丹羽家は、二本松の丹羽家とは関係ないが、やはり尾張の土豪で家康に仕え、一七四二年に当地に移った。林田《はやしだ》は建部《たけべ》氏である。近江の人である建部高光は信長に仕え、守山を領していたが、秀吉の下で尼崎の郡代などをつとめた。高光の子である光重は関ヶ原の戦いでは西軍に与《くみ》したが、妻が池田輝政の養女であったことなどから赦《ゆる》され、一六一七年に現在は姫路市の一部となっている林田に移った。

醬油の産地である竜野《たつの》（たつの市）は、賤ヶ岳七本槍の一人を藩祖とする脇坂氏で、近江国東浅井郡脇坂の出身である。織田信長、のちに秀吉に仕え洲本《すもと》を得た。関ヶ原の戦いでは、当初は西軍だが東軍に呼応した。一六七二年に竜野へ。佐倉藩堀田

摂津国

藩　名	大名家	石　高(万石)	分　類	藩庁所在地	格
尼崎	松平	4.0	譜代	尼崎市	城主
三田	九鬼	3.6	外様	三田市	城主格

丹波国

篠山	青山	6.0	譜代	篠山市	城主
柏原	織田	2.0	外様	丹波市	陣屋

播磨国

明石	松平	8.0	家門	明石市	城主
小野	一柳	1.0	外様	小野市	陣屋
三草	丹羽	1.0	譜代	加東市	陣屋
姫路	酒井	15.0	譜代	姫路市	城主
林田	建部	1.0	外様	姫路市	陣屋
竜野	脇坂	5.1	準譜代	たつの市	城主
安志	小笠原	1.0	譜代	姫路市	陣屋
山崎	本多	1.0	譜代	宍粟市	陣屋
三日月	森	1.5	外様	佐用町	陣屋
赤穂	森	2.0	外様	赤穂市	城主

但馬国

出石	仙石	3.0	外様	豊岡市	城主
豊岡	京極	1.5	外様	豊岡市	陣屋

正盛《まさもり》の次男を養子に入れて、準譜代になった。中国自動車道のインターチェンジがある県西部の山《やま》崎《さき》（宍《し》粟《そう》市）には、本多忠勝《ただかつ》の曾孫である忠英《ただひで》が一六七九年に移った。

山崎の東隣の安富町《やすとみちょう》（姫路市）にあった安志《あんじ》の小笠原家は、血筋からいえば嫡流であるが、不行跡や子供がなかったことから小藩となっている（小倉藩参照）。

赤穂《あこう》には、一六四五年に常陸《ひたち》笠間より移った浅野氏が、山鹿素行《やまがそこう》の指導で築城した。しかし、長矩《ながのり》のとき、松の廊下事件で除封。永井氏を経て、一七〇六年に森氏が入る。森氏は美濃で土岐、斎藤に仕えたが、可成《よしなり》のとき信長に属した。可成は大津市北部の近江神宮に近い宇佐山で戦死。その息子たちも、蘭丸は本能寺の変で信長と運命をともにし、長可《ながよし》は長久手《ながくて》の戦いで死んだが、末弟の忠政《ただまさ》が川中島を経て、美作津山で一八万石を得た。その後、無嗣や不行き届きで減封され、当地へ移った。三日月《みかづき》藩は分家である。落雁《らくがん》のような皮に包まれた塩味饅頭が当地の名物である。

尼子《あまご》氏の忠臣・山中鹿之介《しかのすけ》が最後の戦いを行った三日月には、一六九七年に赤穂の森氏と同族の森長俊《ながとし》が美作津山新田から移った。

但馬《たじま》は山名《やまな》氏の本拠だったが、羽柴秀吉に攻略され、山名堯熙は秀吉に仕えるが、大坂夏の陣で滅びた（因幡山名家は残る）。その山名氏も本拠にしたのが出石《いずし》である。美濃から出た仙石秀久《せんごくひでひさ》は秀吉に仕えて、洲本、次いで高松を領したが、九州征伐の際に秀吉の勘気にふれて、所領を没収された。だが、小田原の役に参加して信濃に領地を得た。その後、一七〇六年に出石に移った。出石蕎麦は小皿に盛ったものをお替わりしていくものである。

豊岡《とよおか》は浅野長政《ながまさ》の娘婿である杉原長房が領していたが、丹後峰山藩と同系の京極高盛が一六六八年に丹後田辺より移った（峰山藩参照）。

姫路から来るJR播但《ばんたん》線と、福知山からのJR山陰本線が合流する和田山町（朝来市）には、竹田城跡がある。赤松家の一族である広秀が城主だったが、関ヶ原の戦いで西軍について滅びた。城は標高三五四メートルの山上にあるが、見事な石垣がほぼ完全に残る。霧に包まれることが多く「天空の城」として大ブームになっている。

淡路国は阿波国と同じく細川氏の領国だったが、戦国時代には三好氏の支配下に置かれた。秀吉の時代には仙石秀久、ついで脇坂安治が領主となり、洲本の本格築城は脇坂氏によって成された。その後、池田輝政の子の忠雄《ただかつ》は由良に拠ったが、大坂の陣後に領主となった蜂須賀氏は、洲本に城代として稲田氏を置いた。しかし、陪臣とされた稲田氏の家臣と、蜂須賀直参の関係はぎくしゃくしたもので、明治維新ののちに争いが起こり、淡路は徳島県でなく兵庫県に属することになった。城山には昭和天皇の即位記念に建てられた天守閣がある。

第六章　中国・四国地方

岡山城

中国・四国地方の藩

○は城（幕末に藩が置かれていたもの）
●は陣屋（数字は下記藩名）
凸はその他の城

1.若桜　2.鹿野　3.母里　4.広瀬　5.庭瀬
6.足守　7.岡山新田　8.浅尾　9.岡田　10.鴨方
11.新見　12.広島新田　13.徳山　14.清末　15.長府
16.多度津　17.高知新田　18.西条　19.小松　20.新谷
21.吉田

鳥取県（因幡・伯耆）――鳥取城人肉事件

人肉を食べたといった事件は、日本の歴史でそうあるわけでないが、一五八一年の鳥取城攻防戦には、そんな記録が残っている。羽柴秀吉の包囲による五ヵ月の兵糧《ひょうろう》攻めで落城した。羽柴軍は、二年近くもかかった播磨三木城の経験に懲《こ》りて、あらかじめ若狭の商人に因幡《いなば》地方の米を時価の数倍で買い占めさせて、城へ兵糧が運び込まれないようにしていた。城中の食糧事情は悲惨を極め、戦死者の肉まで食べた。とくに、脳味噌が好まれ、死者の首を落として争って口にした。そして、さらなる悲劇は開城後に起こった。羽柴軍は降伏した将兵に大釜で炊いた飯を用意したのだが、すぐに腹一杯食べた者は倒れ、少しずつ食べた者は助かったのである。

因幡・伯耆《ほうき》両国は、山名《やまな》一族が守護をつとめていた。南北朝時代に山名氏は、新田《にった》一族であるにもかかわらず足利尊氏につき、山陰地方など一一ヵ国の守護となって、六分一殿《ろくぶんのいちどの》（全六六ヵ国）と呼ばれた。一族の争いから義満につけこまれ、但馬、因幡、伯耆の三国に押し込まれたが（明徳の乱）、応仁の乱で西軍の総師となった山名宗全のときに勢力を回復した。惣領家といえるのは、この宗全を出した但馬山名氏で、因幡、伯耆はそれぞれ独立した家系が支配していた。

周辺勢力の介入による混乱ののち、最後は因幡山名氏と組んだ毛利氏と、織田方の羽柴軍が鳥取城を舞台に雌雄を決した。城主の山名豊国《とよくに》は帰順に傾いたが、応援の毛利方は承知せず、豊国を追い出して吉川経家《きっかわつねいえ》を大将に羽柴軍を迎えたが、惨劇ののちに落城した。山名豊国のほうは、徳川氏が、偽系図であろうがなかろうが、新田氏の分かれと主張していることから、一族のよしみで幕府から大事にされ、但馬に小さな領地をもらい、子孫は高家として幕末まで生き延び明治になってからだが諸侯扱いされた。

そのあとは、近江出身で比叡山の僧から浅井氏の配下を経て織田方に帰順した、宮部継潤《けいじゅん》が領主となったが、関ヶ原の戦いで西軍に通じて除封され、姫路の池田家の支配に入った。最初は輝政の弟・長吉で、彼のときに山名氏の城を改修し、現在の城の形となった。現在の鳥取県庁の裏手に聳《そび》える標高二六四メートルの久松山《きゅうしょうざん》の頂上に天守閣があり、麓《ふもと》にも下見板張りの三層櫓《やぐら》などがあったが、明治初年に取り壊された。

池田氏は摂津の出だが尾張に移り、信輝は織田信長の乳母の子である。犬山、摂津などを経て、信長の死後、大坂、ついで大垣、岐阜へ移ったが、長久手《ながくて》の戦いで戦死し、次男の輝政が三河吉田城主となった。

池田家については、岡山と鳥取という石高もほぼ同じふたつの池田家が並立してい

因幡国

藩　名	大名家	石 高(万石)	分　類	藩庁所在地	格
若桜	池田	1.5	外様	若桜町	陣屋
鳥取	池田	32.5	外様	鳥取市	城主
鹿野	池田	3.0	外様	鳥取市	陣屋

るのが不思議なところだが、これは岡山の池田家が、輝政の先妻だった中川清秀の娘から生まれた利隆の子孫であるのに対して、鳥取が後妻である家康の娘・督姫の息子・忠雄《ただかつ》の子孫だからである。家康も輝政の嫡男・利隆を廃してまで自分の孫にとはいえず、分家を立てて、所領を大盤振る舞いでつけたというわけである。最初は、備前を督姫の最初の子である忠継に、淡路を忠雄に与えたが、忠継が早世したので忠雄が岡山に入った。ところが、利隆の嫡子・光政が幼少のため減封されて、姫路から鳥取に入り、一六三二年には、忠雄の子の光仲が幼く要衝の岡山は無理ということで、鳥取と岡山で領地をそっくり交換した。

そんなわけで、鳥取藩は家康の直系ということで、岡山藩より格上の扱いを受けることも多く、江戸城内の序列でも、鳥取は越前や加賀と同じ最高クラスの大廊下、岡山は下位の大広間だったこともある。

鳥取藩には支藩が二つある。鳥取と、兵庫県にある中国自動車道山崎インターを結ぶ国道二九号線沿い、スキー場として知られる氷ノ山《ひょうせん》の麓に若桜町《わかさちょう》があるが、ここに若桜（鳥取新田《しんでん》）藩が、一七〇〇年に成立した。武家屋敷や寺院が落ち着いたたたずまいを見せ、観光都市として売り出し中である。

因幡の白兎《しろうさぎ》の伝説で知られ、海水浴場へのサメ出没騒動もあった白兎《はくと》海岸から山側に入った鳥取市鹿野《しかの》には、鳥取藩の分家で鳥取城下を居所としていた鳥取新田藩が一八六八年に陣屋をおいた。

伯耆地方の中心都市である米子《よなご》には、豊臣時代に山陰地方を領した吉川広家《きっかわひろいえ》が、出雲月山富田《がっさんとだ》城から本拠を移そうとしたが、工事半ばで岩国に移り、駿河から中村一忠が入った。その後、加藤氏（大洲《おおず》藩）を経て鳥取藩領となり、家老の荒尾氏の居城となった。中海のほとりの小山の上に四層五階の天守閣が聳えた古写真が残っているが、明治維新のときに古道具商に三七円で払い下げられた。もともと、一万五千石の家老にとっては、山陰一のこの城の維持は難しく、町人の援助で修理を行うほどだった。荒尾家から城を譲り受けた元家来たちも、処置に困って町への売却を申し出たが、市民の購入反対で拒否され、風呂屋の薪木にされてしまった。


島根県（出雲・石見・隠岐）——天性無欲正直の人はリーダーにふさわしいか

大河ドラマ「毛利元就《もとなり》」で、主人公のライバルであり、人生の師でもあった人物として緒形拳が演じたのが、山陰を中心に一一ヵ国に及ぶ勢力を誇った尼子経久《あまごつねひさ》である。尼子家は近江源氏の流れをくむ。バサラ大名として知られ、大河ドラマ「太平記」では陣内孝則《じんないたかのり》が演じた佐々木（京極）道誉《どうよ》の孫・高久が、近江国犬上郡尼子に拠《よ》ったことに始まる。高久の子・持久《もちひさ》が、京極氏が守護をつとめていた出雲に守護代として下り、月山富田城（安来市広瀬）を本拠にした。

持久の孫である経久は守護の京極氏と争って、一五〇八年には最終的な勝利を収めた。経久は戦国時代における最も魅力的な人物の一人として、「毛利元就」の脚本を書いた内館牧子《うちだてまきこ》氏の心をとらえたのか、準主役級の扱いだった。文化人としても優れ、自ら絵を描き、法華経《ほけきょう》に帰依し、教典の出版事業も行った。「天性無欲正直の人」で、人が彼のもっているものなどを誉めると、みんなやってしまうような人だった。国人たちの支持を得たのも、難しいことをいわずに所領を安堵する気前のよさがものをいった。ところが、自分自身の力をもたずに人気だけでもっているリーダーは、落ち目になったときは弱い。経久の死後は毛利氏に圧され、織田方と結んだ山中鹿介《しかのすけ》らの奮闘もむなしく、一五七八年に播磨上月《こうづき》城で滅んだ。なお、豪商・鴻池《こうのいけ》家は、山中鹿介の子孫である。

広瀬は「安来節《やすぎぶし》」で有名な安来市の中心部から南西に入ったところにある。小さな盆地に標高一八三・八メートルの月山があり、これが城跡である。堀尾氏が松江に移って廃城になったが、一六六六年、松平近栄《ちかよし》が松江藩から三万石を分与されて、陣屋を町の中心部に設けた。

関ヶ原の戦いのあと、吉川広家に代わって入国した堀尾吉晴は、山間の月山富田城に替えて、宍道湖《しんじ》と中海を結ぶ水路の近くにある亀田山に松江城を築いた。その後、尼子氏とも縁のある京極氏が入ったが、無嗣のため減封されて播磨《はりま》竜野《たつの》に移り、一六三八年、結城秀康三男の直政が一八万六千石で入った。七代藩主・治郷《はるさと》は不昧公《ふまいこう》と称される茶人で、彼のおかげで松江には「若草」や「山川」といった多くの銘菓がある。四層五階の堀尾氏がつくった天守閣が健在であるが、黒い下見板張りをし上層部が急に小さくなって、最上層が望楼になっている。桃山時代から江戸初期にかけての典型的な様式を示したものといえよう。長年、国宝昇格を運動してきたが、ついに、二〇一五年に指定されることになった。一二の現存天守のうちで五番目だった。

松江藩の分家はもう一つあって、一六六六年、松平隆政が松江藩から一万石を分与された母里《もり》藩である。鳥取県との県境に近く、やはり安来市中心部から少し中国山地へ向かった旧能義《のぎ》郡伯太《はくた》町にある。

石見《いわみ》国は、戦国時代には大内氏の領国だったが、国人勢力も強く、そのひとつが、

出雲国

藩　名	大名家	石　高(万石)	分　類	藩庁所在地	格
母里	松平	1.0	家門	安来市	陣屋
広瀬	松平	3.0	家門	安来市	城主格
松江	松平	18.6	家門	松江市	城主

石見国

浜田	松平	6.1	家門	浜田市	城主
津和野	亀井	4.3	外様	津和野町	城主

長州藩家老・益田氏の先祖である。本拠の益田市の万福寺には、雪舟のつくった庭がある。

森鷗外の故郷として知られる津和野には、鎌倉時代に蒙古襲来への備えとして城が築かれた。関ヶ原の戦いののち、坂崎出羽守直盛が入城し、近代的なものに改造した。しかし、秀頼未亡人の千姫が本多忠刻と再婚するのを阻止しようとした有名な事件で改易《かいえき》され、一六一七年、亀井政矩《まさのり》が鹿野より入った。亀井氏は近江源氏の流れをくみ、尼子氏の残党であり、その子孫が代議士の亀井久興《ひさおき》である。山陽新幹線新山口駅からSLに乗って、レンタサイクルで市内見学というのが人気コース。殿町《とのまち》付近の堀割には錦鯉が泳ぎ、菖蒲《しょうぶ》の花が咲き乱れる。森鷗外と並ぶ津和野出身の有名人が思想家の西《にし》周《あまね》である。大河ドラマ「徳川慶喜」では、将軍のブレーンとして、その秀才ぶりが描かれていたが、オランダに留学し、「哲学」とか「経済」とかいった西欧語の漢訳を多く考案したことで知られる。

石見地方北部の中心地である浜田市は、良港に恵まれたうえ、高速道路で広島と直結している。ここには一六一九年、古田重治《しげはる》が築城したが、一八三六年に松平（越《お》智《ち》）斉厚《なりあつ》が移ってきた。六代将軍・家宣《いえのぶ》の弟である清武《きよたけ》は、その誕生が、父・綱重のもとへ正室が二条家よりくる時期と重なったのが不運で、家臣の越智家に出された。その後、松平姓を許されるとともに館林藩主となった。八代将軍選びの際の後継候補の一人でもあったが、高齢の上に、臣下に降ったことも災いして、実現しなかった。武元は尾張藩から養子をもらい、ついで水戸家の武元が嗣《つ》いだが家格は非常に高かった。第二次長元は三〇年にもわたって老中をつとめ、保守派の大物として重きを成した。第二次長州戦争では、大村益次郎によって落城させられたが、このときの、古色蒼然たる武士道を押し出した浜田藩と、近代的な長州藩の戦いぶりは、司馬《しば》遼太郎《りょうたろう》の小説で大河ドラマにもなった「花神」で活写されていた。

岡山県（備前・備中・美作）――北政所は賢夫人ではなかった

八丈島は流人《るにん》の島だが、この島で徳川三〇〇年を静かに送った一族がある。豊臣時代の五大老の一人、宇喜多《うきた》秀家《ひでいえ》と、その側近たちの子孫である。関ヶ原の戦いのときに二九歳だった秀家は、西軍に属したが敗れ、薩摩に潜伏ののち、伏見に出頭し、久能山での幽閉を経て、三五歳で八丈島に流された。八丈島には一三人の家族や家臣が随行したが、正室が前田利家の娘・豪姫だったので、加賀藩が生活資金を幕末まで子孫たちに送り続けた。秀家は、ここで質素な生活を送り、五〇年後の一六五五年に八四歳で静かに生涯を終えた。

備前から美作《みまさか》にかけては、山陰の山名氏と播磨の赤松氏の勢力が争ったところだが、応仁の乱で山名氏が衰えたのちは、赤松氏が優位になった。この赤松氏の守護代として播磨国浦上郷（竜野）から入ったのが浦上《うらがみ》氏で、備前市の三石《みついし》城を本拠にした。さらに、美作市の天神城へ移り、戦国大名としての地歩を固めたが、家臣の宇喜多直家にとってかわられた。

直家は、親織田路線をとる浦上氏に対抗し、毛利氏と結んで主家を追い出したが、やがて、自身が織田方に転じた。一五八一年に直家が没したとき、残された嫡子・秀家は一〇歳だったが、羽柴秀吉による高松城攻めに一万の兵を提供して、本領安堵を得た。このとき、美貌の母・お福が秀吉に取り入って、宇喜多家を守ったという伝説もあり、大河ドラマでも、秀吉の妖艶《ようえん》な女友達として描かれることが多い。

秀家は美男で才覚もあり、文禄の役では、ソウルに近い碧蹄館《へきていかん》周辺での李《り》如松《じょしょう》との戦いで明軍に大勝利を収め、和平への契機をつくった。この戦いは、「日本軍」が七世紀における白村江《はくすきのえ》の戦い以来、初めての中国軍との全面衝突に勝利したものであり、戦前はたいへん大きな歴史的な出来事として扱われていた。ところが、最近はタブーのように扱われ、大河ドラマ「軍師官兵衛」では「明軍の攻勢を何とか押し返したものの」と碧蹄館の地名も触れられなかった。フランスはナポレオン戦争の戦いの名を堂々とパリの地名にしているのにおかしなことだ。帰国後は、権《ごん》中納言に昇進し、五大老の一人として活躍した。

岡山城は、天正年間に宇喜多直家が本拠とし、その子の秀家が完成させた。関ヶ原の戦いのあと、小早川秀秋が入ったが、二年で死去除封となり、池田家が領主となった。

光政は、徳川時代前期の典型的な名君で、陽明学者の熊沢蕃山《くまざわばんざん》や、実務官僚の津田永忠《ながただ》を登用して、教育や新田開発を進めた。とくに教育については、藩士だけでなく手習い所を多くつくって庶民の教育に力を注ぎ、理想の郷学として設立された閑谷《しずたに》学校は建築的にも優れ、国宝に指定されている。また、岡山城に付属した庭園で、日本三名園のひとつとされる後楽園は、子の綱政の時代に津田永忠が造園した。その後楽園と堀をはさんだ小さな丘の上に、宇喜多秀家が建築した天守閣が戦前まで健在だったが空襲で失われた。その後、再建されているが、板張りの真っ黒な色をしており、烏《う》城と呼ばれていた。安土城を模したと伝えられており、地盤に合わせて不等辺五角形の平面に五層六階という変則的なプランである。

岡山藩にも二つの分家があった。岡山新田（生坂《いくさか》）藩は一六七二年、池田光政の子の輝録《てるとし》が分家したもので、独立した陣屋はなかったが、明治になって、倉敷市内の岡山寄りにある旧菅生《すごう》村に陣屋を置いた。倉敷と笠岡の間にある鴨方《かもがた》（浅口市）には、池田光政の子の政言《まさこと》が一六七二年に二万五千石で立藩し、一八六八年に岡山新田藩から改称して鴨方藩を名乗っている。

木下氏の陣屋があった足守《あしもり》は岡山市の北東部にあり、古い町割り（都市計画）がよく残る。水攻めで有名な高松城の跡にも近い。北政所《きたのまんどころ》（ねね）の実家は杉原氏、あるいは林氏とされるが、兄・家定は秀吉から木下の姓を与えられた。その長男・勝俊は小浜城主となったが、関ヶ原の戦いの前哨戦で伏見城から退去し、高浜城主だった次男・利房は西軍に属して、それぞれ除封された。家定は北政所の護衛にあたり、姫路から足守に移される。その後、勝俊は長嘯子《ちょうしょうし》と称し、歌人として名をなし、利房は足守藩主となった。このほか、弟に日出《ひじ》藩祖・延俊《のぶとし》や小早川秀秋がいる。幕末の医学者・緒方洪庵《こうあん》は足守藩士の子である。

北政所については、賢夫人説と、淀君への嫉妬から家康を利した愚かな老女とみる人とがいるが、若いころは別にして、秀吉が天下を取ってからは、あまりぱっとしない人事への口出しをしているくらいで、ほとんど存在感がない。とくに秀吉の母である大政所が死んでからは一家を束ねることも難しくなっていた。秀吉の死後に大坂城西の丸を家康に明け渡したのは愚劣だが、関ヶ原でも迷った挙げ句、西軍に積極的に味方するのをやめただけでしかない。なんらかの大局観をもって豊臣滅亡に手を貸したというほどのものでもないことは、彼女の一族が東軍に与《くみ》しなかったのが、何よりの証拠である。いわゆる武功派、あるいは尾張派の大名たちに影響力があったとも思えない。彼らは自分の利害で動いただけで、彼女の存在を淀君の意向に沿わぬ口実として利用しただけである。家康もたいして重きを置いていたわけでもなく、関ヶ原の戦いのあとの木下家への扱いも冷淡だし、勝俊と利房の相続争いでも、北政所の意向に反して、利房に軍配を揚げている。彼女の役割を重く見ること自体が、ホームドラマ的虚構である。

岡山市内でも、JR山陽本線でふたつ倉敷寄りに庭瀬《にわせ》という駅があるが、一六九九年に備中松山藩の分家である板倉重高が入る。

倉敷は、一六四二年に代官所が設けられて以来、天領の中心都市として発展した。

橋本龍太郎元首相の地元総社《そうじゃ》市にあった浅尾《あさお》藩は一八六三年、旗本・蒔田《まいた》広孝《ひろたか》が江

コラム　「家康はタヌキ爺の資格なし」

関ヶ原の戦いから大坂夏の陣までの間、一五年もの年月が流れている。このことは、関ヶ原の戦いでの東軍の勝利の結果、豊臣家の滅亡が決定づけられたというわけでもないことを意味している。むしろ、当初の行動には、東日本だけは確実に抑えておきたいという意図も見え隠れする。大名配置を見ても、東国は譜代、西国は豊臣系と色分けがはっきりしている。

大坂方にとって、最大の誤算は、家康の長寿である。家康が死んで、秀忠と秀頼の対決だと、大名の向背は微妙なものだっただろう。

次の誤算は、秀頼と千姫の間に子供が産まれなかったことである。秀頼は一七歳のときに、国松とのちの天秀尼という二人の子供をつくっておきながら、そのあと子供がない。そののちは、千姫との間の子づくりに励んでいたのではないかと推測すべきである。もし、二人の間に子供がいたら、どちらにとっても妥協案を受け入れやすかったはずである。

家康は戦い上手だが、外交上手ではない。誠実そうに振る舞うように必死につとめていたが、小細工は不器用で好感をもたれず、秀吉のように、押したり引いたり相手の懐に飛び込んだりということはできない。

そして、最後は二条城の会見で、秀頼がそこそこまともに成人しているのに不安をもった家康があせって、鐘銘《しょうめい》問題という強引な口実をつけて開戦した。

戸市中警備の功績で一万石となり立藩。藤原氏の支流で陸奥に住んでいたが、尾張に移住し信長、秀吉に仕えた。西軍に属したために追放されたが、のちに幕臣となった。金光教は本領内から出ている。

倉敷市の北西部にあった岡田藩祖の伊東長実《ながざね》は、飫肥《おび》藩の伊東氏と同じ伊豆の豪族を祖とするが、尾張に移り秀吉の側近として活躍した。大坂の陣では大坂方にあり、戦後、高野山へこもったが、関ヶ原の戦いの際に石田方の動きを内報した功績のために赦された。

備中中部を流れる高梁川《たかはしがわ》の中流に高梁市があるが、もとは松山と呼ばれていた。古くから軍事上の要衝で、江戸初期には庭園造りの名手・小堀遠州が備中の天領代官として在任したこともあり、頼久寺《らいきゅうじ》の庭園は彼の手になる。現在の城を築いたのは、一六四二年に入封した常陸下館《しもだて》出身の水谷《みずのや》氏である。一七四四年に板倉氏が入封したが、三河出身で、勝重は江戸町奉行、京都所司代をつとめた。幕末の藩主・勝静《かつきよ》は桑名藩からの養子で、松平定信の孫である。井伊直弼暗殺後と慶喜の時代に老中をつとめ、鳥羽伏見の戦いのあとは、慶喜とともに大坂城を脱出。日光で謹慎していたのを、大鳥圭介らに担《かつ》がれて、奥羽列藩同盟や北海道反乱軍にも加わったが、藩士たちが困りはてて、プロシャ商船に多額の謝礼を払って連れ戻した。標高四三〇メートル

藩　名	大名家	石　高(万石)	分　類	藩庁所在地	格
備前国					
岡山	池田	31.5	外様	岡山市	城主
備中国					
庭瀬	板倉	2.0	譜代	岡山市	陣屋
足守	木下	2.5	外様	岡山市	陣屋
岡山新田	池田	1.5	外様	倉敷市	陣屋
浅尾	蒔田	1.0	譜代	総社市	陣屋
岡田	伊東	1.0	外様	倉敷市	陣屋
鴨方	池田	2.5	外様	浅口市	陣屋
松山	板倉	5.0	譜代	高梁市	城主
新見	関	1.8	外様	新見市	陣屋
美作国					
津山	松平	10.0	家門	津山市	城主
勝山	三浦	2.3	譜代	真庭市	城主

の城山の上に二層の天守閣が残り、櫓などが復元されている。

さらに上流で中国自動車道のインターチェンジのある新見《にいみ》には、関氏が陣屋を設けた。津山藩主だった森氏の一族だが、一六九七年に津山の森家が断絶した際に、美作宮川から移された。

美作へ目を移すと、その中心都市である津山のお城は、森忠政が松代より入封して築城したが、五代目藩主・衆利《あつとし》が発狂して移封され、のちに赤穂藩として存続した。その後、一六九八年に越後騒動で追放された松平光長の養子・宣富《のぶとみ》が移ってきた。結城秀康の嫡子・忠直の直系であり、石高は少なくとも格式は高かった。第八代の斉民《なりたみ》は将軍・家斉の子で、このときに一時五万石になっていたのを一〇万石に戻した。天守閣は小倉城のものを模した破風《はふ》の装飾を持たない五層五階建てで、維新まで存続したが取り壊された。現在、石垣はほぼ完全な形で残っている。衆楽園は、森長継が京都の仙洞御所を模した大名庭園である。

美作西部の真庭市勝山《かつやま》には三浦氏の陣屋があった。正次は土井利勝の甥であったことから家光に仕え、一七六四年に勝山に移る。四代にわたる政界の名門鳩山家は勝山藩士の出身であり、近年も、由紀夫、邦夫兄弟で墓参りしたことが報道されていた。

広島県（安芸・備後）――日清戦争の大本営

世界で最もよく知られている日本の都市が東京であることは間違いないが、その次ということになると、大阪でも京都でもなく広島だ。例外はあって、オーストリアでは、冬季オリンピックが開かれた札幌や長野のほうがよく知られているらしく、広島を本拠とする自動車メーカー、マツダのカペラが「サッポロ」という名前で売られていた。いまでは、平和都市を標榜する広島だが、戦前は軍都と呼ばれ、日清戦争のときには、大本営が広島城に置かれて、帝国議会まで開かれた。

その広島城は、一五八九年に毛利輝元が築城を始めた。もともと安芸国は、甲斐源氏の流れを汲む武田氏が守護だったが、国人勢力が強く、そのなかから頭角を現したのが毛利氏であった。毛利氏は、もともと広島の北東へ向かう山間地にある吉田を本拠としたが、秀吉に従ってから太田川河口の広島に築城した。一五九九年に完成したが、翌年の関ヶ原の戦いの結果、防長二国に押し込められて、新築したばかりの広島城を福島正則に明け渡すことになった。城は堅固《けんご》な要塞というよりは、穏《おだ》やかな御殿風で、縄張りなども聚楽第にならった。建築は下見板張りで、五層の天守閣と、なんと九九もの櫓があった。戦後、天守閣などが復元され、藩主別邸で、中国の杭州にある西湖を模した縮景園も整備されている。ただ、ビル群の谷間に隠れて、美しい景観とは言い難く、お城がかわいそうな気がする。

　秀吉の親族でもあった福島正則は、石田三成憎しだけで東軍に属したものの、家康に天下を献上するつもりなどなかった。ところが、こと志と違うこととなり、ことあるごとに反発した。大坂の陣の際は、江戸で事実上監禁されていたが、大坂にあった蔵屋敷の米を豊臣方に提供するなどして不信を買い、一六一九年に改易され、浅野長《なが》晟《あきら》が和歌山から入った。

　尾張の住人であった浅野長勝は、妻の姉の娘二人を養い、その姉を木下藤吉郎に、妹を養子の長政と結婚させた。長政は甲府城主となり、その子の幸長《よしなが》は和歌山城主と

備後国

藩　名	大名家	石　高(万石)	分　類	藩庁所在地	格
福山	阿部	11.0	譜代	福山市	城主

安芸国

広島新田	浅野	3.0	外様	安芸高田市	陣屋
広島	浅野	42.6	外様	広島市	城主

なった。弟の長晟は、家康の三女で蒲生秀行と死別した振姫《ふりひめ》と結婚したおかげで、さらに大きな領地に栄転したわけである。

この浅野家の分家としては、忠臣蔵で有名な赤穂藩、内匠頭長矩《たくみのかみながのり》の妻・阿久利の実家である三次《みよし》藩などがあったが、それぞれ廃絶した。残ったのは、一七三〇年に設立され、一八六四年に毛利元就の城があった安芸高田市の吉田に陣屋をおいた広島新田藩のみである。

新幹線の三原駅は、城跡をかなり破壊する形で設けられているが、この三原城にも浅野家の分家が入り、三万五千石を領していた。ただし、本家の家老扱いで大名ではなかった。三原城は、小早川隆景《たかかげ》が築いた、海に浮かんだ水城である。隆景は毛利元就の三男であるが、安芸東部の名門小早川氏の養子となった。水軍を率いるとともに、安国寺恵瓊《あんこくじえけい》らと親秀吉派として毛利家をまとめ、伊予、ついで筑前・筑後の国持ち大名となった。

豊臣末期の五大老といえば徳川家康、前田利家、毛利輝元、宇喜多秀家、上杉景勝と考えている人が多いが、上杉景勝は小早川隆景危急存亡のときの指導者は、平穏なときとは違う能力を要求される。ペリー来航時の老中・阿部正弘《まさひろ》など、平時なら文句なしの有能な宰相だっただろう。人材登用などに大きな成果を上げ、勝海舟らも彼のおかげで世に出た。しかし、その政治スタイルは楽天的で、「皆で議論をして納得できる結論を出しましょう」という調子のよいものである。

だから、黒船来航をオランダから予告されながら、型どおりの対策しかとらず、いざ来たら、身分を問わず意見を求めるアンケート調査などをのんきにしていた。こうしたやり方では、足して二で割る結論しか出ないのは当然であり、三九歳で若死にしなければ、幕府は救われたといったものではない。

井伊直弼《なおすけ》は、条約勅許問題や将軍後継問題で幕閣の対立が深まるなか、大老となり、家茂を将軍後継とするとともに条約締結を断行し、また、安政の大獄を命じた。

井伊直弼に対する評価は、開国の功労者という肯定的なものと、安政の大獄の張本人という非難の間で厳しく分かれるところであるが、幕末の難しい時代にあって、必要とされる決断力と政治力を兼ね備えた政治家であったことはたしかである。

ただ、前例を守るということで自身の警備を十分にせず、桜田門外の変で横死《おうし》したことは、指導者として軽率で、幕府が瓦解《がかい》へ向けて一直線に進んでいく引き金となった。

コラム　「幕末における宰相の器」

の死によって追加されたものである。五大老という仕組みがうまく動かなかった原因はいろいろあるが、生まれながらの太守である輝元は苦労知らずであったし、秀家は若すぎ、景勝は中央政治での経験が不足しており、家康の老練な政治力に対抗できるのは前田利家だけだった。この利家と比肩できるとすれば、少し前に世を去った蒲生氏郷と、この隆景くらいしかいなかったのではないか。そういう意味でも、隆景の死は、豊臣政権にとって致命的だった。

備後では、福島正則改易後の一六一九年、水野勝成《かつなり》が入国して福山城を築いた。大坂の陣のあととしては異例の措置として、五層の天守閣を含む本格的な築城が許されたのは、外様大名の多い西国への徳川家のくさびとしたからである。水野家は五代続いたあと、いったん無嗣除封されたが、のちに結城藩として復活した。福山には一七一〇年、阿部家が入り、幕末まで続いた。阿部正勝は家康に仕え、駿府での人質生活もともにした。幕末の老中首座・阿部正弘は、水野忠邦失脚後の幕政の最高責任者で、ペリー来航に対処した。陸奥棚倉、上総佐貫は分家。

山口県（周防・長門）——失われた最も美しい天守閣

不思議なことだが、大河ドラマの歴史の中で、西日本の戦国大名を扱ったものは皆無だった。加藤清正など、よい素材はあるのだが、朝鮮戦役の扱いが難しいし、西国の雄・毛利家については、天下を狙う覇気がないのでつまらないといわれてきた。そこで、ひとひねりして一九九七年に、内館牧子氏の脚本でホームドラマ仕立ての「毛利元就」が放送されたが、予想通りといってはなんだが、視聴率はもうひとつだった。

毛利家は源頼朝の側近だった大江広元の子孫とされ、相模国毛利荘にあって毛利氏を名乗り、その後、安芸国の地頭となって土着した。関ヶ原の戦いに敗れたあと、防長二国に押し込められ、中国地方の多くの豪族とともに移ってきた。高杉晋作の先祖は、備後国双三《ふたみ》郡高杉村から出ているといった具合である。

防長二国は、もともと、室町時代に中央政界でも活躍した大内氏の領国である。大内氏は百済王家の流れだというが、古くからこの地方に勢力を張り、足利尊氏に協力して守護となった。この大内氏を滅ぼしたのが、重臣の陶晴賢《すえはるかた》だが、毛利元就はこれを厳島《いつくしま》の戦いで破り、領国に組み入れた。

大内氏の本拠は山口で、古くから開けていたが、大内弘世《ひろよ》が、三方を山に囲まれた京都に似た地形を活用して「西の京」をつくりあげた。中国風の瑠璃《るり》光寺《こうじ》五重塔は、その典雅な遺産である。フランシスコ・ザビエルもここに滞在し、その縁でザビエルの生地に近いスペインのパンプローナ市と姉妹都市になっている。

周防国

藩　名	大名家	石　高(万石)	分　類	藩庁所在地	格
岩国	吉川	6.0	外様	岩国市	城主
徳山	毛利	4.0	外様	周南市	城主格
長州	毛利	36.9	外様	山口市	城主

長門国

清末	毛利	1.0	外様	下関市	陣屋
長府	毛利	5.0	外様	下関市	城主格

防長二国に移った毛利氏は、この山口か防府《ほうふ》の三田尻《みたじり》に城を築こうとしたが、幕府の意向で山陰の萩《はぎ》を本拠にした。その萩で毛利氏主従は、いつの日かの復讐を胸に秘めつつ三〇〇年の年月を過ごした。そして、いよいよ念願の機会を得たときには、藩庁を山口に移したので、維新を迎えたとき、萩城は廃城になっており、惜しむことなく破却してしまった。

萩城は、日本海を背後に控える指月山《しづきやま》の麓に主要な建物があり、山上にも簡単な詰ノ丸があった。天守閣は四層五階で、最上階に高欄をもつ華麗なつくりで、指月山を背後に聳える姿は、古写真で見ることのできるものとして最美といってよい。城跡には何の建造物もないが、石垣や堀はよく残り、武家屋敷、大河ドラマ「花燃ゆ」の舞台となっている松《しょう》下《か》村塾《そんじゅく》の跡などが観光名所になっている。歴代藩主の墓所のある東光寺の五〇〇基の石灯籠は壮観である。維新後に旧藩士の内職として栽培された夏ミカンを砂糖漬けにしたものが、萩の名物菓子になっている。萩へは山陽新幹線新山口駅からバスが便利である。

毛利元就の四男の子である秀元は、輝元の養子になったが、実子の秀就《ひでなり》が生まれたので分家し、長府藩を立てた。最初は櫛崎《くしざき》城を本拠としたが、一国一城令で陣屋に移った。下関市の東部に位置するが、ここの功山寺《こうざんじ》は、高杉晋作の挙兵の舞台として知られるとともに、仏殿は国宝に指定されている。日露戦争の英雄・乃木希典《まれすけ》は長府藩士であった。また、江戸中期から幕末までの長州藩主は秀元の子孫だった。

同じ下関市の清末《きよすえ》には、一六五三年、長府藩祖・毛利秀元の三男である元知《もととも》が一万石を分与されて入った。JR山陽本線小月《おづき》駅近く。

石油コンビナートの中心である徳山（現・周南《しゅうなん》市）には、毛利輝元の次男の就隆《なりたか》の子孫が居所をおいた。

岩国藩は一八六八年になって、やっと大名扱いされた。毛利元就の次男の元春は、安芸の名門吉川《きっかわ》家を嗣ぎ、その子の広家は山陰の領主となった。関ヶ原の戦いでは西軍の盟主となった毛利輝元の意に反して徳川方と闇取引をし、毛利領の安堵を取りつけたつもりが、空手形となった。このため、毛利本家から疎《うと》まれ、他の支藩と違い大名扱いされなかったが、長州征伐に対してよく戦って、やっと諸侯と認められた。日本三名橋の一つ、錦帯橋《きんたいきょう》から仰ぎ見る山上に天守閣が遠望される景色は圧巻で、橋と城の組み合わせとしては、皇居二重橋とともに東西の横綱といってよい。天守閣は戦後、かつてのものと関係なく新築されたものである。

徳島県(阿波)――野武士と殿様の出会い

三河矢作川《やはぎがわ》の橋の上で寝そべっていた日吉丸と、野武士の頭目・蜂須賀《はちすか》小六《ころく》の出会いは、『太閤記』で喧伝《けんでん》され、子供たちの胸をわくわくさせたものである。小六のもとで武士としてのきっかけをつかみ、遠江《とおとうみ》の松下加兵衛に仕えたが、いじめにあってやむを得ず、信長のもとに移り草履取りなどして出世していく姿は、サラリーマン的立身出世主義にぴったりのものだった。

『太閤記』も天下人にのしあがったあとの立場からの話がもとになり、しかも、幕藩体制が安定したあとの終身雇用制の価値観で脚色されている。主従の関係はがっちりしたもので、殿様はお城の中で家来に囲まれていて、庶民にとって遠い存在であるといったことが前提になり、主人を替えるのはよほどのことで、ねたまれたり悪いことをして、やむを得ずのことだということになる。

だから、徳島藩のご先祖である野武士の頭目も、誰の家来でもないという間違った地位だったのを、かつての手下ながら、殿様の正式な家来になった藤吉郎の説得で、

阿波国

藩名	大名家	石高(万石)	分類	藩庁所在地	格
徳島	蜂須賀	25.7	外様	徳島市	城主

墨俣《すのまた》城の築城に協力することを条件に、侍としての正道に立ち返らせてもらったということになるわけである。

しかし、戦国時代の社会は、そんなに立派な秩序があったわけではないし、蜂須賀小六もアウトローというものでもなかった。木曽川のほとりに住み、戦いごとに時限契約で傭兵として参加するのは、ごくまっとうなことだった。運送業者としての仕事も、この当時は武装して行うことが不可欠だったのである。

そのあたりの姿が、生き生きした姿で明らかになったのは、「武功夜話《ぶこうやわ》」という文書が、伊勢湾台風で壊れた土蔵から発見されたおかげである。蜂須賀小六とも義兄弟の契《ちぎ》りを交わし、秀次事件に連座して切腹した但馬国出石《いずし》城主・前野長康の一族が書き残したものとされ、戦国の争乱のなかで夢を追いかけ、地獄も見て、結局は尾張の農民に戻った立場からの、英雄たちの等身大の青春像が描かれている。遠藤周作の『男の一生』は、この文書をほぼ忠実に小説化したものである。偽書という説もあるが、私はまったくの捏造《ねつぞう》とまではいえないと思う。

阿波の守護は細川家の庶流だったが、応仁の乱ののち、本家の相続争いにも加わり、中央政治にも進出した。このとき、国人衆の有力者である三好家が台頭し、とくに長慶《ながよし》は摂津、河内を中心に、畿内第一の実力者になった。その死後、家臣の松永久秀らによって、将軍・義輝が殺され、これが信長上洛の伏線になっていく。

この間、阿波は、吉野川北岸にある藍住町《あいずみちょう》の勝瑞《しょうずい》城を本拠に三好氏の支配が続いたが、徐々に土佐の長宗我部《ちょうそかべ》氏の勢力が強まった。三好一族の十河存保《そごうながやす》は、織田方の後押しで抵抗したが、一五八二年に敗れて讃岐へ逃げた。それが、一五八五年になって、秀吉の四国遠征で蜂須賀氏の所領となったのである。秀吉は阿波国を正勝（小六）に与えようとしたが、正勝は固辞し、代わりに子の家政が一五八五年に阿波を得た。大坂の陣の功で淡路を加える。ただし、幕末の藩主は将軍家からの養子である。

徳島城は吉野川河口に近い渭山の山上と麓を占める平山城で、山頂の本丸に天守代用の三層櫓があった。維新後に残された唯一の遺構だった鷲門は、戦災で焼失したが復元され、表御殿庭園も美しく整備された。御殿を模した「徳島城博物館」も設けられている。阿波踊りは徳島城築城祝いに始まる。

香川県（讃岐）——美女たちのおかげで生き残った守護大名

高松市の南部にある栗林《りつりん》公園は、回遊式の大名庭園で、岡山後楽園など、いわゆる三名園と並ぶ名声を得ている。背後の紫雲山《しうんざん》が借景となって、記念写真にちょうどよい。

讃岐は細川管領家の本家が守護をつとめ、応仁の乱でも、東軍を率いる細川勝元の主力部隊を提供した。勝元の死後、現在の高松市の西方を根拠地にする香西《こうざい》元長らが細川政元を暗殺し、細川家の主導権をとろうとしたが、三好氏らの活躍で、阿波の細川家が主流として幕政に関与するようになり、中央政界での力は弱まった。

さらに、三好長慶は、東讃の十河氏に養子を送り込み、讃岐も勢力圏に入れようとした。ところが、このころから、土佐の長宗我部氏の力が讃岐にも及び、高松市南方の十河城が、豊臣秀吉からの救援にもかかわらず落城し、十河一族は逃亡した。しかし、一五八五年には、宇喜多秀家、蜂須賀正勝らの軍が、源平の古戦場で知られる屋島に上陸し、全四国を制圧した。

讃岐は仙石秀久に与えられたが、翌年の九州攻めの前哨戦で敗北して除封、そのあとに入ったのは秀吉の若いころからの家臣であった尾藤知宣《びとうとものぶ》だが、翌年の九州での戦いで味方の援護を十分にしなかったことをとがめられて改易。そして一五八七年に、生駒親正《いこまちかまさ》が領主となり入国した。

生駒家は藤原系で、生駒山の麓にいたが、尾張の土豪となり、手広く商いも行っていた。親正の従姉妹に吉乃《きつの》という女性がいた。大河ドラマ「秀吉」では斉藤慶子が演じていた。織田信長は彼女のもとに通い、信忠、信雄、それに徳川信康夫人・徳姫が生まれた。「武功夜話」によると、木下藤吉郎は生駒家に出入りしているうちに、吉乃に艶《つや》っぽい話などを上手にして取り入り、その口利きで信長に仕えたのだという。

生駒家は織田家の濃い親戚であり、秀吉にとっても恩人の一族ということになる。さらに、生駒家と、「武功夜話」を記した前野家も姻戚関係にあることから、生駒家は、秀次事件に連座して自刃した前野長康の遺臣を抱えた。ところが、のちにこれが仇《あだ》になった。生駒一族と前野一族が、若衆遊び、吉原通いに熱中するバカ殿様を真ん中に抗争した「生駒騒動」が起こり、生駒家は出羽矢島に移された。生駒氏のあとは、一六四二年に下館から水戸頼房の長男・松平（水戸）頼重が入った。

高松城は、生駒親正が黒田如水《じょすい》らの助言によって築いた。海に浮かぶ水城で、四層の天守閣があった。現在は三層の月見櫓などと石垣が残り、宇高連絡船が健在なころは、高松港に入港する船からもよく見えた。

丸亀《まるがめ》城も、生駒親正が一五九七年から出城として築城したもので、石垣の高さは日本一を誇る。三層の小さな天守閣が残り、JR予讃線の車窓からもよく見える。一六五八年に竜野より京極高和が入った。近江国守護である佐々木家は、南部を領する六

讃岐国

藩　名	大名家	石　高(万石)	分　類	藩庁所在地	格
高松	松平	12.0	家門	高松市	城主
丸亀	京極	5.1	外様	丸亀市	城主
多度津	京極	1.0	外様	多度津町	陣屋

角家と、北部の京極家に分かれた。戦国時代、近江北部の実権は浅井氏に奪われていたが、京極家も客分のような形で生き延びた。

本能寺の変のあと、京極高次は明智光秀に呼応した。光秀の反乱は無謀だといわれているが、あくまでも結果論で、朝廷などの反応も悪くなかったし、呼応したものも近江の土豪など、そこそこあったのだ。それが広がりをみせなかったのは、秀吉の反攻があまりにも早かったためである。しかし、いずれにせよ、この判断ミスで滅亡させられるべきところ、同じく光秀に味方して滅ぼされた若狭守護・武田元明の妻だった高次の妹が、秀吉の愛妾となり、松の丸殿と呼ばれるようになったことで愁眉《しゅうび》を開いた。松の丸殿は、秀吉の愛妾のなかでも最高の美女といわれ、淀君と醍醐の花見でナンバーツーの座を争った。さらに、高次の母は、浅井長政の姉妹であることから、淀君ら三姉妹と従姉妹であり、高次は三姉妹のうちの二番目の於はつを妻とした。こうした女性たちのおかげで、高次は大津城主となり、関ヶ原の戦いで、西軍の侵攻をしばし阻《はば》んだ功で小浜に移り、さらに嫡男の忠高は出雲・石見の太守となった。この忠高の妻は秀忠の娘だったが、子がなく、甥の高和が減封のうえ、最初は竜野、ついで丸亀の藩主となった。なお、豊岡、峰山の京極家は、高次の弟である高知の子孫である。JR四国の予讃線と土讃線の分岐点にある多度津《たどつ》には、一六九四年に京極高通が丸亀藩から分封された。

高知県（土佐）――土佐のピョートル大帝による改革

薩長土肥のうち島津、毛利、鍋島は、関ヶ原の戦いで西軍に属し、徳川の天下のもとでは冷や飯を食わされたことが、倒幕のエネルギーにつながった。ところが、土佐の山内《やまのうち》氏は、関ヶ原の戦いの結果、遠江掛川から土佐一国二〇万石に移った。戦場でたいした功を上げたわけでないが、会津攻めの途中、石田三成挙兵の報を受けた家康に対して、居城である掛川城を自由に使ってくれと、他に先んじて申し出たのが評価された。山内一豊《かずとよ》は、桂浜に近い浦戸《うらど》城から高知城を築いて移った。山内家は、藤原秀郷《ひでさと》の子孫と称し、相模、丹波を経て尾張に移り、一豊は、信長に仕えて秀吉の下に配され、幸運をつかんだ。

しかし、土佐には、前領主だった長宗我部氏に属していた地侍が残っていた。彼らの多くを、山内一豊は盆踊りに誘って殺してしまったのだが、それでも根絶などできないし、土佐は山また山の地形で、他国からも隔絶されているので、騒乱が起こると面倒である。そこで、郷士《ごうし》という、武士と農民などの中間的な身分に置くことにした。とくに、あとで紹介する野中兼山は、荒れ地を開拓して、彼らに領地として分け与えた。坂本龍馬などは、この郷士の出身である。

土佐は細川氏が守護だったが、もともと国人勢力が強く、応仁の乱のさなか、細川氏の一族は、土佐を放棄して京へ帰ってしまった。そののち、南国《なんこく》市の岡豊《おこう》城を本拠にした長宗我部氏が支配権を確立し、とくに元親《もとちか》は、四国全土を制圧する勢いを見せたが、豊臣秀吉に攻められて、土佐一国に戻された。関ヶ原の戦いでは、盛親《もりちか》が西軍に属して除封され、京で寺小屋を経営していたが、大坂の陣に豊臣方に馳《は》せ参じて滅亡した。

土佐藩の歴史で光るのは、一七世紀の半ば、将軍でいえば家光から家綱の時代に家老をつとめた野中兼山の改革である。兼山は新田開発、港湾整備、和紙や鰹節など特産品産業の振興、林業と治水の合理化など、ありとあらゆる地域開発を進めた。しかし、あまりにも厳しい農民の使役などに不満が出て、最後は追放されたが、土佐は彼一人のおかげで、辺境の貧しい国から豊かな国に生まれ変わった。ロシアのピョートル大帝を彷彿《ほうふつ》させるスーパーマンだった。

土佐国

藩名	大名家	石高(万石)	分類	藩庁所在地	格
土佐	山内	24.2	外様	高知市	城主
高知新田	山内	1.3	外様	高知市	陣屋

高知城の天守閣は四層五階で、もともと掛川城を模したものといわれ、これが焼失したあと、ふたたび焼失以前のものを真似て宝暦年間に再建したので、新しいわりには桃山風の面影を感じさせる。このほか、かなりの数の城門や櫓が県庁の背後の城山に残り、とくに大手門は、堂堂として美しい。城下で有名なのは、「はりまや橋」だが、あまりにも小さくて貧弱なことから、観光客が最も失望する名所だと、「札幌の時計台、日光の眠り猫と並ぶ三がっかり」などと揶揄《やゆ》されたりしたが、改修して立派なものになった。

土佐藩の支藩として高知新田藩がある。一七八〇年に山内豊産《とよただ》が本家より一万石を分与された。藩庁も高知にあった。

さらに、元禄時代までは四万十《しまんと》市に中村藩もあった。最後の藩主・山内豊明は、将軍・綱吉に気に入られ、外様であるにもかかわらず、若年寄に抜擢された。さらに綱吉は老中にしようとしたが、荷が重いとして断ったところ、除封されてしまった。この悲喜劇は、大河ドラマ「元禄繚乱」でも、おもしろおかしく紹介されていた。その中村は、ダムがない大河として知られる清流四万十川のほとりにある小京都である、応仁の乱の混乱を避けた前関白・一条教房が、自分の荘園があるこの地方に移り住み、京都を真似た街づくりをし、いまでも、ミニ大文字焼きまで行われる。

愛媛県（伊予）——殿様は家康の異父弟

伊予松山藩の一五万石というのは、県庁所在地になった城下町の中では、それほどの大藩ではない。そのわりに存在感があるのは、戦後長く殿様の子孫である久松定武《ひさまつさだたけ》が知事をつとめていたというのも一つの理由だが、それ以上に、市内のどこからでも、標高一三〇メートルというかなり高い城山に築かれた古城が望めるからであろう。ロープウエーの終点から歩くが、連立式の天守閣のほか、櫓や城門が多く残るお城らしいお城である。

ここの殿様は、徳川家康の異父弟である久松定勝から出ている。家康の母・於大《おだい》の方（伝通院）は、実家の水野家が織田方についたために離縁され、尾張の斯波氏の家臣である久松俊勝と再婚して、家康の三人の弟を産んだ。家康が母と再会したのは、今川義元の尾張攻めのときである。そのときから、この弟たちは、家康のもとで働くことになるが、次男の康俊は、信康と築山殿が岡崎に返されたあと、代わりの人質として今川方に送られ、やっとの思いで脱走したが、凍傷で足の指を失った。のちに秀吉から養子を請われたときに、最初は三男の定勝に白羽の矢が立ったが、於大の方は「康俊のことで悲しい思いをした。定勝は末の子として、これまで手元において可愛がってきた。人質にするのはやめてほしい」と哀願したので、代わりに於義丸《おぎまる》（結城秀康）が送られた。定勝は掛川、伏見（城代）、桑名と動き、その子の定行が一六三五年に松山に入った。長兄・康元は関宿《せきやど》城主となり大垣、小諸、長島と移ったが、子孫が、家臣やその子女を殺すなどの悪行を働き除封され、旗本として家名を存続した。次兄・康俊は千葉県多古《たこ》藩祖である。今治と桑名は定勝の子孫である。

伊予国の守護は河野氏だったが、東部は細川氏の勢力圏で、南部は卯之町《うのまち》（西予市）の西園寺氏が勢力を張った。長宗我部、大友らの勢力も進出して混乱が続くなか、秀吉の四国平定が行われ、伊予は、瀬戸内水軍を率いて協力した小早川隆景に与えられた。しかし、隆景は九州平定後に筑前に移り、伊予は小大名に分割された。

松山地方には、賤ヶ岳七本槍の一人、加藤嘉明《よしあき》が入り、最初は伊予郡松前町の松前《まさき》（正木）城に、ついで現在の松山城を築いて移った。その後、嘉明は、会津の蒲生忠知と交替して会津藩主となり、蒲生忠知が松山に入った。父・蒲生秀行は、家康の娘・振姫と結婚して忠知《な》らを生したが、若死にした。忠知も若死にし、蒲生家は断絶したが、この殿様には、子ができないことにあせって妊婦の腹を割《さ》くなどの暴挙を働いたという伝説がある。ただし、家康の孫であるというので特別の計らいがあり、家臣たちは比較的恵まれた再就職をした。

三本目の本四架橋である「しまなみ海道」の開通で、一躍注目を浴びた今治《いまばり》には、関ヶ原の戦いのあと、藤堂高虎が築いた城がある。海に面した水城であったが、藤堂家の伊勢・伊賀転封後、一六三五年に久松定房が三万石で入った。定勝の子で松山に移った定行の弟である。近年になって、五層の天守閣が建設された。

石鎚山《いしづちさん》から流れ出た地下水がこんこんと市内の泉に湧き出る西条には、紀伊藩の分家が拠った。一六七〇年、紀伊頼宣の子の頼純《よりずみ》が立藩したが、大河ドラマ「八代将軍吉宗」では、紀州家の作戦参謀として藤岡琢也《ふじおかたくや》が演じていた。その子の頼致《よりよし》は、吉宗が将軍になったあと、紀伊藩を継いで宗直と名乗った。「八代将軍吉宗」では、柄本《えもと》明《あきら》が演じていた。城跡は西条高校になっているが、夏の甲子園で優勝したことがある。

今治と西条の中間にある小松（西条市）には、西条にあった一柳《ひとつやなぎ》の分家として一六三六年に立藩。本家は播磨小野に移る。

大洲《おおず》には、一四世紀に宇都宮氏が伊予国守護になって城を築いたといわれるが、現在の城は、一六〇九年に洲本から移った脇坂氏が修築したものである。一六一七年に

伊予国

藩　名	大名家	石　高(万石)	分　類	藩庁所在地	格
西条	松平	3.0	家門	西条市	陣屋
小松	一柳	1.0	外様	西条市	陣屋
今治	松平	3.5	譜代	今治市	城主
松山	松平	15.0	家門	松山市	城主
大洲	加藤	6.0	外様	大洲市	城主
新谷	加藤	1.0	外様	大洲市	陣屋
吉田	伊達	3.0	外様	宇和島市	陣屋
宇和島	伊達	10.0	外様	宇和島市	城主

加藤貞泰《さだやす》が米子から移り、幕末に至る。加藤光泰は、もともと斎藤氏に属したが秀吉に仕え、甲斐の国主となった。その死後、子の貞泰が若年だったために、美濃黒野四万石に減封されたが、関ヶ原の戦いのあと、米子を経て大洲城主となった。日本における陽明学の祖である近江聖人中江藤樹は、祖父が大洲藩に仕えていたことから、それを嗣いで一時、大洲にいた。肱川《ひじかわ》のほとりの城跡は小高い丘だが、その上に四層の天守閣や、多くの櫓が林立していたさまが古写真に残っている。天守閣は明治の初めに失われたが、近年、木造で復元された。

その大洲市の郊外新谷《にいや》には、貞泰の子である直泰が支藩を立てた。

南予の中心都市である宇和島には、海辺の平山城があり、江戸中期に建てられたミニチュアのような可愛い天守閣が残っている。秀吉時代の一五九五年に藤堂高虎が入り、近代的な城を築いた。江戸時代の宇和島藩の藩祖・

伊達秀宗は、政宗の長男であるが、仙台藩は正室・愛姫《めごひめ》の子である忠宗が継ぎ、秀宗には、大坂の陣の功ということで、この領地が与えられた。幕末の伊達宗城《むねなり》は、旗本山口氏からの養子だが、この時代の宇和島には高野長英、大村益次郎、シーボルトの娘・伊篤《いね》など、多才な人材が集まり、蘭学が栄えた。宗城は幕末四賢公の一人といわれ、明治政府でも重んじられ、仙台藩の伯爵より上位の侯爵を受爵した。牛同士が闘う闘牛は、この地方独特の風習である。

宇和島の北には、美しいリアス式海岸が続き、傾斜地にはミカン畑、海には真珠養殖の筏《いかだ》が並ぶが、宇和島市に合併された吉田には、一六五七年に伊達宗純《むねずみ》が宇和島から分家して陣屋を設けた。いまでも古い町並みが残る。

第七章　九州・沖縄地方

島原城

九州・沖縄地方の藩

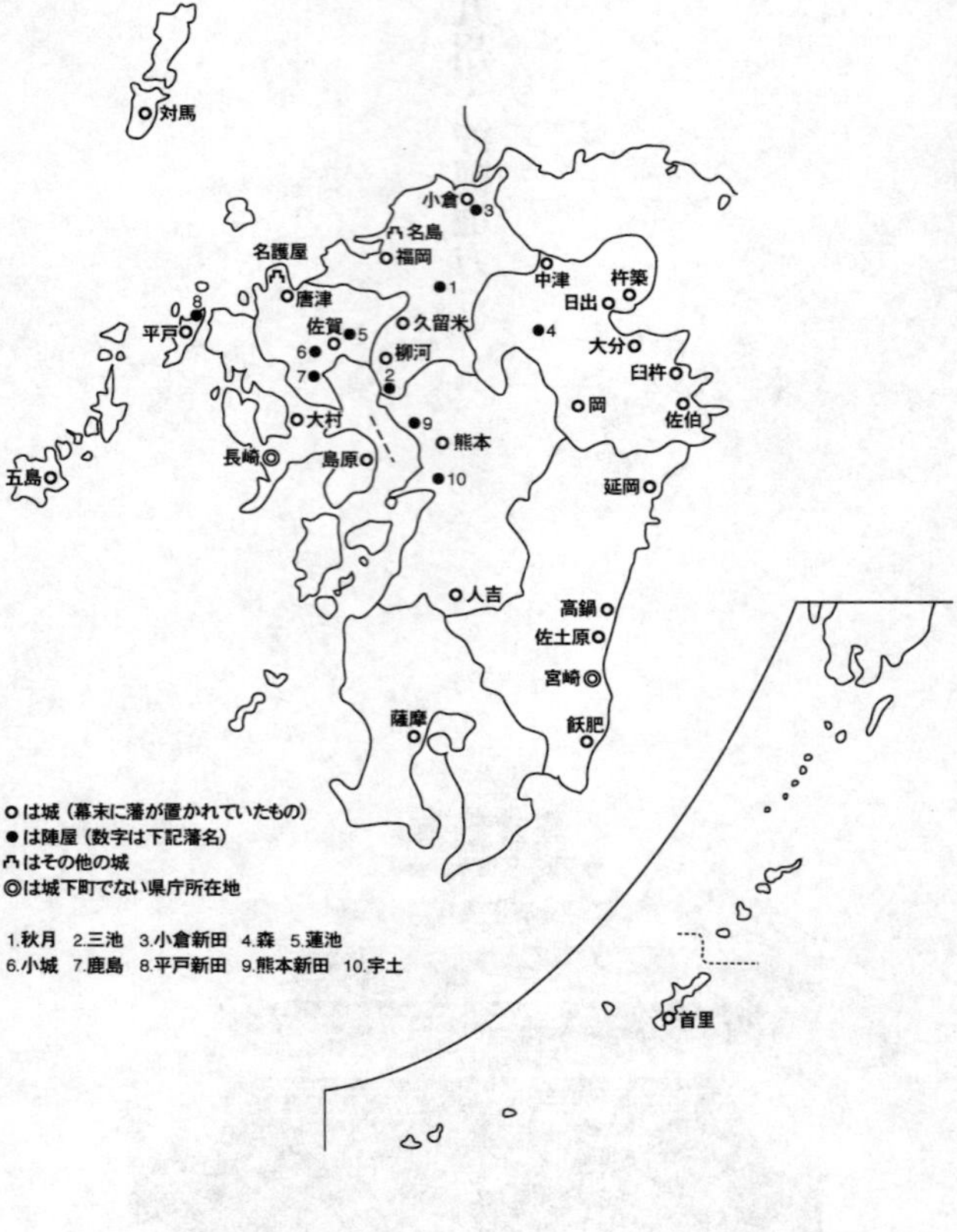

○は城（幕末に藩が置かれていたもの）
●は陣屋（数字は下記藩名）
凸はその他の城
◎は城下町でない県庁所在地

1.秋月　2.三池　3.小倉新田　4.森　5.蓮池
6.小城　7.鹿島　8.平戸新田　9.熊本新田　10.宇土

福岡県（筑前・筑後・豊前の一部）――黒田サミット開催

太宰府に九州国立博物館ができた。関東、関西以外にこうした施設が設けられるのは初めてだが、太宰府は長く第二首都ともいうべき場所だったのだから、アジアとの交流をテーマにした博物館に、これ以上ふさわしい場所はあるまい。

鎌倉時代には、源頼朝から、武蔵出身の武藤資頼《すけより》が鎮西《ちんぜい》奉行大宰少弐《だざいのしょうに》に任ぜられた。少弐は、もともと大宰府の長官を補佐する官職だが、武藤氏は、やがてこれを姓として名乗った。その子の資能《すけよし》、孫の経資《つねすけ》、景資《かげすけ》が、元寇の直前には外交交渉の窓口となり、蒙古・高麗軍が来襲したとき、九州武士の先頭に立って奮戦したのは、大河ドラマ「北条時宗」でも紹介されたとおりである。

室町幕府は九州探題《たんだい》を博多に置いたりし、戦国時代には、山口の大内氏や豊後の大友氏の勢力も伸びてきた。そのなかで、少弐氏も生き延びていたが、最後は、竜造寺《りゅうぞうじ》隆信によって滅ぼされ、混乱が続く中で豊臣秀吉の九州制圧を迎えた。

博多には、金印で有名な奴国《なこく》が所在して、弥生時代から栄え、奈良時代には鴻臚館《こうろかん》と呼ばれる迎賓館も設けられた。戦国時代には、対明貿易を行う有力な商人が輩出し、堺と並ぶ自治都市として、ルネサンスの時代にふさわしい発展をした。一五二三年、中国の寧波《ニンポー》で、細川氏と組んだ堺商人と、大内氏と結んだ博多商人が争う事件まで起こり、国際問題になったこともある。秀吉は戦乱で荒廃した博多の町割り（都市計画）を行ったが、現代の博多の町の基礎は、このとき確立したものである。

秀吉によって筑前の国を与えられたのは小早川隆景《たかかげ》であり、博多の東にある名島《なじま》という海辺の小島に城を築いた。一二月の福岡国際マラソンのコースになっているので、テレビ中継で城跡をご覧になった読者も多いだろう。

関ヶ原の戦いのあと、筑前の国は黒田長政に与えられる。黒田氏は近江源氏の庶流で、日本三大地蔵の一つがある滋賀県長浜市木之本《きのもと》の黒田郷から出ている。岡山県邑《お》久《く》郡福岡（瀬戸内市）に移り、姫路を経て中津に入った。

大河ドラマ「軍師官兵衛」の主人公だった父の黒田如水は、秀吉に仕え、とくに竹中半兵衛亡きあとは参謀長として活躍し、各地の築城などにも才を見せ、秀吉の九州平定後に豊前一国（小倉周辺除く）を与えられた。秀吉に警戒されて大きな領地をもらえなかったという人もいるが、この時点では秀吉の家臣としては蜂須賀正勝に次ぐものであり、加藤清正や石田三成がもっと大きな領地をもらったのは少し後のことで比較できない。

黒田長政は、博多と那珂川《なかがわ》を挟んで西にある丘陵地帯で、かつての鴻臚館のあとに築城し、これを備前の旧地にちなみ、福岡と名づけた。城は大規模なものだったが、あえて天守閣は築かれなかったという（異説あり）。下見板張りの多聞櫓《たもんやぐら》が残るほか、城外に移築されていた建物も移築復元されるなど、面影を取り戻しつつある。

お茶の産地として知られる朝倉市の中心から五キロほど離れた秋月《あきづき》は、九州でも最も落ち着いた風情が楽しめる、城下町らしい城下町である。高鍋藩主の祖である秋月氏が支配したが、日向に移封され、一六二三年に黒田長政の子の長興《ながおき》が藩主となった。秋月氏時代は郊外の山上に城を設けたが、黒田氏は町の中心部に陣屋を構えた。

筑後国は大友氏の領国だったが、竜造寺氏の勢力が浸透し、さらに島津氏も、ここから北九州を狙っていた。久留米は、松田聖子など芸能人を多く出しているのと、ブリヂストンの本拠地として有名だが、城は天正年間に小早川秀包《ひでかね》が築城した。秀包は毛利元就の九男で、小早川隆景の養子になったが、北政所の甥である秀秋があとを嗣《つ》いだので独立したが、関ヶ原の戦いで西軍に属して長州藩の家老となった。江戸時代の殿様は有馬氏で、一六二〇年に入封している。キリシタン大名の有馬氏と混同されることが多いが、こちらは温泉で有名な兵庫県の有馬出身で、赤松氏一党である。競馬の有馬記念は、ここの藩主の末裔で、中央競馬会理事長をつとめた頼寧《よりやす》氏を記念したものである。同じ有馬でも、下野吹上藩は久留米の分家であり、越前丸岡藩は肥前の有馬氏の系統である。城には天守閣はなかったが、長方形の本丸の周囲は、七基の三層櫓が多聞櫓でつながれ、西洋のお城のようなつくりだった。安徳天皇や建礼門院を祀る水天宮は、全国にある同名の神社の元締め。

水郷巡りが人気の柳川《やながわ》は、テニスの名門柳川高校でも知られている。全国からテニス留学生が集まり、松岡修造などは、慶應高校から転校してきた。柳川と柳河の二つの書き方が併存しているが、藩の名前は柳河というのが一般的。秀吉の九州平定のあと、大友一族の立花宗茂が領主となった。島津との戦いでの勇猛ぶりを評価されて、秀吉に取り立てられ、朝鮮戦役では、碧蹄館の戦いの勝利の立て役者でもある。関ヶ原の戦いで西軍について除封されたが、三年後に赦されて棚倉藩主となり、大坂の陣での活躍により、一六二〇年に柳河に戻った。

この柳河藩の分家で、立花宗茂の弟である直次から出ているのが、三池藩の立花氏である。六代藩主・種周《たねちか》は若年寄に抜擢されたが、松平定信と対立して罷免《ひめん》された。一八〇六年に陸奥下手渡《しもてど》（福島県伊達市）に移されるが、戊辰《ぼしん》戦争で仙台藩の攻撃を受けて、三池に戻った。三池は大牟田市にある炭鉱の町で、ジャイアンツの原辰徳《はらたつのり》監督の父・貢《みつぐ》氏が率いる三池工業高校が甲子園で優勝したこともあった。原辰徳も神奈川県のイメージが強いが、三池の育ちである。

筑前国

藩名	大名家	石高(万石)	分類	藩庁所在地	格
福岡	黒田	47.3	外様	福岡市	城主
秋月	黒田	5.0	外様	朝倉市	城主格

筑後国

久留米	有馬	21.0	外様	久留米市	城主
柳河	立花	11.9	外様	柳川市	城主
三池	立花	1.0	外様	大牟田市	陣屋

豊前国

小倉	小笠原	15.0	譜代	北九州市	城主
小倉新田	小笠原	1.0	譜代	北九州市	陣屋

豊前は福岡県と大分県に二分されているが、福岡側には小倉《こくら》藩が、大分側には中津藩があった。小倉には、関ヶ原後に豊前一国の国主として細川忠興《ただおき》が入り、現在の小倉城を築いた。天守閣には破風《はふ》がなく、最上階が張り出したつくりで、当時の人からは南蛮風とエキゾティシズムを賞賛され、多くの城に模倣された。天守閣が復元されているが、華麗にしたいということで、破風が加えられたのは余計な配慮だが、最上階のユニークな構造は、かつての姿を偲《しの》ばせる。もとは、海に面した水城だったが、現在では埋め立てられ、新幹線小倉駅博多寄り南側の市街地の中にある。

細川氏の肥後転封後の一六三二年に小笠原氏が入ったが、一八六六年、第二次長州征伐のとき、高杉晋作らの攻撃を受け、あえなく落城した。礼儀作法で知られる小笠原家は新羅《しんら》三郎義光から出ており、武田氏と同系で、信州深志《ふかし》（松本）地方を領地にしていた。信玄に圧迫され上杉、蘆《あし》名《な》、織田、徳川、豊臣を次々に頼って流浪したが、秀政が徳川信康の娘と結婚し譜代扱いになり、運をつかんだ。古河、飯田、松本と栄進したが、秀政と嫡子の忠脩《ただなか》は大坂の陣で戦死し、次男の忠真《ただざね》が明石一〇万石を得た。その後、小笠原一族は、豊前とその周辺に移り、忠真が小倉で一五万石、忠脩の子の長次が中津、秀政の三男・忠知が杵築《きつき》などに入った。杵築藩は肥前唐津藩、中津藩は播磨《はりま》安志《あんじ》藩となって、幕末を迎えた。

小倉新田は、忠真の三男・真方《さねかた》が一六七一年に分家。藩庁は小倉城（北九州市小倉北区）にあったが、明治になって、領地のあった豊前市千束《ちづか》に移った。越前勝山藩は同じ小笠原一族だが、別系統である。

大分県（豊後・豊前の一部）——福沢諭吉は父親の転勤先で生まれた

キリシタン大名であった大友義鎮《よししげ》（宗麟《そうりん》）の居館は、大分市南郊の上野丘《うえのがおか》と呼ばれる丘陵地帯にあった。上野丘高校のあるあたりである。大友氏は小田原市の大友郷から興り、鎌倉時代初期に豊後・筑後守護と鎮西奉行となった。一五五〇年に家督を嗣いだ義鎮は、外交手腕に優れ、肥前から伊予まで勢力を伸ばし、九州探題にも任ぜられた。全盛期には、フランシスコ・ザビエルが二ヵ月にわたって滞在した。織田信長や豊臣秀吉を訪問し、協力を取りつけたが、晩年は気力を欠き、秀吉の九州平定のときには大きな戦力とはなりえなかった。このため、嫡男の義統《よしむね》に与えられたのは、豊後一国だけだった。いくら時の権力者に取り入ったとしても、実力以上の評価はされなかったのである。もし、義鎮がもう少し頑張れば、東の徳川家康と並ぶ客分としての地位を手にしたのかもしれない。しかも義統は、朝鮮遠征で、明の大軍が来襲する噂を聞いて逃亡するという失態を演じ、改易されてしまった。大友氏の除封ののち福原氏、早川氏、竹中氏などを経て、一六五八年に大給《おぎゅう》松平家が入った。

大分城は、石田三成の娘婿といわれる福原直高が築いたものである。平城で二層の隅櫓などが残っている。江戸初期の領主・竹中重義は、秀吉の軍師・竹中半兵衛の従兄弟の子だが、長崎奉行として、雲仙《うんぜん》の火口にキリシタンを突き落とすなど残虐な弾圧を行い、酒色に耽《ふけ》ったので、切腹させられた。大分は、江戸時代には府内と呼ばれ、明治になって大分郡に属するというので大分と改称し、それが県名にもなった。

キリスト教に改宗したのち、大友宗麟は臼杵《うすき》に移って、瓜生島《うりうじま》に堅固《けんご》な城を築き、教会堂の建設にも協力した。臼杵は、我が国の石仏中最高傑作とされている国宝の大日如来など、磨崖仏《まがいぶつ》でも知られているが、城の隅櫓のほか、古い武家屋敷や寺院が残り、畳屋町付近の魅力的な景観など、宗麟時代の豊後を偲ばせてくれる美しい町並みである。また、フグ料理が最も美味な町ともいわれる。江戸時代の藩主は稲葉家である。稲葉通貞《みちさだ》は、河野一族で伊予安国寺の僧だったが、武芸を志し諸国を放浪したのち、美濃の土岐氏に仕え、岐阜の伊奈波神社にちなんで稲葉氏を称した。その孫の良《よし》通《みち》（一鉄）は安藤守就《もりなり》、氏家卜全《ぼくぜん》とともに、斎藤氏から信長に転じた西美濃三人衆の一人であり、子の貞通《さだみち》が郡上八幡城主から臼杵城主となった。

さらに南の佐伯では、毛利高政が関ヶ原の戦いのあと、日田から移り、山頂に三層の天守閣をもつ城を築いた。毛利氏は近江源氏の一族で、鯰江《なまずえ》氏と称していたが、信長に敗れて森というところに移り、森氏となる。さらに、毛利氏に人質として預けられた縁で、毛利氏を名乗る。三井財閥の創始者・越後守高利も一族で、蒲生氏郷とともに伊勢松坂に移った。三越の旧名が越後屋であるのは、越後出身であるからでなく、三井越後守にちなむものである。

かつて、音楽の授業で全国共通の必修曲にベートーベンの「第九」とか「サンタルチア」といった外国の曲とともに、明治日本が生んだ西洋音楽の最初の天才・滝廉太郎の曲「荒城の月」も入っていた。ところが、当時の文部省がこれをはずそうとしたところ、曲のイメージを得たとされる竹田市では、市民挙げての反対運動が盛り上がった。滝廉太郎がこの町にいたのは二年間だけだが、それでも、近代日本におけるこの町の存在証明みたいなものなのである。城跡にある銅像は、やはり竹田出身の巨匠・朝倉文夫の手になる。一五九三年に播州三木より中川秀成《ひでなり》が入り、幕末に至った。中川清秀は摂津の多田源氏の一党で、信長や秀吉に仕え、賤ヶ岳《しずがたけ》の戦いの緒戦で戦死した。清秀の子の秀政は、朝鮮で鷹狩りの途中に毒矢で殺された。秀成は清秀の弟で、その妻は、清秀を討った佐久間盛政の娘である。竹田へは、大分でなく熊本空港からバスに乗ったほうがよい。

杵築は「坂の城下町」といわれ、とくに「勘定場の坂」付近では、石畳の両側に武家屋敷が並び、遠くの丘の上に新しい天守閣が望める。絵になる風景である。一六四五年、松平（能見）英親が入る。

日出《ひじ》城の下の海に湧く水をめがけて集まってくるカレイは「城下《しろした》カレイ」として、その美味をたたえられている。ここには、北政所の兄である木下家定の三男・延俊《のぶとし》が、関ヶ原ののちに移封された。築城は義兄である小倉城主・細川忠興の援助を受けた。隅櫓が市内に移築されて現存している。木下家では、岡山県足守《あしもり》藩とここだけが残った。

大分から久留米に向かう久大線の沿線にある玖珠町《くすまち》には、森藩があった。関ヶ原後

豊前国

藩　名	大名家	石　高(万石)	分　類	藩庁所在地	格
中津	奥平	10.0	譜代	中津市	城主

豊後国

杵築	松平	3.2	譜代	杵築市	城主
日出	木下	1.5	外様	日出町	城主
森	久留島	1.2	外様	玖珠町	陣屋
府内	松平	2.1	譜代	大分市	城主
臼杵	稲葉	5.0	外様	臼杵市	城主
佐伯	毛利	2.0	外様	佐伯市	城主
岡	中川	7.0	外様	竹田市	城主

に伊予来島《くるしま》から来島氏が移封された（のちに久留島と改称）。来島氏は越智一族で、朝鮮戦役でも水軍として活躍した。関ヶ原では西軍から東軍に転じて、除封は免れたが、山間僻地に移されてしまった。

玖珠よりさらに西の日田《ひた》は、天領の重要都市で「天領日田資料館」という施設もある。漢学者・広瀬淡窓《たんそう》の咸宜《かんぎ》園《えん》では、大村益次郎や高野長英も学んだ。広瀬勝貞県知事は淡窓の子孫である。

豊前国の南半分は大分県に属しており、全国の八幡神社の総元締め、宇佐八幡宮もここにある。福岡県との県境に近い中津には、黒田官兵衛が一五八七年に入って築城し、一七一七年に奥平昌成《おくだいらまさしげ》が入った。奥平家は三河国北東部の山間地に拠《よ》り、松平、今川、徳川、武田と、めまぐるしく主人を替えたが、信玄の死を家康に内報し、徳川方に復帰した。

このとき、信昌の弟と妻は武田の人質となっており、逆さ磔《はりつけ》にされた。このため家康は、築山殿との娘で信康の妹の亀姫を信昌と結婚させた。この政略結婚に兄の信康は猛反対したが、輿入《こしい》れは強行され、これが信康切腹事件の伏線の一つになっていく。長篠合戦のときの長篠城主は、この奥平信昌である。奥平家は美濃国加納（岐阜市）、宇都宮、古河、山形、宇都宮、宮津を経て入封した。亀姫の墓所は加納に残された。福沢諭吉は中津藩大坂蔵屋敷で生まれている。信昌の子の忠明は忍《おし》藩祖。小幡《おばた》藩は、そのまた分家である。近年、かつての萩城の天守閣を参考にした立派な五層の天守閣が建てられた。黒田官兵衛は築城だけでなく城下町設計の名人で短冊状でウナギの寝床式の街区の町家で商業地域をつくり、町全体を惣堀《そうぼり》で囲むことを特徴にしたが、その一部が残る。ハモの好漁場で、名物料理になっている。

佐賀県（肥前の一部）――鍋島化け猫騒動の真実

「鍋島化け猫騒動」というのがあるが、この背景となったのが、鍋島家と竜造寺家の、複雑で奇妙な交替劇である。現在の佐賀県にあたる肥前国の西部は、鎌倉時代以来、地頭をつとめた竜造寺氏の支配下にあったが、その家臣であった鍋島氏が徐々に台頭した。とくに、戦国時代の清房が、主人である竜造寺隆信の母と再婚し、竜造寺隆信、鍋島直茂の異父同母兄弟は協力して島津、大友に次ぐ九州の第三勢力となった。秀吉の九州制覇に与《くみ》し、竜造寺氏は本領を安堵されるが、実質の支配は鍋島氏に移り、一六〇七年に竜造寺高房が江戸屋敷で自殺したことで、名実ともに鍋島氏の支配が確立する。

高房は妻をまず殺し、切腹を試みたあげく、毒魚を食ったり暴れ馬を乗り回したりという異様な行動を続け、佐賀城下には、白装束の亡霊が馬に乗り、竜造寺排斥に動いた藩士を斬り殺す事件が続出した。これがさらに脚色されて、高房の飼い猫が化け猫となって、復讐を企《くわだ》てるという伝説になった。さらに、高房の隠し子が見つけ出され、僧侶にされて、佐賀の寺院に幽閉されたが、長じて自分の素性を知った彼は、いつしか姿を消し、幕府に再興を願い出たという、ムソルグスキーの歌劇「ボリス・ゴドゥノフ」を連想させる実話まである。

いずれにせよ、佐賀藩は竜造寺・鍋島両家の並立体制の影を引きずり続け、農村に多く武士が住んでいた。また、他国との通婚や商品の取引もできるだけ制限するという「鎖国体制」をとっていた。その一方で、長崎警護にかかわっていたことから、海外の情報は豊富に入ったので、幕末には反射炉などを使った大砲の製造などを盛んに行い、戊辰戦争でも大いに役立ったし、明治政府にも大隈重信、江藤新平など多くの要人を提供した。佐賀城は、もともと竜造寺氏の本拠だった村中城を鍋島氏が修築したもので、まったくの平地に建てられている。五層の天守閣は江戸中期に焼失したが、鯱の門と呼ばれる城門が残り、本丸御殿が復元されて県立佐賀城本丸歴史館になっている。

佐賀藩には三つの支藩があった。蓮池藩は一六三六年に鍋島直茂の孫である直澄が五万二千石を分与され、佐賀市の東郊の蓮池に陣屋をおいた。小城《おぎ》藩は鍋島勝茂の子の元茂が七万三千石を分与されて成立。小城市は佐賀市の北西、唐津へ向かう鉄道の沿線にあり、昔ながらの製法でつくられた「小城羊羹《ようかん》」は九州の名菓の一つ。すぐに白く砂糖がふくが、これがいいのだというファンが多い。鹿島《かしま》藩は一六四二年に勝茂の子の直朝《なおとも》が二万石で独立。陣屋跡は鹿島高校となり、城門が校門として残る。茨城県の鹿島が市になるときに、同じ名前は困るということで争いがあり、茨城県のほうは「鹿嶋」という表記にすることで妥協が図られた。

「虹ノ松原」と「唐津焼」で有名な唐津の城を築いた寺沢広高は、尾張の住人で信長に属し、長浜時代から秀吉につく。唐津に入ったのは、領内の名護屋《なごや》が朝鮮侵攻の拠点となっていた時期である。本格築城にあたっては、名護屋城の廃材の多くが使用された。天草《あまくさ》も飛び地として領したが、ここでの悪政が島原の乱の原因となり、天草を

肥前国

藩名	大名家	石高(万石)	分類	藩庁所在地	格
唐津	小笠原	6.0	譜代	唐津市	城主
佐賀	鍋島	35.7	外様	佐賀市	城主
蓮池	鍋島	5.2	外様	佐賀市	陣屋
小城	鍋島	7.3	外様	小城市	陣屋
鹿島	鍋島	2.0	外様	鹿島市	陣屋

取り上げられたのを悔いて、堅高《かたたか》が自殺し断絶した。一八一七年に小笠原長昌が入ったが、長昌の子の長行《ながみち》は、藩主の世子のまま老中として慶喜を支えた。第二次長州征伐のときには、主家にあたる小倉藩の救援にいったが、あっさりと落城させて逃げ出した。大河ドラマ「徳川慶喜」でも、長州親征に出発する はずの慶喜が、このニュースを聞くや、あっけなく翻意する様子が描かれていた。もともと天守閣はなかったが、戦後、桃山風の華麗な天守閣が出現した。海に面した丘の上にあり、周囲の風景とともに絵になることでは、全国の城でも屈指である。福岡空港や博多駅から出る地下鉄へ直行列車が乗り入れており、手軽に訪れることが可能である。

秀吉の名護屋城跡は、唐津中心部からバスで四五分ほどかかる、半島状になったなだらかな丘の上に築かれ、大名の陣地跡が傾斜地に展開している。その範囲は数キロにも及び、京や大坂の商人が出店まで出したというから、博覧会場のようなものだったのだろう。本丸周辺の石垣がよく残っており、安土城跡に近いイメージである。県立名護屋城博物館が建っているが、大陸との交流一般についての展示が多く、名護屋城や朝鮮戦役についての展示がそれほどでもないのは、日韓関係に配慮した結果だが、少し考えすぎの気がする。歴史の一コマとして、やはり無茶な戦争だったヨーロッパにおける十字軍と同じように、淡々と事実を展示すればよいのではないか。領土欲だけの無謀な戦いで、半島でまったく支持されず、日本人も嫌々で誰もが懲りたという単純なものではない（拙著『誤解だらけの韓国史の真実』イースト新書）。

長崎県（肥前の一部・対馬・壱岐）——南蛮文化の匂いがする城下町

長崎県は日本一海岸線の長い海の国であるが、同時に山国でもある。佐世保に近い九十九島《くじゅうくしま》に代表されるリアス式海岸では、山がそのまま海に落ち込み、平地はほとんどない。なにしろ、最も広い平野は壱岐島《いきのしま》なのだ。

壱岐と並んで朝鮮海峡の飛び石になっている対馬も、山また山である。ここは平家の落人と称する宗《そう》氏が鎌倉時代から支配して、江戸時代にも宗義智《よしとし》が領地を安堵され、朝鮮との国交を担当した。厳原《いずはら》は、もともと対馬国府のあったところで府内と呼ばれ、金石城《きんせきじょう》がもともとの城館だが、少し海から離れた自衛隊基地のところに桟原城《さじきはら》

肥前国

藩　名	大名家	石　高(万石)	分　類	藩庁所在地	格
平戸	松浦	6.1	外様	平戸市	城主
平戸新田	松浦	1.0	外様	平戸市	陣屋
大村	大村	2.7	外様	大村市	城主
島原	松平	7.0	譜代	島原市	城主
五島	五島	1.2	外様	五島市	城主

対馬国

対馬	宗	10.0	外様	対馬市	城主

があり、また、清水山城は秀吉の朝鮮戦役の際に築かれた山城である。城跡には朝鮮風の城門も復元されている。また、宗家の菩提寺万松院の墓所の壮観さは、萩の毛利家墓所と双璧。

南蛮文化の匂いが残る平戸《ひらど》は、平戸口からフェリーに乗って行くが、港の近くの丘の上に華麗な復興天守閣が輝く。平安時代に嵯峨源氏の一族が下向《げこう》したのが松浦氏の始まりだが、戦国大名として力を伸ばし、鎮信《しげのぶ》は秀吉から領地を安堵されるとともに、平戸城を築城した。明治天皇の外祖母は松浦家出身で平戸で生まれて公家の中山家に嫁《か》した。南蛮船を寄港させ全盛期を迎えたが、一六四一年にオランダ商館が長崎へ移され、鎖国の時代を迎える。

この平戸藩の支藩として、一六八九年に一万石を分与された平戸新田藩がある。陣屋は平戸市内にあった。

海に浮かぶ美しい長崎空港がある大村市には大村藩があり、藩主の名前も大村氏である。藤原純友《すみとも》の孫が下向したのが始まりで、戦国時代の純忠《すみただ》は最初のキリシタン大名で、長崎を開港し、天正遣欧使節を出した。

その長崎は、江戸時代にはオランダ商館が置かれ、全国的にも重要な都市として天領だった。

東シナ海に浮かぶ五島《ごとう》列島の福江島《ふくえじま》には、同じく藤原純友の流れといわれる宇久《うく》氏（のちに五島に改姓）が五島藩を置いて、幕末まで続いた。一八四九年になって幕府の許可が出て、五島市福江に石田城が築かれた。

島原半島は大村氏と同族の有馬氏（福井県丸岡藩）の領地だったが、家臣にキリシタンが多いのに困り、延岡に移るとき、多くを置き去りにした。これが島原の乱の伏線になる。一六一六年に大和の筒井家旧臣の松倉重政が入り、島原に築城するが、嫡子・勝家《かついえ》は島原の乱のために除封され、切腹も許されずに斬死させられる。諸家交替ののち、一七七四年に松平（深溝）氏が二度目の入封をした。藩祖・家忠は、関ヶ原前哨戦の伏見城攻防戦で討ち死にしたが、その「家忠日記」は、家康とその時代を知るうえでの第一級の史料である。五層の天守閣などが復元されているが、この島原のほか、平戸と唐津を加えた肥前の三都市は、城下町が実に美しい。新しいが華麗な天守閣がアクセントとなり、さらに青い海と空があり、食べ物もおいしいという四拍子そろっている。

この島原よりさらに南へ行くと、島原の乱で天草四郎らがこもった原城跡がある。

熊本県(肥後)——加藤清正は豊臣滅亡のA級戦犯

日本三名城といったものの中で、熊本城が選ばれることが多いが、この城の名声を高めたのは、西南戦争という近代戦でも実際に使われ、二ヵ月にも及ぶ西郷軍の攻撃に、びくともしなかったことである。現在、第三の天守ともいわれる宇土《うと》櫓などが残り、包囲戦の直前に原因不明の火災で焼失した天守閣も、古写真を参考にして復元されている。最近、華麗な本丸御殿が復元されて話題になっている。石垣は、下部はゆるい勾配だが、上部になると急勾配になっている。

肥後国は、南北朝時代にも活躍した菊池氏が、北部を根拠地として守護をつとめ、阿蘇、宇土、相良《さがら》、名和氏らの国人を抑える形になっていた。ところが、豊後から大友氏の勢力が伸びて守護となり、竜造寺、島津も進出して、秀吉の九州平定を迎える。秀吉は制圧後、国人の領地を安堵しつつ、佐々成政《さっさなりまさ》を領主とするが、検地の実施に対して反乱が起き、この混乱の責任をとらされて、成政は切腹させられた。

そのあとは、北部は加藤清正が、南部は小西行長が入り、それぞれ熊本と宇土に本

肥後国

藩　名	大名家	石　高(万石)	分　類	藩庁所在地	格
熊本新田	細川	3.5	外様	玉名市	陣屋
熊本	細川	54.0	外様	熊本市	城主
宇土	細川	3.0	外様	宇土市	陣屋
人吉	相良	2.2	外様	人吉市	城主

拠を置いた。朝鮮戦役では、この両者に秀吉は先陣争いをさせて競《きそ》わせたが、もともとハト派の行長とタカ派の清正は水と油で、しかも、清正のたび重なる軍規違反を、行長や石田三成と親しい監察官の福原直高らが秀吉に報告するので、関係はこじれ、関ヶ原で清正らが家康につく伏線になる。清正としては、必死に戦っているのに細かいことをいうなといいたかったのだろうが、讒言《ざんげん》だったとはいえない。

関ヶ原の戦いのあと、清正は、家康と秀頼の二条城会見をセットしたりするが、むしろ、秀頼が毅然とした態度を崩さないのに苛立《いらだ》った家康に、豊臣討伐の決意を固めさせた。清正の豊臣家への忠誠心は疑うべくもないが、秀吉の死以降の行動は場当たり的で、結局、どうしたかったのかよくわからない。

しかし、清正は部下をいたわる情の深い武将であり、築城や治水工事の名手として、肥後の国づくりに大きな足跡を残し、県民の人気はいまなお高い。

加藤清正の子の忠広は、一六三二年に改易された。この原因については、駿河大納言忠長と反乱を企てたともいわれている。そのあとは、小倉からガラシャ夫人を母とする細川忠利が入った。島津への抑えとして、強力な家臣団をもつ細川のような大名が好ましく、一方、九州の入り口である小倉には、譜代の小笠原家を入れるということだった。

江戸中期の藩主・重賢《しげかた》は名君として知られ、堀平太左衛門《へいたざえもん》を登用して財政改革、殖産興業を進めるとともに、「御刑法草書」を交付して死刑、追放、拷問を減らし、懲役刑を軸にした近代的な処罰を取り入れた。また、教育体制も整備し、そのおかげで、横井小楠《しょうなん》、徳富蘇峰《とくとみそほう》、北里柴三郎、井上毅《こわし》など、優秀な人材を近代日本に提供した。

熊本新田藩は、一六六六年に細川利重が三万五千石を分与されたものである。一八六八年になって、玉名市高瀬に陣屋を設けた。

小西行長の城下町宇土《うと》には、一六四六年に細川行孝が三万石を分与された。

八代《やつしろ》には、加藤清正の三男・忠広が支城を建設し、五層の天守閣まで設けた。細川氏のもとでは、家老の松井家の居城となった。表千家家元夫人は細川護熙《もりひろ》元首相の妹だが、元首相の近衛家出身の母親が亡くなったあと、父の護貞《もりさだ》が再婚したのが松井家の令嬢で、その二人の子供である。城跡には、天守台など石垣と堀が残る。

肥後でも、天草は天領であり、全国でも屈指の急流下りと米焼酎で知られる球磨《くま》地方は、相良《さがら》藩の領地だった。相良氏は唯一の国人生き残りであり、人吉に城を構えた。遠江の相良荘《さがらのしょう》に住んでいた藤原氏の一族の相良長頼が頼朝に仕えて、一二〇五年に球磨《くま》郡に入った。近年、大手門周辺の櫓などが復元されたが、球磨川が外堀となっており、コントラストが美しい。

鹿児島県・宮崎県（鹿児島県は薩摩・大隅。宮崎県は日向）――島津貴子さんは薩摩藩ではない

天下分け目の関ヶ原の戦いで、島津軍は中央突破に活路を求めて、奇跡的に薩摩に逃げ帰った。西軍につきながら、減封もされずに生き延び、琉球王国という独立国を支配下におき、三〇〇年後には徳川幕府を倒した薩摩藩という存在は、徳川体制の中でまことに不思議な存在である。

薩摩藩では、武士たちの多くが農村に住んでいた。特攻隊の基地としても知られる南九州市知覧《ちらん》は、良質の茶の産地でもあるが、武士たちの屋敷がよく残っている。鹿児島城は、県庁の裏に聳える城山の麓に、ごく簡単な石垣と堀で囲まれた政庁と御殿があるだけである。城山というと、山上に詰の丸でもありそうだが、それもない。西

薩摩国

藩　名	大名家	石　高(万石)	分　類	藩庁所在地	格
薩摩	島津	77.0	外様	鹿児島市	城主

南戦争のときも、最後の籠城《ろうじょう》戦などというものもやりようがなく、西郷も城山の背後の谷間で寂しく自害した。鹿児島城は江戸初期に築かれたもので、それ以前は少し北東の内陸部に入った上町にあった。その後、上町は武家屋敷が並び、大河ドラマ「篤姫」の主人公の生家もある。また、北の海岸地帯には藩主の別邸仙巌園《せんがんえん》があり、明治になって島津家が住んだ御殿や幕末の名君斉彬《なりあきら》が進めた殖産興業事業を展示した尚古《しょうこ》集成館がある。

「人は石垣、人は城」という武田信玄の哲学については山梨県のところで書いたが、西南戦争において、熊本城が官軍を救い、城らしい城がなかった西郷は、お膝元の薩摩に官軍の調略と上陸を許して自滅した。

昭和天皇の五女である島津貴子さんの嫁ぎ先を薩摩の島津家だと思っている人が多いが、実は同じ島津でも、分家筋にあたる宮崎県佐土原《さどわら》藩の殿様である。戦国時代に活躍した島津義久、義弘兄弟の従兄弟である島津以《ゆき》久《ひさ》が、一六〇三年に三万石を分与されて佐土原に拠った。佐土原は宮崎市北部にあり、二の丸御殿が復元されている。

島津家というと薩摩のイメージが強いが、その名の由来は、宮崎県都《みやこの》城《じょう》市にあった近衛家の島津荘である。秦氏の一族である公家の惟宗《これむね》忠久は関ヶ原の戦いの西軍という意味では、薩摩と長州は共通しているが、薩摩は徳川時代も後期になると、幕府中枢権力の中にしっかりと食い込んでいた。

なによりも、島津家は将軍の御台所を出している。将軍の正室は、三代将軍・家光が鷹司家から奥方を迎えて以来、摂関家か宮家である。ところが、一一代将軍・家斉の正室は、薩摩藩中興の祖である島津重豪《しげひで》の娘で、一三代・家定の三人目の正室は、幕末の英主・斉彬《なりあきら》の養女・篤姫である。また、斉彬は、幕府の中枢で政治に参加することを、むしろ幕閣から求められたほどなのである。

これには、島津氏が、源頼朝の庶子を先祖とするという系図を誇り、将軍家に代わる資格の持ち主であったのも一因だったのではないか。幕末の政治は、徐々に徳川将軍家、水戸家、越前家、島津家といったところの連合政権に移行していったのが実態で、これらはいずれも源姓だった。

逆に、だからこそ、薩摩が幕府を見限り、長州などの主張する征夷大将軍という仕組みそのものの否定に与《くみ》したときに、パワーバランスは一気に崩れた。明治維新が否定しようとしたのは、家康以来の徳川幕府だけでなく、源頼朝以来の武士による支配なのである。この革命に、頼朝の由緒正しい末裔までもが同調したとき、勝負はついた。倒幕の論理を生み育てたのは長州だが、その流れを現実化したのは薩摩である。

コラム　「源頼朝の子孫としての島津家」

日向国

藩　名	大名家	石　高(万石)	分　類	藩庁所在地	格
延岡	内藤	7.0	譜代	延岡市	城主
高鍋	秋月	2.7	外様	高鍋町	城主
佐土原	島津	2.7	外様	宮崎市	城主
飫肥	伊東	5.1	外様	日南市	城主

近衛家に仕えていたところ、その祖母は源頼朝の乳母だった縁で頼朝に仕え出世したのだが、室町時代になって、源頼朝が比企能員《ひきよしかず》の妹に孕《はら》ませた子だったといいだした。日向で地頭になり、さらに薩摩、大隅、日向《ひゅうが》の守護とされた。御落胤説はいつでもあまり信じられないものであるが、根も葉もない話ではないのかもしれないし、それが一般にも受け入れられていたということが大事なのである。

戦国時代の島津氏では、一族同士の争いが続いたが、分家の貴久が本家の養子となり、一五五〇年に鹿児島に入城して、強力な領国経営が始まった。貴久の子に義久、義弘など四兄弟がおり、これが信長・秀吉・家康の時代に大活躍する。義久は、日向で島津氏の反対勢力として力を伸ばしてきた伊東一族と対決して、これを豊後に追った。一五七八年の宮崎県北部、高城《たかじょう》・耳川《みみかわ》の戦いでは大友宗麟に大勝し、一五八四年には、島原半島の沖田畷《おきたなわて》の戦いで竜造寺隆信を敗死させた。ここに、島津氏による九州統一王国への道が開けたのだが、天下統一へ進む豊臣秀吉の侵攻を受け、薩摩、大隅と日向南部のみを確保した。

日向の残りは、南東部の日南市周辺は伊東氏に戻され、中部の高鍋周辺は筑前の秋《あき》月《づき》氏に、北部の延岡周辺は豊前の高橋氏に与えられた。

高鍋藩主になった秋月氏は播磨の出で、大宰府の要職につき、鎌倉時代に福岡県の秋月に定着した。上杉鷹山《ようざん》は、秋月家から養子に出ているが、江戸生まれで高鍋を訪れたことはない。美しい堀が残る。

日南市の中心は旧飫肥《おび》町《ちよう》である。藩主の伊東氏は鎌倉時代の武将で、富士の巻狩りの際に曾我兄弟に仇討《あだう》ちされて殺された工藤祐経《すけつね》の子孫が、日向に地頭として入ったものである。南九州では珍しく、城下町の雰囲気を残しており、藩校が残るほか、近年、大手門、松の丸御殿などが復元され、武家屋敷なども再現されつつある。杉材の産地だ。

旭化成の企業城下町で、マラソンや駅伝での活躍でも有名な延岡には、大友氏の一族で豊前にあった高橋元種《もとたね》が、一五八七年に日向に入り築城した。一七四七年に内藤氏が入った。藩祖の内藤清長は三河の住人で松平清康・広忠に、三代目の家長は徳川家康に仕え、佐貫で二万石を得たが、関ヶ原の戦いに先立ち、伏見城で討ち死にした。子孫が平《たいら》を経て延岡へ来た。信州高遠、信州岩村田の内藤氏は、清長の兄弟から始まり、越後村上、三河挙母、陸奥湯《ゆ》長谷《ながや》の各藩主は清長の子孫である。かつては三層の天守代用の櫓があったが、現在では、本丸の高い石垣と、復元された北大手門が往時を偲《しの》ばせる。

県庁所在地の宮崎は、都城県と美々津《みみつ》県が合併して、現在の県域ができたときに建設された。全国の都道府県庁所在地でまったくの新都市というのは、札幌を別にするとここだけである。

沖縄県（琉球）――沖縄は日本なのか

「琉球の風」という大河ドラマのおかげで、沖縄の歴史を初めて知った人も多いだろう。しかし、難解なものであることは確かで、そのためか視聴率も、もう一つだった。

沖縄についての最大の疑問は、沖縄は日本なのか、沖縄の人は日本人なのかということである。この素朴な疑問に真正面から答えないと、結局のところ、何もわからないことになる。

人種的な問題でいえば、あまり建設的な解答はない。なぜなら、日本人というものが、主としてモンゴロイド系の様々な人種の混血であり、単一の民族としての特徴をもたないからである。強いていえば、沖縄の人たちとよく似た形質をもつ人たちが、日本人の一割くらいを占めているということと、朝鮮半島から大量の移民があった弥生時代より前には、もっと大きな割合だっただろうということである。

言語については、沖縄の言葉を方言としてとらえるか、独立した琉球語として見るかは難しいところだが、ほかの言葉に比べれば、きわめて強い近親性がある。日本やヨーロッパの歴史は、原始時代、古代、中世、近世、近代といったステップからなっているが、沖縄では、原始時代から中世へ突入し、中世から近代へも直接流れ込んでいる。

沖縄において、クニらしきものが成立するのは、一二世紀に源為朝《ためとも》の子という伝説をもつ舜天《しゅんてん》王が王位についてからである。ただ、この為朝についての伝説は、薩摩の支配に入ってから、頼朝の子孫とされる島津家との融和を図るために強化されたものと見られるが、沖縄の住民の多くが平安時代あたりから農耕技術とともに南九州から移ってきた歴史を反映しているとも思われる。

そして、一三七二年になって、察度《さっと》王が明の洪武《こうぶ》帝に入貢している。この頃、北《ほく》山《ざん》、中山《ちゅうざん》、南山《なんざん》の三つの王国に分裂したが、一四二九年に再統一された。この王朝を第一尚氏《しょうし》と呼ぶが、一四六九年になって王朝が交替し、第二尚氏の王朝になり、明治の琉球処分まで続く。

明への入貢《にゅうこう》については、沖縄側からでなく、明からの働きかけによって始まった。そして、明はこうした形の貿易しか認めていなかった。それに対して、日本との間では、ゆるやかな形での貿易も可能だったから、室町幕府との関係は、書簡と進物のやりとりくらいでよかった。こうした意味で、琉球が中国の実質的な支配下に入っていたというわけではないし、幕末に来航したペリーも清との交流は頻度も低く、住民も日本人であってここは日本だといっている。ただ、外交に当たったのは中国から送り込まれた住民の子孫で北京に留学した者たちだったので、彼らはもっぱら中国に隷属するばかりだった(拙著『領土問題は「世界史」で解ける』宝島社)。

しかし、島津氏は、徐々に日本と沖縄との交易権の独占を図り、一四四一年には、将軍・足利義教から、琉球を領地とすることを認められた。もっとも、足利義晴は、備中の三宅国秀に沖縄遠征を許したし、豊臣秀吉は亀井茲矩《これのり》に琉球を与えたのだが、島津氏はいずれの企《くわだ》ても妨害した。

朝鮮遠征にあたって、秀吉は、琉球王国に対しても派兵を求めたが、薩摩藩はこれを肩代わりし、その代替に兵糧米や金銭的な負担を求めた。関ヶ原の戦いののち、沖縄の船が本土に漂着することがあって、幕府や薩摩藩ではこれを丁重に送り返したが、沖縄側からの返礼がないとか、薩摩の使節に対する非礼などの事件が重なり、つ琉球王国の王城であった首里城の守礼門が二千円札のデザインになっているが、この門や「守礼之邦」という扁額《へんがく》の由来からして、疑問が多い。

守礼門の創建は室町時代のことで、明帝国からやってくる冊封使を琉球王が城外へ出て待つ場所として建てられた。ただの城門ではないのである。中国皇帝の任命を受けるまで、「世子」と呼ばれる王は、ここで使節団の到着を中国式の土下座である三《さん》跪九叩頭《ききゅうこうとう》して迎え、首里城正殿の前での儀式で「皇帝は、なんじを封じて琉球中山王とする」と中国語で宣言された。

とくに、安土城の天守閣が完成した一五七九年に、琉球王尚永のもとへ明の神宗(万暦帝)が冊封使に託した勅諭《ちょくゆ》の中に

コラム　「守礼門は中国への服従の象徴」

「琉球はよく進貢の務めを果たし、『守礼之邦』と称するに足る」という文があったことから、尚永は「守礼之邦」という扁額をつくらせた。つまり、「守礼之邦」というのは、「礼儀が重んぜられている道徳的に立派な国」という意味ではなく、「中国皇帝に忠実に務めを果たしている国」という意味なのである。

日本国家と琉球と中国の三角関係は微妙で、琉球と中国の冊封関係を否定的に見る必要はないが、日本の国の紙幣に、背景としてあしらうのではなく、紙幣の顔として、はっきりと中国皇帝への隷属《れいぞく》を誓う文言が読みとれるような形で守礼門を置くことはやはりおかしい。こんなことを政府がするから独立運動などが出てくる。

いに徳川家康の許可を受けた薩摩藩は、沖縄を軍事的に制圧した。一六〇九年のことである。

尚寧《しょうねい》王は薩摩へ連れられ、さらに、翌年、駿府で家康に、江戸で将軍・秀忠と会見した。しかし、こののちも、琉球王国は明、ついで清への朝貢関係を続け、実質的には薩摩に支配されながら、独立国として中国との外交関係を維持した。貿易を通じての利益は、薩摩も望むところだった。

一八四〇年代になり、英仏米など各国の艦船が沖縄にも来訪するようになった。とくにペリーは、日本が開国を拒否するなら、沖縄を占領しようとまで考えていた。こうしたなかで、明治新政府は、沖縄の日清両属体制を清算する必要に迫られたが、おりしも、沖縄住民が台湾で殺された事件を機会に、清国政府に対して賠償を要求し、それが容れられないと、台湾に派兵することによって交渉を有利に進めて、沖縄が日本の領土であることを清国政府に認めさせた。

さらに、一八七九年（明治一二）、沖縄県が設置されて、首里城は明け渡され、最後の王であった尚泰《しょうたい》は東京に連れ去られ、琉球王国の歴史は終わりを告げた。だが、清国政府はこの措置を不満とした。また、明治政府は、琉球問題の処理と、清国への通商要求をからめようとし、①琉球の日本帰属を認める、②幅広い通商関係を樹立する、③宮古・八重山は清国に割譲する、という三点セットの条約案でいったんは合意したが、幸運にも、土壇場で清国の拒否にあい、問題が先送りにされるまま、日清戦争の結果、日本への帰属が確定した。この条約が成立しておれば、宮古や石垣島の人たちは、貿易と引き替えに、中国人にされていたわけである。

いってみれば、沖縄は日本国家に対して、たいして義理立てをする立場でもないのに、常に外国との取引の材料にされてきたというわけである。

琉球王国の首都は、一四世紀ごろに浦添《うらそえ》から首里《しゅり》に移された。現在は那覇市に吸収されているが、もともとは、海から少し離れた丘の上に首里城が営まれ、那覇は、その外港だった。沖縄の言葉では、城をグスクと発音するが、朝鮮の山城に似た独特のカーブをもつ石垣が特徴である。

二〇〇〇年には、首里城のほか、今帰仁《なきじん》、座喜味《ざきみ》、勝連《かつれん》、中城《なかぐすく》の各城跡と首里の園《その》比屋武《ひやん》御嶽《うたき》石門《いしもん》、玉陵《たまうどん》、識名園《しきなえん》、斎場《せーふあ》御嶽《うたき》が「琉球王国のグスクおよび関連遺跡群」として世界遺産に登録された。

首里城も同じで、中国、朝鮮、日本の様式が混在したものである。沖縄戦で徹底的に破壊され、戦後は琉球大学のキャンパスとして使用されたために、守礼門のみが復元されて、沖縄観光のシンボルになっていたが、大学の移転後に、国営公園として本格的な整備が行われた。一九九二年には、屋根の赤瓦と壁の朱色が鮮やかな正殿が完成して、海洋王国の誇りを伝え、二〇〇〇年の九州沖縄サミットでも晩餐会が開かれ、世界に琉球文化をアピールした。

第八章　関東地方

水戸偕楽園

関東地方の藩

○は城（幕末に藩が置かれていたもの）
●は陣屋（数字は下記藩名）
凸はその他の城
◎は城下町でない県庁所在地

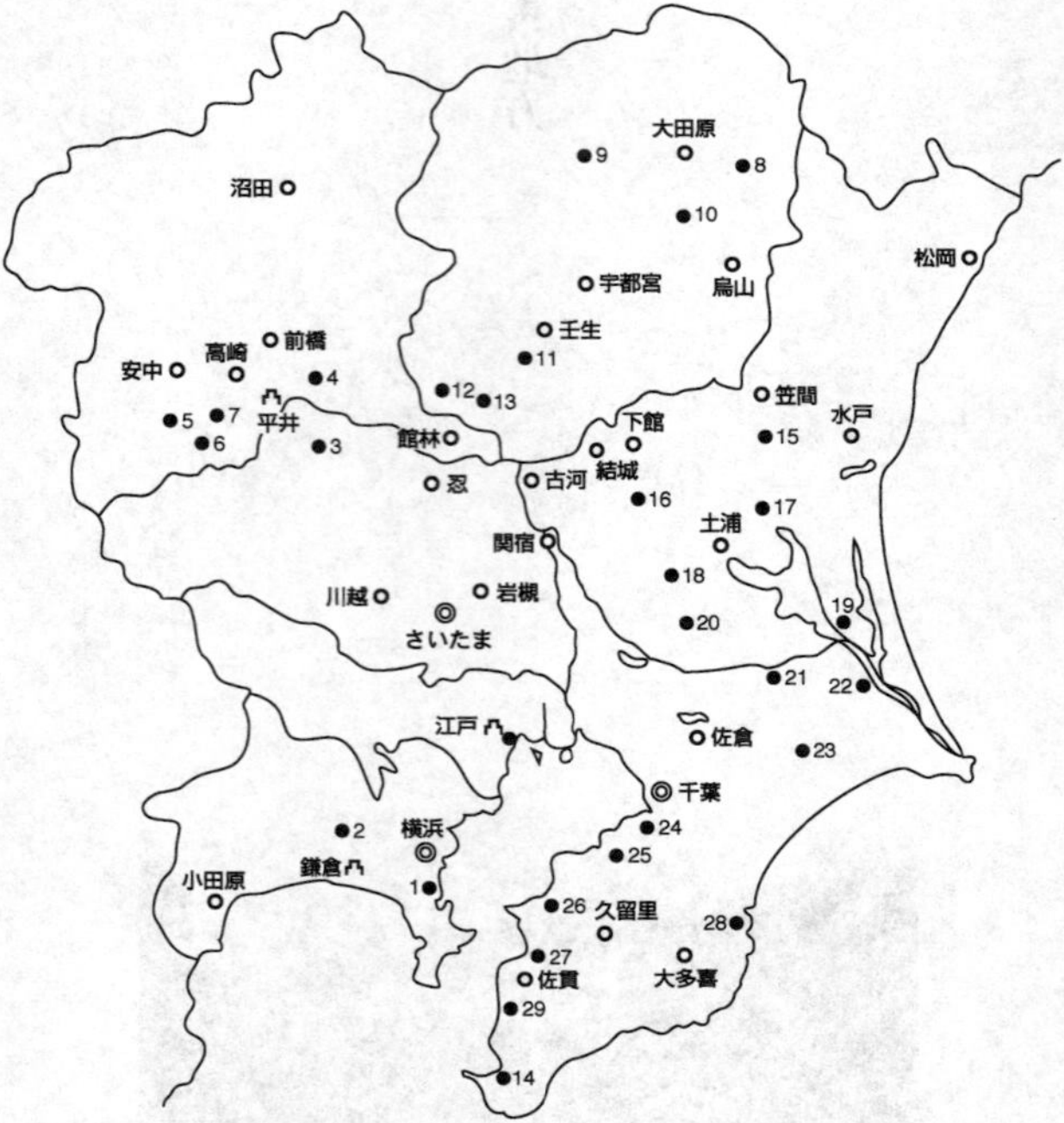

1.金沢　2.荻野山中　3.岡部　4.伊勢崎　5.七日市
6.小幡　7.吉井　8.黒羽　9.高徳　10.喜連川
11.吹上　12.足利　13.佐野　14.館山　15.宍戸
16.下妻　17.府中　18.谷田部　19.麻生　20.牛久
21.高岡　22.小見川　23.多古　24.生実　25.鶴牧
26.請西　27.飯野　28.一宮　29.勝山

神奈川県（相模・武蔵の一部）――エリート官僚だった北条早雲

北条早雲というと、伊勢出身の流れ者が関東の主になったと考えられ、戦国時代の下克上を象徴する人物といわれてきた。しかし、近年では、足利将軍の側近として力をふるった伊勢氏の一族で、本人も申次衆《もうしつぎしゅう》、つまり、将軍の秘書官のようなものをつとめていた伊勢新九郎その人であろうといわれている。なんと、足利幕府のエリート官僚だったのである。

伊勢新九郎は、妹が駿河の今川家に正室として嫁《か》したことから、今川家の客将となった。甥の氏親（義元の父）が守護となってからは、沼津市の西部で伊豆に近い興国《こうこく》寺《じ》城の城主となり、ここを根城に関東進出を企《くわだ》てた。

室町時代から戦国にかけての時代を理解するためには、関東が準独立国のようなものだったという認識が必要である。足利時代になっても、鎌倉は第二首都としての地位を維持し、足利尊氏の子の基氏《もとうじ》の子孫が鎌倉公方《くぼう》、つまり、東日本担当将軍代理として君臨した。その補佐ないしお目付役だったのが上杉家で、関東管領《かんれい》と呼ばれた。

ところが、基氏の曽孫である持氏は、幕府からの独立姿勢を強め、小笠原、佐竹、那須らの関東各地の豪族とも対立していた。そこで、持氏と、自重を求める管領上杉享徳《きょうとく》の乱」は、一四三九年、敗れた持氏は自刃させられた。この「永《えい》享《きょう》の乱」のあと、鎌倉公方はしばらく空席だったが、関東の混乱に業を煮やした幕府は、一〇年後になって、持氏の遺児で京都の寺に入っていた成氏《しげうじ》を鎌倉公方に任命した。ところが、成氏は憲実の子の憲忠を殺したので、幕府から追討を受けた。「享徳《きょうとく》の乱」である（足利家系図参照）。

そののち、鎌倉公方の地位をめぐって、成氏と将軍・義政の弟の政知《まさとも》が争い、成氏は茨城県の古河《こが》に逃げて古河公方といわれるようになったが、京都から送られた政知も鎌倉に入れず、伊豆韮山《にらやま》（現・伊豆の国市）の堀越《ほりこし》にとどまり堀越公方と呼ばれた。この政知の死後に内紛があり、将軍義澄の母である正妻とその実子を殺した庶子の茶々丸が跡を嗣《つ》いだので、早雲はまず、幕府の意向に沿ってこれを滅ぼして、伊豆を領国として独立した。ついで、一四九五年に鷹狩りにことよせて、相模の小田原城を攻略して本拠を移し、三浦半島の名族三浦氏も滅ぼして、関東全域に勢力を広げた。北条氏と改姓したのは、二代目の氏綱時代の一五二四年である。さらに、氏康、氏政、氏直と、関東の支配を続けたが、一五九〇年に秀吉によって滅ぼされた。

北条氏は、氏康のときに全盛期を迎え、氏政になってからは落ち目だったと考えている人が多いが、むしろ、北関東での勢力は拡大していた。西には徳川家康が力を伸

コラム　「大久保忠隣と本多正信」

　武人派と官僚派の対立というと、豊臣家での加藤清正らと石田三成との不仲が有名だが、徳川政権でも、武人派で秀忠の側近として江戸にあった大久保忠隣《ただちか》と、官僚派で駿府の家康に仕えた本多正信・正純《まさずみ》親子は、なにかと対立した。正純家臣の岡本大八が、有馬晴信から賄賂《わいろ》を受け取ったとして火あぶりにされたかと思えば、忠隣の養女と山口重政（牛久藩祖）の嫡男との無届婚姻で山口氏が改易《かいえき》され、佐渡金山経営などで辣腕《らつわん》ぶりを発揮した大久保長安《ながやす》の死後に、不正を理由に遺族が殺された。長安は甲斐出身の能楽師の子だったが、経営の才があり、大久保忠隣に預けられて、その姓を名乗っていた。

　大坂の陣直前の一六一四年正月、忠隣は改易され、彦根藩預かりになって、最初は草津市上笠《かみがさ》、ついで佐和山に閉居した。加藤清正、福島正則らが、石田三成らへの妬みから家康に協力したことの重さは、彼らを利用した家康自身がいちばん知っていた。もし、秀吉が情に流されずに、朝鮮での不始末についてきちんと清正を処分しておいたら、徳川の天下はなかっただろう。秀吉を反面教師として、家康は手を打った。娘の千姫を大坂に送り込んでいる秀忠周辺が、相対的には親豊臣ということもあったかもしれない。

　だが、家康の死後、本多正純は、秀忠の暗殺を狙ったという「宇都宮城吊り天井事件」で改易され、大久保忠隣の孫の忠識《ただもと》が加納《かのう》城主に復権して、再逆転となった。

相模国

藩　名	大名家	石　高(万石)	分　類	藩庁所在地	格
荻野山中	大久保	1.3	譜代	厚木市	陣屋
小田原	大久保	11.3	譜代	小田原市	城主

武蔵国

金沢	米倉	1.2	譜代	横浜市	陣屋

ばし、氏直に家康の娘・督姫《とくひめ》が輿入《こしい》れしていたが、北条側には自分たちのほうが格上だという意識は常にあった。松平家が、もともと三河に領地をもっていた伊勢氏と主従関係にあったことも影響していたのだろう。

しかし、石垣山に一夜城を築くなどして、長期戦の構えを見せた秀吉の断固たる決意を前にして、開城を余儀なくされ、隠居していた四代目北条氏政は切腹させられたが、息子で当主の氏直は、徳川家康の娘婿だったこともあり、高野山への追放で赦され、のちに、一万石を与えられた。このとき、叔父で韮山城主だった氏規《うじのり》も行動をともにして、氏直が死んだあとは北条家を嗣ぎ、河内狭山で幕末まで存続した。昭和になり、儁八《しゅんぱち》は公明党の参議院議員をつとめ、甥の浩は創価学会会長だった。

家康の関東移封ののち、小田原は大久保忠世《ただよ》に与えられた。その子の忠隣《ただちか》は秀忠の側近だったが、本多正信との権力争いに巻き込まれて失脚し、除封されたが、一六八六年に七二年ぶりに小田原に復帰して、幕末まで続いた。この事件の経緯は前述コラムのとおりである。小田原藩は富士山の噴火など災害が多く、農村の荒廃に悩んだが、二宮金次郎は近代的な農業経営手法を取り入れて、名声を轟《とどろ》かせた。

小田原城は、大久保忠隣の追放により、外郭を破壊された。江戸中期に再建された天守閣が明治維新のときに壊されたが、写真、模型などを参考に復元されている。五層の天守閣も可能な大きな天守台に、三層四階のずんぐりした建物が建っている。新幹線の小田原駅からほんの少し西寄りに、巨大な姿を車窓から見ることができる。

厚木市の荻野《おぎの》山中《やまなか》には、一七〇六年に側衆・大久保教寛《のりひろ》が小田原藩から領地を分与されて立藩し、のちに当地に陣屋を置いた。このほか、下野国烏山《からすやま》藩が忠世の弟から出ている。また、「天下のご意見番」大久保彦左衛門も忠世の弟である。

横浜は天領だったが、金沢八景で知られる金沢には、米倉氏が陣屋を設けた。米倉氏は、はじめ武田氏に仕えたが、旗本となり、家光の小姓出身の昌尹《まさただ》が大名になった。一七二二年に下野皆川から移った。

東京都・埼玉県（東京都は武蔵の一部・伊豆の一部。埼玉県は武蔵の一部）——もっと知ってほしい関東管領家

太田道灌《どうかん》というと、江戸城の築城者として知られている。「もし、江戸が日本の首

都になっていなければ、二流の歌詠みとして好事家《こうずか》に知られたくらいだっただろう」というのは堺屋太一《さかいやたいち》氏だが、戦国時代の関東における傑物の一人には違いない。

太田道灌は上杉氏の家臣だった。上杉氏の先祖は藤原氏の一族で、勧修寺重房《かじゅうじしげふさ》といったが、大河ドラマ「北条時宗」にも登場した宗尊《むねたか》親王が鎌倉第六代将軍となったときに同行し、丹波の国で上杉荘をもらって改姓した。尊氏の母の実家であることから、関東管領家となった。室町時代中期における関東騒乱の結果、鎌倉公方が二つに分裂したことは、神奈川県のところで紹介したとおりだが、やがて、東関東が古河《こが》公方とそれを支持する豪族たちの勢力圏、西関東が上杉家と伊豆の堀越公方による連合の勢力圏という図式が出現した。

この抗争の中で、上杉家の家臣である太田道灌が、古河公方への備えとして、荏原《えばら》郡（江戸時代には豊島郡に移管）桜田郷に築いたのが江戸城である。だが、山内、扇谷《おうぎがやつ》など四系統に分かれた上杉家内部の混乱もあり、最後は主君の扇谷上杉氏から疑われて、一四八六年、入浴中に殺された。さらに、翌々年の長享《ちょうきょう》の乱で古河公方・扇谷上杉連合軍と山内上杉が争って、互いに消耗して、上杉氏は戦国大名へ脱皮するチャンスを逃し、北条氏の進出を受けることになる。

川越《かわごえ》（河越）城もまた、太田道灌によって築かれ、扇谷上杉氏の本拠だった。一五

武蔵国

藩 名	大名家	石 高(万石)	分 類	藩庁所在地	格
岡部	安部	2.0	譜代	深谷市	陣屋
忍	松平	10.0	譜代	行田市	城主
岩槻	大岡	2.3	譜代	さいたま市	城主
川越	松平	8.0	譜代	川越市	城主

四六年には山内・扇谷両上杉家、古河公方らの旧勢力連合と北条氏康の、川越夜戦と呼ばれる決戦が行われ、山内上杉氏は越後に逃れ、扇谷上杉氏は滅びた。この川越は、土蔵づくりの町並みが魅力的な城下町で、代々、幕閣の有力者が封じられたが、とくに家光側近の松平（大河内）信綱が城の大修築を行った（大河内家については三河吉田藩参照）。一七六七年には松平（越前）氏が、前橋城が水害で被害を受けたために移ってきたが、一八六七年に再び前橋に移り、棚倉から松平（松井）康英が入り、維新を迎えた。現在、本丸御殿が残る。

足袋の産地として知られる行田市《ぎょうだ》は、かつて忍《おし》と呼ばれ、小田原攻めの際には、石田三成に水攻めされたが持ちこたえ、北条氏敗北後に開城した。一八二三年に松平（奥平）忠堯《ただたか》が一〇万石で入封した。奥平氏は、奥平信昌と家康の娘である亀姫の四男・忠明を祖とする。忠明は家康の養子となって、大坂の陣ののちに大坂城主となって戦後処理にあたり、大和郡山を経て、姫路で一八万石を得た。子孫は宇都宮、白河、山形、福山、桑名を経て、当地に落ち着いた。中津藩の分家である。遺構は本丸の土塁などが残るだけだったが、近年、櫓《やぐら》や門が復元された。

節句人形の産地として知られる岩槻《いわつき》（現・さいたま市）の城も太田道灌によって築かれ、江戸時代の初期に改修された。一七五六年に若年寄の大岡忠光が上総《かずさ》勝浦から移り、定着した。大岡忠光は越前守忠相の遠縁にあたるが、もとは家重の小姓であり、言語不明瞭であった家重の言葉を理解できるただ一人の側近として、重きをなした。岩槻には、はじめ県庁が置かれる予定だったが、適当な建物がなかったので、宿場町だった浦和（現・さいたま市）が県庁所在地になった。

岡部は深谷市の本庄市寄りにある。安部《あべ》氏は駿河で今川氏に属したが、その滅亡後は徳川家に仕え、のちに大坂城番などをつとめ、一六四九年に岡部に入った。

群馬県（上野）——徳川家の先祖と皇后陛下の実家

信長の跡目を決める清洲会議では、羽柴秀吉、柴田勝家、丹羽長秀、池田信輝の四人ですべてが決められた。そこには、信長の生前であれば参加しているはずだった二人の顔がなかった。一人は明智光秀だから当然だが、もう一人が滝川一益《かずます》だった。

滝川一益は、近江国甲賀郡大原（現・甲賀市）の人である。信長に仕えるようになった経緯《いきさつ》はよくわからない。秀吉のように単騎で仕官したのでなく、何人かの子分を引き連れてきたらしいし、鉄砲術に長じていたともいわれる。甲賀出身者は、伊賀から北伊勢に多く入り込んでいるから、尾張南西部を地盤にした信長のもとへやってきたのは、ごく自然の成り行きである。

伊勢伊賀攻略、伊勢長島攻めなどに活躍し、武田攻めでは先鋒をつとめた。さらに、もともと上杉氏が代々受け継いでいた関東管領を名乗り、厩橋《うまやばし》（前橋の古名）で関東制覇をうかがった。信長としては、将来、関東を家康だけに独占させることを嫌い、北条攻めの主導権を滝川一益に握らせておきたかったのだろう。ところが、基盤が固まらないうちに本能寺の変が起きて、北条軍の攻撃を受け、伊勢に逃げ帰り、織田の宿老としての地位を失った。柴田、丹羽、池田といった織田家代々の家臣グループに対する新参者として、秀吉や光秀のライバルだった男だが、この転落以降は気力を失った。江戸時代には養子の雄利《かつとし》（伊勢北畠一族の出）の子孫が旗本として生き残り、慶喜《よしのぶ》のもとで大目付となり、鳥羽伏見の戦いの先鋒をつとめた具挙《ともたか》を出した。

上野国は、関東管領家でも最有力だった山内上杉氏の本拠で、本拠の平井城は南西部の藤岡市にあった。しかし、一五四六年の川越夜戦での敗北以降は北条氏に追いつめられ、越後の長尾景虎を頼って跡目を譲った。「上杉謙信」の登場である。

それ以降は、北条、越後上杉、それに甲斐武田の三つどもえの争奪戦が続き、北条氏による厩橋攻略で北条氏優位に展開したが、沼田城をとった真田昌幸らが抵抗する中で、秀吉の小田原攻めを迎える。家康の関東移封後は、高崎に井伊直政、厩橋に酒井重次、館林《たてばやし》に榊原《さかきばら》康政《やすまさ》を入れて、最重要の防衛線と位置づけ、江戸時代になっても、これらの城を中心に、譜代の有力者が固めた。

前橋（厩橋を江戸中期に改称）には、家康の関東入封ののちは、まず平岩親吉《ひらいわちかよし》が、ついで酒井重忠が入った。酒井氏は九代にわたってこの地を治めたが、とくに第四代の忠清は大老となり、下馬《げば》将軍と呼ばれた。よくいえば天下太平の演出者だが、接待好きでも有名で、「各大名や旗本から偏《かたよ》ることなく好意を受けているから問題ない」と、平成の悪徳官僚と同じようなことをいっていた。接待好きは江戸城に染みついた業病のようなもので、私は首都移転以外にこの病気を完治させる方法はないと思う。

姫路に移った酒井氏に次いで、一七四九年、結城《ゆうき》秀康《ひでやす》の六男・直基《なおもと》に始まる越前松平家の分家が入った。一七六七年に利根川の氾濫で城が壊れたので、いったん川越に移ったが、一八六七年になって城を半ば西洋式に修築して前橋に戻った。明治になって大河ドラマ「花燃ゆ」の主人公の二番目の夫である楫《か》取素彦《とりもとひこ》が県令（知事）のときに県庁が置かれた。

高崎城の前身といえる箕輪城《みのわ》は、岐阜城や観音寺城などと並ぶ中世の代表的な山城で、家康の関東移封により、井伊直政が一二万石の領主となり、城を修築したが、直政は交通の便のよい高崎に城を移した。高崎城主は七回も交替したが、一七一七年に大河内（松平）氏が再封された。智恵伊豆といわれた松平信綱の息子の信興《のぶおき》が土浦で三万石を得て、それを、甥で綱吉の側衆をつとめた輝貞《てるさだ》が嗣《つ》いだ。宗家は三河吉田藩。

亜鉛の製錬所で知られる安中《あんなか》には、一七四九年に備中松山藩分家の陸奥泉から遠江相良へ転じていた板倉氏が再封されて入った。同志社大学の創立者で大河ドラマ「八重の桜」の主人公の夫である新島襄《にいじまじょう》は安中藩士の出身である。

銘仙《めいせん》が特産品として知られた伊勢崎には、一六八一年になって、前橋藩から酒井忠寛が二万石を分与されて、幕末までこの地を治めた。姫路藩の分家。

越後との国境に近い沼田城を近代的な城にしたのは真田氏である。真田信幸は上田に移り、その子の信吉が藩主となったが、一六八一年に隅田川の両国橋掛け替え工事の遅延で改易され、城は破却された。一七四二年に老中・土岐《とき》頼稔《よりとし》が入封。土岐氏は美濃国守護の土岐氏の一党で、定政が家康に仕えた。

世界遺産になった官営製糸工場で知られる富岡には、前田利家の五男・利孝を藩祖とする七日市《なのかいち》藩の陣屋があった。人質として江戸で育ち、大坂の陣での功が認められ

上野国

藩名	大名家	石高(万石)	分類	藩庁所在地	格
沼田	土岐	3.5	譜代	沼田市	城主
前橋	松平	17.0	家門	前橋市	城主
安中	板倉	3.0	譜代	安中市	城主
高崎	大河内	8.2	譜代	高崎市	城主
伊勢崎	酒井	2.0	譜代	伊勢崎市	陣屋
七日市	前田	1.0	外様	富岡市	陣屋
小幡	松平	2.0	譜代	甘楽町	城主格
吉井	松平	1.0	家門	高崎市	陣屋
館林	秋元	6.0	譜代	館林市	城主

て、一六一六年に一万石をもって諸侯に列せられた。

上信電鉄の上州福島駅付近に小幡《おばた》藩の陣屋跡がある。織田氏が一七六七年に出羽天童に移り松平（奥平）氏の分家が入った。

かつて養蚕《ようさん》が盛んだった吉井には、一七〇九年、松平信清が上野に領地を得て、最初は矢田に、ついで吉井に陣屋を設けた。吉井の松平家の祖は、家光の正室の弟である鷹司信平で、江戸に下って旗本となり、紀伊頼宣の娘と縁組みした。吉屋《よしや》信子《のぶこ》の小説『徳川の夫人たち』では、公家六条家の息女で、伊勢の門跡寺院の尼だったのを、家光にみそめられて側室にされるという数奇な人生を送ったお万の方の恋人として描かれていた人物である。

館林には、家康の関東入国ののち、榊原康政が一〇万石で封じられ、近代的な城郭とした。一六六一年、時の将軍・家綱の弟である綱吉が入った。綱吉の将軍就任後は、その子の徳松《とくまつ》が城主となったが夭折したので、綱吉は悲しみのあまり、この城を徹底的に破壊した。とんだ八つ当たりである。一七〇七年になり、六代将軍・家宣《いえのぶ》の実弟である松平（越智《おち》）清武《きよたけ》が城主となって再興し（浜田藩参照）、一八四五年、山形から秋元氏が入った。戦国時代、秋元氏は上野国で上杉家に属していたが、やがて北条氏に仕えた。しかし、長朝《ながとも》は井伊直政の薦めで家康に仕えることとなり、関ヶ原の戦いでは、上杉家との交渉にあたった。老中を二人出し、そのために六万石に栄進した。皇后陛下の実家である正田家は、徳川家の先祖とされる新田義重の家臣・生田重幸を祖とし、館林で醤油醸造などを営んだ。

栃木県（下野）——江戸時代に残った足利家

下野《しもつけ》の国が足利氏発祥の地であることは誰もが知っているが、江戸時代になっても、その一族が大名として生き残っていたことは、あまり知られていない。東北自動車道の矢板インターから東へ入ったところの喜連川《きつれがわ》の殿様は小弓《おゆみ》御所系の国朝が、古河公方家を嗣いだものである。江戸時代には、実質は一万石にも満たなかったが、一〇万石並みの格式を認められていた。

足利氏は、八幡太郎義家の子供の代に源氏の本流から分かれたもので、鎌倉時代には清和源氏の最有力者として、北条家とも婚姻関係を結んでいた。その本拠の足利市は、栃木県南西部にあり、東京からだと浅草から東武伊勢崎線に乗っていく。室町時代に上杉憲実《のりざね》によって充実されて、「関東の大学」と宣教師からも呼ばれた足利学校の跡などがあり、北関東の鎌倉の趣《おもむき》がある。この上杉憲実は、永享の乱で主君である足利持氏を討つ羽目になったが、これを悔いて出家し、最後は山口の大内氏のもとで亡くなった。

戦国時代、下野国は古河公方の権威を認めつつも、小山、宇都宮、那須などの国人たちがしのぎを削っていた。宇都宮には、前九年の役で関東に下った藤原宗円を祖とする宇都宮氏が、八〇〇年にもわたって領主として拠った。秀吉の小田原攻めにも参加し、いったんは本領を安堵されたが、検地の結果が自己申告より著しく多かったなどを理由に除封された。頻繁な交替ののち、一七七四年、松本藩分家の戸田忠寛《ただとお》が入って、幕末まで続いた。歴代の藩主で有名なのは「宇都宮城吊り天井事件」の本多正純だが、これについてはコラム「大久保忠隣と本多正信」に解説してある。

鬼怒川温泉の近くには高徳藩があった。一八六六年に宇都宮藩主の孫で家老の戸田忠至《ただゆき》が、一万石を分与されて設立した。宇都宮藩は、一八六二年の坂下門外の変に関

下野国

藩名	大名家	石高(万石)	分類	藩庁所在地	格
大田原	大田原	1.1	外様	大田原市	城主
黒羽	大関	1.8	外様	大田原市	陣屋
高徳	戸田	1.0	譜代	日光市	陣屋
喜連川	喜連川	1.0	外様	さくら市	陣屋
烏山	大久保	3.0	譜代	那須烏山市	城主
宇都宮	戸田	7.7	譜代	宇都宮市	城主
壬生	鳥居	3.0	譜代	壬生町	城主
吹上	有馬	1.0	譜代	栃木市	陣屋
足利	戸田	1.1	譜代	足利市	陣屋
佐野	堀田	1.6	譜代	佐野市	城主格

係者を出して窮地に立ったが、名誉回復を図るために、歴代天皇などの山陵修復事業を提案し、実行に移した。その功績で、山陵奉行の忠至が諸侯に列せられた。

地元の名族のうち、源平合戦のとき、屋島《やしま》で扇を射落としたことで知られる那須与一《なすのよいち》の一族は、江戸時代になって、改易されて旗本になったが、大田原の大田原氏、黒羽《くろばね》の大関氏は幕末まで存続した。大田原城跡は桜の名所として知られる。

和紙の産地である烏山《からすやま》には、若年寄大久保常春が一七二五年に入封。烏山大久保家は、小田原藩祖である忠世の弟である忠為の子孫で旗本だった。一六八六年に忠高が諸侯に列せられ、近江などで領地を持っていたが、常春が若年寄となり烏山城を与えられ、さらに老中に上り、三万石にまで加増された。

壬生《みぶ》には、公家出身の壬生胤業《たねなり》が足利義政によって下野に下って、一四六二年に築城した。壬生氏は北条、宇都宮などと争いつつ生き延び、秀吉からも本領を安堵されたが、嗣子がなく断絶した。一七一二年に入封した鳥居家の先祖は、熊野別当とされるが、三河で松平家に仕え、鳥居元忠は関ヶ原の戦いの前哨戦で伏見城を守り、壮絶な討ち死にをした。元忠は下総矢作《やはぎ》で四万石を領していた。子の忠政は平一〇万石、山形二二万石と出世していった。嗣子がなかったので取り潰されたが、のちに再興された。栃木県はかんぴょうの産地だが、これは、鳥居家が前任地である近江水口《みなくち》の名産を移植したものである。領民には迷惑な大名の配置替えにも、ときにはよいこともある。

栃木インターの近くには、吹上《ふきあげ》藩の陣屋がある。久留米有馬家の分家で、氏倫《うじのり》が吉宗に仕えて側衆となり、諸侯に列した。はじめ、上総五井《ごい》に陣屋を構えたが、一八四二年にこの地に移った。

足利市の東隣の佐野には、堀田正俊の三男・正高が分家して、佐野藩を設立。その後、琵琶湖に浮かぶ浮御堂《うきみどう》や蓮如上人の旧跡で知られる近江堅田《かたた》（大津市）に移封されたが、一八二六年、五代あとの正敦《まさあつ》が佐野に戻った。佐倉藩の分家である。

茨城県（常陸・下総の一部）――水戸黄門が日本を救った

江戸時代の殿様は、みんな参勤交代をしていたと考えられがちだが、江戸にずっと住んで、用事があるときだけ本国に出向く定府《じょうふ》大名というものがあった。その多くは小藩だが、例外的な大物があって、それが御三家の一つ、水戸藩である。

水戸藩の屋敷は東京ドームがある後楽園のあたりだから、「黄門さま」こと水戸光《みつ》圀《くに》も、隠居前はほとんどずっと江戸住まいだったわけである。水戸黄門の全国漫遊などというのはフィクションの世界だが、なかなか気骨のある人物だったことはたしかである。「生類憐みの令」に反発して、将軍・綱吉に犬の毛皮を進呈したり、綱吉が娘婿の紀伊綱教《つなのり》を将軍後継としようとしたのに抵抗するなどのエピソードは有名だし、自分が次男であるにもかかわらず水戸藩を嗣いだのを気にして、兄の高松藩主・松平頼重の子を後継者にして、自分の子を高松藩主にするという交換までやった。

こうしてみると、保守派のうるさい老人というイメージになるが、『大日本史』の編纂の功績というのは大変なものである。『大日本史』は朱子学の立場に立って、古代中国の『史記』と同じスタイルの正史としたものだが、ここで武家の政治を尊皇思想の中にきちんと位置づけた。幕府の政権も大名の領地も、日本という国の枠組みの中における預かりものであり、うまくいかなくなったら朝廷に返すのだという考え方があればこそ、江戸幕府というシステムが破綻《はたん》し、黒船がやってきて国の存続が怪しくなったときに、日本は救われた。天下太平なら、日本的なあいまいなシステムでもやっていけるが、国際的な緊張に巻き込まれたら、国際常識に合った理屈が通った原則に戻らなくてはならないということを、家康の孫の光圀が確認し普及しておいてくれたことは、日本にとって幸せだった。

水戸城は、名古屋城や和歌山城に比べて簡素だったが、ふだん殿様がいなかったのだからしかたない。天守閣は二の丸にあったが、石垣もなく、一階だけがやたらと背が高い奇妙な形の三層櫓だった。その天守閣も太平洋戦争で焼失した。そのかわり、日本三大名園の一つに数えられ、梅の名所となっている偕楽園《かいらくえん》がある。また、光圀を偲《しの》ばせる場所といえば、常陸太田市にあって、隠居した光圀が一〇年間を過ごした、茅葺《かやぶ》きで簡素な西山荘《せいざんそう》である。

常陸の国は、甲斐源氏と同流の佐竹氏が支配していた。常陸の支配を確立した佐竹義宣《よしのぶ》は、水戸城を奪い近代的な城とした。秀吉によっても領地を安堵されたが、関ヶ原の戦いで西軍寄りの行動をとったために秋田に左遷された。

県北東部の高萩には松岡城があった。一八〇四年に水戸藩付家老・中山家の居城となり、一八六八年に独立した藩となった。中山氏は、武蔵国高麗《こま》郡中山の豪族である。この中山家に限らず、水戸家には武田氏と並んで北条氏の旧臣が多く、今川系が多い紀州藩などと違いを見せている。

笠間稲荷で知られる笠間には、鎌倉時代初期に宇都宮氏の一族である笠間氏が山城を構えた。一七四七年に延岡から牧野貞通が入封した。笠間牧野家は長岡藩の支族で、綱吉側用人の成貞《なりさだ》が諸侯に列した。

笠間市宍戸《ししど》には、一六八二年になって水戸頼房の七男・松平頼雄《よりお》が一万石の大名となり、陣屋を構えた。

下総《しもうさ》国の北部は、江戸時代に利根川河口が東京湾から銚子へ移ったのを考慮して、茨城県に入れられた。平安時代に平将門の乱の中心になった坂東市は下総国だが、県でいうと茨城県である。大河ドラマ「風と雲と虹と」は、珍しく平安時代の関東を舞台にした。

下館《しもだて》の起こりは、平将門の乱のときに藤原秀郷《ひでさと》が築いた拠点である。一七三二年に伊勢神戸から石川家が入った。石川家は、松本城を築いた石川数正の従兄弟から出ている。伊勢亀山藩の分家である。

下妻は、南北朝時代には下妻氏が支配し、北畠親房らと南朝側で活躍した。一七一二年になって、浜松藩主の一族で家宣の小姓であった井上正長が諸侯に列せられ、かつての城跡の近くに陣屋を設けた。

現在の石岡市には府中藩があった。水戸頼房の四男・頼隆が、一七〇〇年に二万石を得て藩を興した。

土浦には室町時代中期から城が営まれたが、本格的な築城は関ヶ原後である。霞ヶ浦に近い沼沢地帯に浮かぶ城で、現在も三つの城門が残る。一六八七年に土屋氏が再封。土屋家は、相模土屋を領地としたことから名乗ったものだが、武田氏に仕え、昌《まさ》恒《つね》は天目山で勝頼と運命をともにした。その遺児・忠直が家康に仕えた。父親が忠義の士として死んだことが、子孫に美田を残したのである。その次男である数直が家光の小姓となり、その子の政直は老中を長くつとめた。

谷田部《やたべ》（つくば市）には、細川興元《おきもと》が一六一六年に移った。興元は細川幽斎の次男だが兄の忠興と不仲で独立した。

潮来《いたこ》に近い麻生《あそう》の新庄氏は足利将軍家の家臣で、近江国坂田郡新庄に住んでいた。直頼は秀吉に仕え、高槻城主となったが、関ヶ原では西軍に属して除封され、蒲生秀行に預けられたが、一六〇四年に麻生で大名として復活した。

巨大な阿弥陀仏の立像がある牛久《うしく》市には、山口氏の陣屋があった。大内氏の一党で尾張に住んだ。重政は家康に仕え、上総などで領地を得て諸侯になったが、嫡子・重

常陸国

藩　名	大名家	石　高(万石)	分　類	藩庁所在地	格
松岡	中山	2.5	譜代	高萩市	城主
笠間	牧野	8.0	譜代	笠間市	城主
水戸	徳川	35.0	御三家	水戸市	城主
宍戸	松平	1.0	家門	笠間市	陣屋
下館	石川	2.0	譜代	筑西市	城主
下妻	井上	1.0	譜代	下妻市	陣屋
府中	松平	2.0	家門	石岡市	陣屋
土浦	土屋	9.5	譜代	土浦市	城主
谷田部	細川	1.6	外様	つくば市	陣屋
麻生	新庄	1.0	外様	行方市	陣屋
牛久	山口	1.0	譜代	牛久市	陣屋

下総国

結城	水野	1.8	譜代	結城市	城主
古河	土井	8.0	譜代	古河市	城主

信と大久保忠隣養女との無許可縁組みを理由に除封された。しかし、一六二九年に召し返され、牛久に封じられた。

戦国時代には、この地方は古河《こが》公方と結城氏の本拠地だった。鎌倉公方の足利成氏《しげうじ》は、管領上杉氏及び幕府と対立して、一四五五年、鎌倉を追われ古河に移り、古河公方と呼ばれたが、一五五四年に北条氏康に敗れて従った。

藩主の土井氏は美濃の土岐氏の庶流というが、詳細は不明である。土井利勝については、一説では水野信元の子とか家康の隠し子であるとされる。利勝は秀忠付きとなり、のちに大老に上り、古河で一六万石を得た。子孫は鳥羽、唐津へ移ったが、一七六二年に古河に復帰した。大塩平八郎の乱の際の大坂城代だった利位《としつら》は、老中を引退したのち、雪の結晶を顕微鏡で観察し、美しいスケッチを残している。利勝の次男・利長が刈谷、四男・利房が大野藩祖である。

結城氏は源頼朝からこの地を与えられ、戦国期には北条氏と、あるときは協力し、あるときは敵対しつつ、勢力を維持した。小田原攻めに際しては、秀吉の養子で家康の子・秀康を養子にすることで、家名の存続を図った。秀康は松平に復姓したが結城家の祭祀を分家の前橋藩松平家に引き継がせた一七〇〇年、水野勝長が能登西谷から移り、幕末まで水野氏が続いた。家康の母は刈谷城主・水野忠政の娘だが、その兄・信元が織田方についたために離縁された。のちに信元は武田に内通の疑いをかけられ殺害され、遺領は弟の忠重に与えられた。忠重は伊勢神戸に移されたが、また、刈谷に戻った。子孫は大和郡山を経て福山に移り、福山城を築いた。のちに嗣子がなく断絶したが、遠縁の勝長に結城で一万石が与えられた。沼津、鶴牧《つるまき》、山形、新宮は分家である。

千葉県（上総・安房・下総の一部）——房総半島に移るはずだった秀頼

大坂冬の陣のころ、豊臣方は「四国のうち一国をくれるなら、大坂城から出てよい」と提案したが、家康からは「上総《かずさ》、安房《あわ》でどうか」という反対提案があり、「関東はいやだ」と豊臣方が拒否したのでご破算になったという記録がある。どこまで確かな話かわからないが、徳川から見て、将来の危惧なく和平できる提案だったし、これが実現していたとすれば、御三家同格くらいで豊臣家は存続したかもしれない。千葉県には大きな城下町がないが、もし豊臣秀頼が房総半島のどこかに壮麗な城を築いたとしたら、どこだったろうなどと考えるのも楽しい。

戦国時代の房総半島では、安房には里見氏、上総には武田氏、下総《しもうさ》には古河公方や千葉氏が勢力を持っていた。さらに、古河公方から分かれた小弓《おゆみ》公方が、千葉市南部に拠ったこともある。そこへ、北条氏の勢力が伸びてきたが、里見氏だけは、なんとか安房と上総南部を確保し、小田原攻めの際、落城寸前になんとか参陣して、安房一国を安堵され、館山城を築いて移った。しかし、一六一四年に里見忠義は、夫人の祖父だった大久保忠隣が失脚した事件に連座して、伯耆《ほうき》倉吉に配転され、やがてその領地も池田光政に奪われ、二九歳の若さで死亡した。このときに八人の殉死者があり、それに滝沢馬琴がヒントを得て『南総里見八犬伝』が成立した。千葉県知事だった堂《どう》本暁子《もとあきこ》は母方から里見氏につながる。

里見氏の改易で城は破却されてしまったが、一七八一年、淀藩稲葉家の分家で、旗本として将軍・家重に仕えていた正明が、加増により大名となり、かつての城跡の南麓に陣屋をおいた。現在、城跡に新しい天守閣が建てられている。

北部の中心で長嶋茂雄を生んだ佐倉には、家康の関東入国の際に、五男で武田姓を継いだ信吉が入城したが、水戸へ転封後、無嗣断絶となり、幕閣の実力者が次々と入って交替一二回にもなったが、一七四六年に老中・堀田正亮《まさすけ》が入ってやっと安定した。堀田家は尾張津島に住み、織田家に仕えていた。堀田正吉は小早川秀秋に属し、重臣の一人だった稲葉正成《まさなり》の娘を妻にしたが、正成の妻が、家光の乳母になったのちの春日局《かすがのつぼね》だったことから、幕臣となった。

正吉の子の正盛は、家光の近臣として信頼を得て老中となり、川越城主などを経て、佐倉藩主となった。正盛は家光に殉死したが、その子・正信は家光の死後、家綱の後見役として権力を握った松平伊豆守信綱を批判し、除封蟄居《ちっきょ》させられた。正信の弟である正俊は家綱の小姓だったが、春日局の養子となり、老中まで上りつめ、五代将軍・綱吉継承への道筋をつけた。綱吉の治世の初期には最高権力者となり、大老にもなって、下総古河一三万石を領したが、若年寄・稲葉正休《まさやす》に江戸城内で暗殺された。子孫は山形、福島を経て、一七四六年に藩祖・正盛の領国だった佐倉に戻った。

幕末の藩主・堀田正睦《まさよし》は、外交担当の老中として条約勅許問題に取り組んだが、京都でも勅許を得る交渉に失敗し、将軍後継問題で一橋派に近かったこともあり、大老・井伊直弼に罷免《ひめん》された。正睦は開明的な人物で、佐倉にもオランダ式の医学による病院を開いた。堀田一族では、近江宮川藩、下野佐野藩があるが、宮川藩は正信の嫡子・正休が大名に復したもので、佐野藩は正俊の三男を祖とする。津田塾を創立した津田梅子は佐倉藩士の娘。

佐原と銚子の間にある香取市小見川《おみがわ》には、一七二四年、内田氏が入封。内田氏は遠江の出身で、正信が家光の小姓をつとめた。

成田空港の少し東にある多古《たこ》では、一六三五年に久松勝義が陣屋を設け、一七一三年、諸侯となった。久松家については松山藩のところで説明してある。

県庁所在地の千葉は、もともと千葉妙見宮《みょうけんぐう》（千葉神社）の門前町と宿場町に過ぎず、南部と北部の中間として県庁が置かれたのだが、市南部には、かつて小弓公方の館があり、江戸時代には生実《おゆみ》藩の陣屋が構えられた。藩主の森川家は近江源氏の流れと称し、今川家に仕えていたが、重俊は秀忠側近として活躍し、一六二七年に生実に陣屋を設けた。

Jリーグのジェフユナイテッド市原・千葉でおなじみの市原市は、千葉からさらに南に行ったところにあり、上総国分寺がいまも存続している。ここに、鶴牧藩がある。水野家は、一八二七年に若年寄をつとめた忠韶《ただてる》が一万五千石で入封して陣屋をおいた。水野氏は、結城が本家で沼津が分家で、鶴牧はそのまた分家である。

戦後のヒット曲「お富さん」で知られる木更津の山手に請西《じょうざい》藩の陣屋があった。一八二五年に側御用取次の林忠英が若年寄に昇進し、一万石を得て大名となり、最初は貝淵に、のちに請西に陣屋をおいた。林家は小笠原家の分家で信濃にあったが、足利持氏の乱に与《くみ》して逃げてきた松平親氏《ちかうじ》をかくまい、元旦に兎《うさぎ》の汁を供した。このことから、正月には、諸侯に先立って、林家の当主に将軍から兎の吸い物と杯《さかずき》を賜《たまわ》るのが恒例となった。幕末の藩主・忠崇《ただたか》は、領地を放棄して戊辰戦争を最後まで戦った。

飯野《いいの》藩の陣屋は、東京湾横断道路（アクアライン）の千葉県側出口に近い富津《ふっつ》市の青堀駅付近である。保科家は武田家に属したが、その滅亡後、家康に仕えた。家光の異母弟である正之《まさゆき》が、保科正光のもとで育てられ跡を嗣いだが、正光の弟の正貞も、一六四八年に諸侯に列した。全国屈指の立派な陣屋だったとされる。

九十九里浜の南端に位置する一宮は、大河ドラマ「八代将軍吉宗」で小林稔侍《こばやしねんじ》が演じた吉宗のお守り役・加納久通の子孫である久儔《ひさとも》が伊勢東阿倉川から移って陣屋を設けた。松平一族に属するが、三河国加納に住んでいたことから加納と称した。麻生太郎元首相の父・太賀吉の母は加納家の出身。

下総国

藩　名	大名家	石　高(万石)	分　類	藩庁所在地	格
関宿	久世	4.8	譜代	野田市	城主
高岡	井上	1.0	譜代	成田市	陣屋
佐倉	堀田	11.0	譜代	佐倉市	城主
小見川	内田	1.0	譜代	香取市	陣屋
多古	久松	1.2	譜代	多古町	陣屋
生実	森川	1.0	譜代	千葉市	陣屋

上総国

鶴牧	水野	1.5	譜代	市原市	城主格
請西	林	1.0	譜代	木更津市	陣屋
飯野	保科	2.0	譜代	富津市	陣屋
一宮	加納	1.3	譜代	一宮町	陣屋
久留里	黒田	3.0	譜代	君津市	城主
大多喜	大河内	2.0	譜代	大多喜町	城主
佐貫	阿部	1.6	譜代	富津市	城主

安房国

勝山	酒井	1.2	譜代	鋸南町	陣屋
館山	稲葉	1.0	譜代	館山市	陣屋

木更津から久留里《くるり》線に乗り換えて行くと、山間に小さな城下町・久留里がある。現在は君津市に合併されているが、もとは黒田三万石の城下町である。この地は房総武田氏が本拠としていたが、一七四二年に黒田氏が沼田より移り、三万石の領主となった。黒田氏はもともと中山氏といい、北条家に仕え、家範《いえのり》は秀吉の小田原攻めの際に、八王子城を守って戦死したが、その奮闘ぶりは寄せ手の前田利家らを感嘆させ、そのおかげで子の照守が秀忠に仕えた。

その曽孫の直邦《なおくに》は、外祖である黒田姓を名乗った。現在、城跡には復興天守閣があるが、まったく新たに建設されたもので、サイズもかつてのものより大きい。

大多喜《おおたき》は大河内二万石の城下町だが、家康の関東入封に際して、重臣の一人である本多忠勝が一〇万石で房総半島支配の中心とし、築城した。一七〇三年に大河内家が入った。大河内家は、豊橋の大河内家の分家である。復興天守閣がある。

浦賀水道を見下ろす小高い丘の上に佐貫《さぬき》城跡（富津市）がある。一七一〇年に福山藩分家の阿部氏が、刈谷より入封した。

安房の勝山には、一六六八年にのちに寺社奉行となる酒井忠国が小浜の酒井氏から分家して、この地に封じられた。

千葉県が、茨城県と埼玉県の間の鳥のくちばしのように突き出たところにある野田市関宿《せきやど》には、久松家の長兄である康元が家康の関東移封とともに入ったが、一七〇五年になって久世《くぜ》氏が再封された。久世氏は、三河一向一揆のときに家康に敵対したために出世は遅れたが、広之が秀忠の小姓から老中になり諸侯に列した。幕末にも広周《ひろちか》が老中になった。終戦時の首相・鈴木貫太郎は当藩の出身だが河内の飛地の生まれ。

成田市北部には、一六四〇年に浜松藩井上氏分家の大目付・井上政重が諸侯に列し、高岡藩を興した。

第九章　東北・北海道地方

弘前城

東北地方の藩

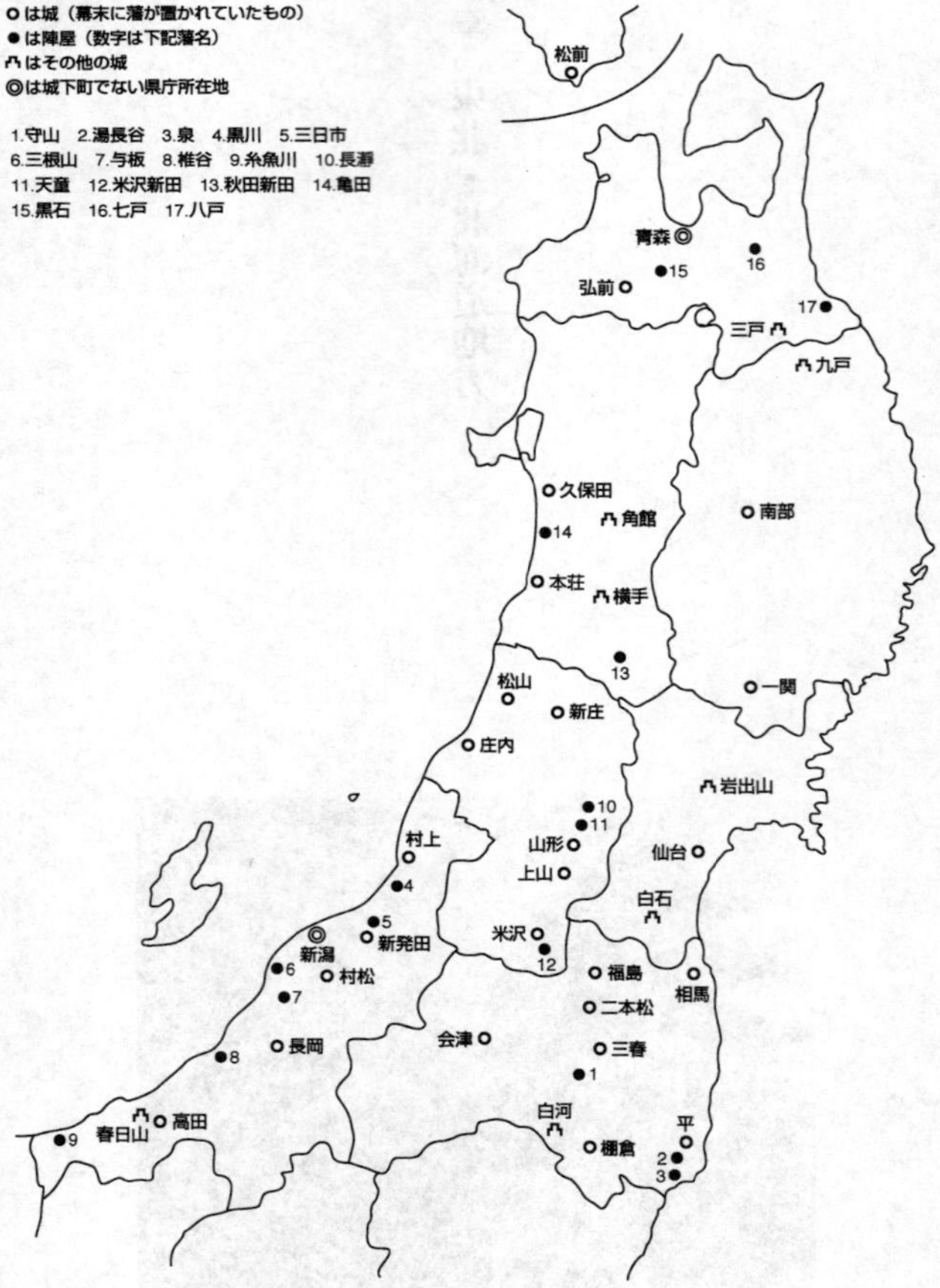

○は城（幕末に藩が置かれていたもの）
●は陣屋（数字は下記藩名）
凸はその他の城
◎は城下町でない県庁所在地
1.守山　2.湯長谷　3.泉　4.黒川　5.三日市
6.三根山　7.与板　8.椎谷　9.糸魚川　10.長瀞
11.天童　12.米沢新田　13.秋田新田　14.亀田
15.黒石　16.七戸　17.八戸
松前
青森
15
16
弘前
17
三戸
九戸
久保田
角館
14
南部
本荘
横手
13
松山
新庄
一関
庄内
岩出山
10
11
村上
山形
仙台
上山
4
白石
5
新潟
新発田
米沢
12
6
村松
福島
相馬
7
二本松
会津
長岡
三春
8
1
白河
高田
春日山
9
平
棚倉
2
3

福島県（陸奥の一部）――失ってわかった蒲生氏郷の重さ

大河ドラマ「八重の桜」の舞台となった会津若松城が、東北地方きっての名城であることに異を唱える人はほとんどいないだろう。天守閣は四方に張り出しをもち、切《きり》妻破風《づまはふ》を巧みに活用したユニークなものだが、白壁が美しく、秋の青い空の中に舞うように聳《そび》える姿は、別名である鶴ヶ城という名にまことにふさわしい。

頼朝の奥州侵攻以来、相模国三浦氏一族の蘆名《あしな》氏が治め、黒川といった。伊達政宗が奪い取ったが、秀吉により送り込まれた蒲生氏郷《がもううじさと》が近代的な城を築くとともに、故郷の地名をとって若松と改めた。氏郷は、本領である日野から多くの商工業者を連れてきたが、会津名産になった漆器も日野の特産品であった。上杉、蒲生、加藤（近江水口藩参照）を経て、一六四三年に保科正之が封じられ、戊辰《ぼしん》戦争で敗れるまで、この地を治めた。近江出身の蒲生氏郷と徳川親藩の保科氏（のち松平氏に改名）によってつくりあげられた会津の町には、畿内や江戸の風と東北文化の接点として、都会的洗練と土臭い魅力が見事に融合した独特の魅力がある。

蒲生氏郷は、藤原秀郷の流れで守護六角氏に属していたが、織田信長の近江制圧ののち、信長に下った。氏郷は一三歳のとき、人質として信長のもとに送られたが、信長にことのほか気に入られ、娘婿になった。秀吉にも重んじられて会津の太守となったが、一五九五年に四〇歳で病死した。勇猛な武将であるとともに、文化人としても利休の高弟の一人であり、松坂や会津若松でも、有能な地域経営の手腕を見せている。また、信長の側近として薫陶を受けただけに、国の政治を担《にな》えるだけの見識ももっていた。それだけに、氏郷の死で豊臣政権では、一五五〇年代生まれの世代にぽっかり穴があいたし、それが徳川家康の天下取りを阻《はば》めなかった原因となった。

保科正之は二代将軍・秀忠の庶子で、正室・お江与の方をはばかって、高遠藩主・保科家で育てられた。家光の死後、長老格として家綱を支えた。儒教精神の権化《ごんげ》で、極端なまでに正直な人物だった。殉死を禁止したり、浪人が多く出ることを防ぐために、大名が死の直前になって養子をとること(末期養子)を認めるなど、天下太平の演出者だった。多くの功績もあるが、正之に代表される保守主義が、その後も社会の活力を奪い男女差別や同和問題を深刻化させ、縁故主義のはびこりを助長したことも間違いない。正之は、徳川家への忠誠をとことん貫くように遺言を残したが、幕末の藩主・容保《かたもり》のとき、その真面目さがあだとなって悲劇を生んだ。もっとも、会津の悲劇は、江戸城攻撃を中止し慶喜《よしのぶ》を赦免するために、慶喜は会津などに心ならずもそそのかされただけということにするためのスケープゴートとしての性格もあるし、その一方で、容保は幕府の指示に反して孝明天皇の意向に振り回されたようなところもあり簡単には論じられない（拙著『「会津の悲劇」に異議あり』晋遊舎新書）。

福島は、一五九三年に入封した木村吉清が、杉妻《すぎのめ》（大仏）を改め名づけた。吉清は明智光秀の重臣だったが、秀吉に仕え、葛西《かさい》、大崎氏の旧領を得た。しかし、伊達政宗に扇動された反乱を防げず、蒲生氏郷の家臣に格下げされ福島に移った。その後、上杉領などを経て一七〇二年に備中松山藩の分家である板倉重寛《しげひろ》が入った。藩祖重昌は三河深溝《ふこうず》藩主で、島原の乱で司令官をつとめたが成果が上がらず、更迭《こうてつ》を知るや、無謀な総攻撃を仕掛けて討ち死にした。戦場で死んだ最後の大名である。福島県は若松、福島、磐前《いわさき》の三県が合併して成立したが、このとき、真ん中にあった福島が県庁になった。戊辰戦争のあと、板倉家は三河重原に移り政府直轄領になっていた。

二本松は、足利尊氏から奥州探題に任じられた畠山高国の本拠だった。一六四三年に入った丹羽氏は尾張の土豪で、長秀が信長に仕えた。佐和山、小浜を経て、越前の太守となったが、秀吉が織田家をないがしろにすることに抗議して自殺したともいわれる。有能な官僚でもあり、安土城普請《ふしん》の責任者をつとめた。嫡子・長重は、軍令違反を問われるなどして減封され、関ヶ原の戦いの際には加賀小松城主だった。ここでも、中途半端な態度が災いして除封されたが、のちに赦された。戊辰戦争では殿様一家は逃げ出す一方、武芸の訓練も受けない年少者を戦場に出して「二本松少年隊」の悲劇を起こした。

相馬《そうま》は中村ともいわれ、平将門の子孫と称する相馬氏は、鎌倉時代に下総《しもうさ》からこの地に移った。勇壮な相馬野馬追《のまおい》祭で知られ、城門などが残る。

東北の玄関である白河には、二本松藩祖でもある丹羽長重が、近代的な城を築いた。老中・松平定信は当地の藩主だったが、隠居してから、貧しいこの地方を嫌って国替えを運動し、一八二三年に晴れて桑名へのお国替えに成功した。このとき桑名の松平（奥平）氏が忍《おし》に移り、はじき出された阿部氏が忍から移ってきたが、幕末に県内の棚倉に移り、領地は二本松藩預かりとなった。近年、天守閣が建てられたほか、松平定信がつくった日本最初の公園といわれる南湖公園などがある。

JR常磐線沿線の中心都市いわき市には三つの藩があった。平藩《たいら》は岩城《いわき》氏の領地で、秀吉からも領地を安堵されたが、家康によって除封され、鳥居元忠の子・忠政が本格築城した。一七五六年になって、老中の安藤信成《のぶなり》が入ったが、藩祖・重信は、紀伊田辺藩祖である安藤直次の弟で、秀忠のもとで大名統制策など幕藩体制の強化につとめた。幕末の藩主である信正は、桜田門外の変ののち、老中として幕政の中核となったが、坂下門外の変で負傷した。城跡には、とくに何も残っていない。なお、岩城大河ドラマ「八代将軍吉宗」では、文武両道に秀《ひい》でた吉宗の次男・田安宗武の貴公子ぶりが鮮やかに描かれていた。言語も不明瞭な兄の家重と長幼が逆だったらと、多くの幕臣が思い、老中・松平乗邑《のりさと》のように、将軍擁立を画する者もいた。

しかし、田安宗武がよい将軍になったとは思えない。万葉風のすばらしい和歌を残しているが、よい歌人が名政治家の証明にはならない。むしろ、宗武の行動からは、融通のきかない傲慢《ごうまん》さが感じられるし、それは息子の老中・松平定信からうかがうこともできる。

定信の政治家としての評価は極端に分かれている。教科書などでは、田沼時代の腐敗を正した英傑のように書かれてきたが、

コラム　「田安宗武はよい将軍になれたか」

近年では、田沼意次が展開した、新しい時代へ向けた経済改革や対外開放政策を台無しにした反動的政治家といわれている。私も後者が正しいと思うが、白河では、今日でも名藩主として人気を保っている。

つまるところ、なかなかの名市長さんだったが、総理をやらせたらどうしようもなかったのだ。聡明で仕事ぶりもてきぱきしているから、狭い範囲の行政はうまくいく。天明の飢饉《ききん》のときも、幕府の命令に逆らって、抜け駆けで米を買い占め、飢饉を避けた。しかし、国政を預かると、マクロ経済対策が必要だし、世の中全体を進歩させていくための産業、科学技術、文化対策も大事である。定信は、そうしたことができる柔軟な感覚がなかった。

陸奥国

藩名	大名家	石高(万石)	分類	藩庁所在地	格
相馬	相馬	6.0	準譜代	相馬市	城主
福島	板倉	3.0	譜代	福島市	城主
二本松	丹羽	10.0	外様	二本松市	城主
会津	松平	28.0	家門	会津若松市	城主
三春	秋田	5.0	準譜代	三春町	城主
守山	松平	2.0	家門	郡山市	陣屋
平	安藤	3.0	譜代	いわき市	城主
湯長谷	内藤	1.5	譜代	いわき市	陣屋
棚倉	阿部	10.0	譜代	棚倉町	城主
泉	本多	2.0	譜代	いわき市	城主格

氏はのちに復活し、出羽亀田藩として幕末を迎える。

湯長谷《ゆながや》藩は、一六七〇年に内藤政亮《まさすけ》が平藩から分家。常磐湯本温泉の近くである。泉藩は一七四六年に本多氏が入り、二代目の忠籌《ただかず》は若年寄・側衆として、松平定信とともに活躍した。

水戸と郡山を結ぶJR水郡線の沿線にある棚倉には、一六〇三年に立花宗茂が封じられたのを皮切りに、譜代の諸大名が続き、福山藩の分家の阿部氏が一八六六年に白河から入った。由井正雪《ゆいしょうせつ》の乱の後始末に活躍した忠秋など五人の老中を出した幕閣のエリート一門である。幕末の正外《まさと》は兵庫開港問題の不手際で官位剥奪、老中罷免となり国替えまでされた。

陸奥守山藩は、額田《ぬかた》藩を常陸で立てた水戸（徳川）頼房の四男・松平頼元の子の頼貞が、一七〇〇年に守山に移った。郡山市の南東部の郊外にある。

しだれ桜の古木で花の名所として知られる三春《みはる》は、のちに岩手県一関藩主となった田村氏の本拠だった。一六四四年に秋田氏が入り、戊辰戦争の際には、のちに自由民権運動で活躍する河野広中が指導して、積極的に官軍に協力し、会津攻めの先導をつとめた（秋田氏については秋田県参照）。

新潟県（越後・佐渡）――日本的人事システムのルーツ

上越市という町がある。名前から上越新幹線が通っていると誤解されるが、新幹線の上越は「上野《こうずけ》・越後」の略であり、こちらのほうは「上越後《かみ》」の意味である。城下町高田と、日本海に面した交通の要衝直江津《なおえつ》が合併してできた。いまでこそ、新潟県の中心は新潟や長岡などに移っているが、古代の国府は直江津付近だったし、上杉謙信の春日山城も市内であり、県内最大の城も高田城であった。

前任の堀氏は直江津の海岸に福島城を築いたが、家康の六男・松平忠輝《ただてる》は頸城《くびき》平野の中央に高田城を築いた。義父の伊達政宗らが助力した。忠輝が浪の音を嫌ったともいうが、家康も海辺の城は好まなかったから、その指示かも知れない。完成すれば名古屋城クラスのものになっただろうが、忠輝の改易で計画は縮小された。近年、黒壁で華麗なデザインの隅櫓《すみやぐら》が復元され北国の空によくマッチしている。

忠輝のあとは、酒井氏を経て、結城秀康の次男の忠昌が入る。ところが、兄の忠直が蟄居させられたのちに福井藩主となり、交替で忠直の子の光長が入った。一六八一年に重臣同士が争った越後騒動の結果、綱吉によって、いったん除封されたが、津山藩として復活した。

一七四一年、榊原政永が一五万石で姫路から入封。榊原家は伊勢仁木《にき》氏の流れといわれ、一志《いちし》郡榊原（現・津市）に住んでいたが、藩祖・康政の祖父のときに三河に移った。康政は徳川四天王の一人として活躍し、館林城主となった。

康政は常々、家康が約束どおりの加増をしないことを嘆《なげ》いていた。家康は死んだ部下の遺族などへの心配りは厚いものがあったが、その代わり、手柄を立てたものへ気前よく恩賞を与えるということはなかった。なんとも、今日の日本的人事政策に通じるものがある。

子孫は姫路へ栄進したが、藩主・政岑《まさみね》が、吉原の花魁《おいらん》高尾を身請けするという破天荒な行動をして、吉宗によって石高は同じでも実収が少ない高田へ移された。

上杉謙信の春日山城は、高田の北西の山上にあり、城の遺構はあまり残っていないが、謙信が幼少時代を過ごした林泉寺などが、当時を偲《しの》ばせる。大河ドラマにおいては、「天と地と」では上杉謙信が、「天地人」では秀吉から「天下の三陪臣」の一人と褒められた直江兼続《かねつぐ》が主人公になった。

皇太子妃雅子さまの本籍地として有名になった村上には、源頼朝から送り込まれた本庄氏があったが、上杉景勝の会津転封とともにこの地を去り、丹羽長秀の旧臣である村上義明が入った。一七二〇年に内藤氏が入る。村上内藤家の祖である信成《のぶなり》は、延岡藩につらなる内藤宗家の祖・清長の養子である。実は家康の異母弟ともいう。小和田というのは静岡県に多い姓であるから、内藤家が駿河田中にあったころに仕官したのかもしれない。

いまも海鼠《なまこ》壁が美しい櫓と城門が残る新発田《しばた》には、新発田氏が鎌倉時代以来ここに拠ったが、上杉景勝に滅ぼされた。上杉氏の会津転封のあと、溝口氏が入り、幕末まで治めた。溝口家は、美濃から尾張に移った地侍だが、秀勝が丹羽長秀に属し、その死後は秀吉に仕えた。三層の天守閣は廃城のとき壊され、近年、再建されたが、自衛隊基地の中なので内部は公開されていない。

新発田市の北隣の山間にある黒川には、柳沢吉保《よしやす》の四男・経隆《つねたか》が、一七二四年に甲府新田から移る。三日市には、柳沢吉保の五男・時睦《ときちか》が、同じく一七二四年に甲府新田から移封。当初は三日市を陣屋としたが、新発田市北部の加治駅付近に移った。この柳沢兄弟はいずれも、吉保の側室で『松蔭日記』という『栄花物語』風の元禄讃歌を書いた正親町町子《おおぎまちまちこ》の子である。

戊辰戦争における河井継之助の奮闘で有名な長岡城の跡は、JRの駅になってしまって、石碑が建てられているだけである。一六一八年に牧野忠成《ただなり》が藩主となった。牧野氏は東三河の土豪で、今川氏に属していたが、康成《やすなり》が家康に仕え、上野大胡《おおご》城主となった。関ヶ原の戦いに際しては、上田城攻防戦で軍令に反して先駆けして謹慎させられたが、家光誕生の際に赦され、子の忠成が越後長嶺を経て、長岡に封じられた。

新田開発なども進み、順調だった長岡藩だったが、幕末になって密貿易が発覚して、新潟港を天領として取り上げられた。戊辰戦争では、家老・河井継之助のもとで軍備強化を図り、武装中立を望んだが官軍から拒否され、奥羽列藩同盟側についた。明治新政府は、近代的な統一国家の建設であり、武装した各藩が自由に行動できるとなれば、日本は軍閥割拠の中国のように欧米列強で山分けされることが必定《ひつじよう》だった。しかも、この戦いの中で大規模な農民一揆が起こったように、民衆の支持もなかった。河井継之助は無事に生き残ったら、有能な官僚にはなっただろうが、歴史の大きな流れを正しくつかんでいた人物とはいえまい。連合艦隊司令長官だった山本五十六《いそろく》は長岡の出身だが、東条英機とともに、太平洋戦争を始めた陸海軍のトップが戊辰戦

越後国

藩名	大名家	石高(万石)	分類	藩庁所在地	格
村上	内藤	5.0	譜代	村上市	城主
黒川	柳沢	1.0	譜代	胎内市	陣屋
三日市	柳沢	1.0	譜代	新発田市	陣屋
新発田	溝口	10.0	外様	新発田市	城主
三根山	牧野	1.1	譜代	新潟市	陣屋
村松	堀	3.0	外様	五泉市	城主
与板	井伊	2.0	譜代	長岡市	城主格
長岡	牧野	7.4	譜代	長岡市	城主
椎谷	堀	1.0	譜代	柏崎市	陣屋
高田	榊原	15.0	譜代	上越市	城主
糸魚川	松平	1.0	家門	糸魚川市	陣屋

争の敗者の出身だったことには含蓄《がんちく》がある。

その長岡藩祖・牧野忠成の四男・定成は旗本となったが、幕末の一八六三年に時の領主忠泰《ただひろ》が大名になって、新潟市内（旧・巻町）に三根《みね》山《やま》藩を立てた。

牧野氏は五つの藩の大名であったが、このうち、丹後田辺（舞鶴）と笠間は忠成の兄弟、小諸、三根山は忠成の子から出た分家である。

五泉市から山間に入ったところにある村松藩の祖である堀直政は、もともと奥田氏を名乗っていたが、従兄弟の秀政に従って活躍し、姓を堀と改めた。子の直寄《なおより》は独立の大名となり長岡七万石から村上一〇万石と栄進。長岡とその外港である新潟の創建者であり、村上城も彼の手で面目を一新した。その後、無嗣断絶となるところ、一六三九年に村松で三万石が与えられた。

原発で有名な柏崎市は、桑名藩領だったが、市内の北部には椎谷《しいや》藩があった。藩祖・堀直之は村松藩祖・直政の子で、上総八幡に領地を得て大名となり、一六九八年に椎谷に移った。

長岡の北西にあり鉋《かんな》、鑿《のみ》など打刃物で知られる与板《よいた》は、直江兼続《かねつぐ》の居城だったが、彦根の井伊家の分家が一七〇五年に入封し、かつての城の麓《ふもと》に陣屋をおいた。

上越からさらに西の糸魚川《いといがわ》は、フォッサマグナの上に位置し、古代から翡翠《ひすい》の産地として知られるが、一七一七年に結城秀康の曽孫・直堅を祖とする越前松平分家が藩主となった。

いまや朱鷺《とき》の島の感がある佐渡は、中世には流人の島で、順徳上皇や日蓮上人が流されたが、金鉱山の発見で栄え天領とされ、相川は全国でも屈指の都市だった。


山形県（出羽の一部）——関東の覇者を狙って

財政再建とかリストラが注目されている最近では、上杉の殿様といえば、江戸時代の名君・上杉鷹山《ようざん》ということになるが、米沢藩にとっては、戦国時代の武将・上杉謙信こそ神様のようなもので、米沢城跡には、謙信をまつる上杉神社がある。

謙信は、もともと越後の守護代・長尾家の当主であった。長尾家は平氏の流れと称する越後の土豪だが、景虎（謙信）が、北条氏に関東を追われた山内上杉氏から名跡を譲られた。これに感激した上杉謙信は、関東の盟主となるため、険しい山を越えて、一四回も関東に攻め入った。とくに、一五六一年には、小田原城を包囲したが、貝が殻を閉じるように籠城《ろうじょう》した北条氏に対して、なすすべもなく撤退した。このとき、鎌倉の鶴岡八幡宮で正式な関東管領就任式を行った。

上杉氏は、比較的早くから豊臣政権とは協力関係にあり、とくに、蒲生氏郷の死後は、会津若松で一二〇万石を得て、五大老の一人になった。秀吉の死後、会津に入って神指原《こうざしばら》に新しい城を築こうとしたり、浪人を召し抱えていたところ、徳川家康から抗議されたが、あえて挑戦的な応対をして、会津討伐のきっかけになった。上杉景勝や大河ドラマ「天地人」の主人公で、豊臣秀吉から天下の三名陪臣の一人と言われた直江兼続は、家康と戦って、関東の支配権を奪おうとしたのだろう。関ヶ原の戦いでの敗戦で、上杉家の関東への夢はついえたが、強力な上杉軍団との決戦を避けたかった家康は、米沢三〇万石だけは取り上げなかった。石高は四分の一に減らされ、さらに、のちにその半分の一五万石になっても、家臣の数はあまり減らさなかった。当然に財政難は類を見ないほどで、一時は封土返上まで考えたというが、上杉鷹山による節約と産業振興を両輪とする改革で甦った。土塁のみで、天守閣に替わる三層櫓が二棟あっただけの城で、武家屋敷も簡素なものであった。

米沢新田藩は一七一九年、上杉勝周《かつちか》が分家し、米沢城の二の丸を居所とした。

温泉で有名な上山《かみのやま》には、一六九七年に松平（藤井）氏が入った。関ヶ原の戦いのあと、土浦藩主となり、各地を経て上山に入った。かつて天守閣があったわけではないが、近年、立派な天守閣が建てられ、山形新幹線からも美しい姿が見える。

山形は、もともと戦国時代の名将・最上義光《よしあき》が本拠としたところで、江戸時代の殿様の印象は薄く、城跡には義光の銅像が立っている。南北朝時代に足利尊氏から出羽国の南朝勢力の抑えを命じられた斯波《しば》兼頼《かねより》は、最上《もがみ》郷と呼ばれていた山形に館を設け、子孫は最上氏を称した。戦国時代の最上義光は、伊達氏と厳しく対立するなどしたが、関ヶ原の戦いで上杉軍をよく防ぎ、五七万石の太守となった。伊達氏とともに家康についた裏には、この両者が豊臣秀次と親しく、とくに義光の場合は、秀次の愛《あい》妾《しょう》だった娘の駒姫が残酷に処刑された恨みがあった。しかし、一六二二年に内紛がもとで改易され、滋賀県の東近江市の大森というところに小領地を与えられ、吉良家などと同じ高家《こうけ》として存続した。あとは、鳥居忠政が二〇万石で入封したが、めまぐるしい変遷の後に一八四五年、水野忠邦の子・忠精《ただきよ》が浜松から入封した。水野家は岡崎水野家の分家である。戊辰戦争のあと近江朝日山（長浜市）に移されたがすぐに廃藩になった。最上氏以降は小藩が続いたので、城も荒れていった。平城で天守閣はなかった。近年、東大手門とその周辺の多聞櫓や橋が復元されて、城下町らしい景観が生まれた。

将棋の駒や家具で有名な天童の藩主は織田氏である。信長の次男の信雄《のぶかつ》系では、信雄の嫡子・信良《のぶよし》が上野小幡の城主となったが、尊皇家・山県大弐《やまがただいに》を迎えて行われた家老の勉強会が、反幕府思想を広めるものとして問題となって左遷され、一七六七年に出羽に移り、一八三一年になって天童に陣屋を移した。信雄は内大臣になって豊臣政権のナンバーツーだったが、尾張、伊勢から家康の旧領に移ることを断ったのを機に、秀吉により追放された。その後、許されて、大坂城で従姉妹にあたる淀君の相談相手をしていたが、徳川側と通じ、大坂冬の陣の前に大坂から逃げ出した。

東根《ひがしね》市には、長瀞《ながとろ》藩があった。一七九八年、当地に入った米津《よねきつ》氏は、藤原氏の流れと称する三河の土豪だが、三方ヶ原の戦いで戦死した政信の孫である田盛《たもり》が大坂定番などをつとめ、諸侯に列した。

最上川中流域の中心都市、新庄の戸沢氏は、平氏一門だったが、のちに木曽義仲に属して敗れ、岩手県の雫石《しずくいし》に落ちた。一六二二年に新庄に入ったのは、当主・政盛が山形藩主・鳥居忠政の娘婿だったためと考えられる。寛永年間に現在の城を築いた。戊辰戦争では官軍につき、同盟側の攻撃で城を焼かれたが、領民ともども、よく反撃した。戊辰戦争では、東北でも官軍についた藩もかなり多いのである。

山形県の日本海側を庄内地方と呼ぶ。山形や米沢など、最上川中流域とは、羽黒山、月山《がっさん》、湯殿山という出羽三山を含む山地で隔《へだ》てられている。中心都市は、北部の港町酒田と、南部の鶴岡である。鶴岡には、最上義光が隠居城にするべく築城したが、一六二二年に酒井忠勝が入封し、幕末まで続いた。庄内藩と呼ばれることが多いが、地元出身の藤沢周平の小説には海坂藩として登場する。

酒井家については姫路藩のところで説明したが、この鶴岡藩が宗家である。酒井忠次は家康の叔母である碓井姫を妻とし、家康の家老として重きをなしていた。関東移封のときには隠居していたが、嫡男の家次には三万石が与えられただけだった。井伊、榊原、本多らが一〇万石を得たのに比べて少ないことの不平をこぼしたところ、家康から「お前でも子供が可愛いか」と嫌みをいわれた。信康事件の処理の不手際を家康が恨んで、酒井家を厚遇しなかったという説明がされるが、必ずしもそれだけではなく、過去の功績より、現在役に立つかどうかで待遇が決められたというのが本筋であろう。現代のサラリーマン社会でもそうだが、まだ中小企業のころに会社に貢献

出羽国

藩　名	大名家	石　高(万石)	分　類	藩庁所在地	格
松山	酒井	2.5	譜代	酒田市	城主
新庄	戸沢	6.8	準譜代	新庄市	城主
庄内	酒井	17.0	譜代	鶴岡市	城主
長瀞	米津	1.1	譜代	東根市	陣屋
天童	織田	2.0	外様	天童市	陣屋
山形	水野	5.0	譜代	山形市	城主
上山	松平	3.0	譜代	上山市	城主
米沢	上杉	18.7	外様	米沢市	城主
米沢新田	上杉	1.0	外様	米沢市	陣屋

しても、会社が成長したころに死んだり健康を害していたりすれば、それほど報われるものでない。明治維新のときでも、吉田松陰、高杉晋作、坂本龍馬といった、大政奉還まで生き延びなかった功労者たちの子孫は授爵されていない。やはり我が身は大事にするものだ。

鶴岡は近代建築の宝庫で、市内にある鶴岡カトリック教会天主堂、城跡に隣接した旧藩校の遺跡・致《ち》道《どう》博物館内に移築された旧西田川郡役所と田麦俣《たむぎまた》多層民家は、いずれも重要文化財に指定されている。鶴岡へは庄内空港もあるが、新潟からJR羽越本線で行くのも、日本海の景色が楽しめておすすめ。

酒田市南東部で最上川右岸の松山に一六四七年、酒井忠恒が庄内藩から二万石を分与された。いまでも城門が残る。明治になって伊予松山藩と混同を避けるため松嶺藩とされた。

秋田県（出羽の一部・陸奥の一部）——国元では地味に江戸では派手に

佐竹二〇万石の居城は秋田市にあったが、当時は久保田と呼ばれていて、秋田と呼ばれるようになったのは、明治になってからである。古代に大和朝廷が、蝦夷《えぞ》に備える柵をつくって、北方経営の拠点とした由緒ある地名であり、郡の名前でもあるので改称した。

戦国時代の秋田県は、安東氏（のちに秋田と改姓）を中心に、仙北市角館《かくのだて》の戸沢氏、横手の小野寺氏らが割拠していた。安東氏は、七世紀に阿倍比羅夫に下った蝦夷の族長・恩荷《おんが》、前九年の役で源頼義に滅ぼされた安倍貞任《さだとう》の子孫で、鎌倉時代からは蝦夷の監督にあたっていた。つまり、正真正銘の蝦夷の子孫で東北土着という珍しい存在である。東北の大名は、だいたい源頼朝が藤原一門を滅ぼしたあとか、徳川時代になってから、征服者として東北の領主となっているから、きわめて珍しい存在なのである。秋田氏は、関ヶ原の戦いで西軍に属し、戦後この地を離れ、幕末は三春で迎え、会津攻撃を先導した。

そのあとに秋田地方に入ってきたのは、常陸の領主だった佐竹義宣《よしのぶ》である。最初は秋田氏の湊城に入ったが、久保田に新しい城を築き移った。新羅《しんら》三郎義光の子孫で、鎌倉時代から常陸国守護をつとめた。戦国時代の義宣は、一五九一年にいわゆる「南方三十三館」の国人衆を招いて一気に殺害するなど、強引に常陸の統一を行ったが、関ヶ原の戦いで西軍寄りの中立をとったので、出羽に左遷された。

佐竹氏は、減封されてこの地に来たこともあって、あえて大規模な城は築かなかった。簡単な土塁を低い丘の上に築いただけで、建築物も、それほど豪華でなかった。秋田は、竿灯のような祭りは華やかだし、酒も食べ物も東北一美味との声が多いが、住まいにはそれほど凝《こ》らない。お城が簡素だからだろうか。城跡には、現在、隅櫓が復元され歴史資料館になっている。

藩政は、当初は新田や院内銀山の開発で好調だったが、寒冷地であるうえに、多すぎる家臣にも悩み、苦境が続いた。それでも、江戸藩邸での生活は華やかで、一八世紀後半の藩主・義敦《よしあつ》は、曙山《しよざん》の名で油絵（秋田蘭画）の名手として知られた。その次の義和《よしまさ》は、林業振興や教育熱心により中興の祖といわれ、国学者の平田篤胤《あつたね》や農政論の佐藤信淵《のぶひろ》を出した。

戊辰戦争では官軍につき、大きな犠牲を出しつつ勝利を得たが、すぐに版籍奉還になったので、得るものが少なかったことから、長く反政府的な気分が残った。戊辰戦争では敗者の悲劇が語られることが多いが、本来ならお家取り潰しになるところを寛

出羽国

藩　名	大名家	石　高(万石)	分　類	藩庁所在地	格
久保田	佐竹	20.5	外様	秋田市	城主
秋田新田	佐竹	2.0	外様	湯沢市	陣屋
亀田	岩城	2.0	外様	由利本荘市	城主格
本荘	六郷	2.0	外様	由利本荘市	城主

大な処分で終わり、一方、勝者には大した恩賞もないまま廃藩置県になったのだから、こちらも名誉はともかく、とんだくたびれもうけだったわけで、「報われなかった勝者たちの維新史」にも、もっと注目すべきだ。

「爛漫」「両関」などの名酒で知られる湯沢市の郊外の岩崎には、秋田新田藩があった。一七〇一年に佐竹《さたけ》義長が分家した。佐竹家には、このほかにも、桜と武家屋敷で有名な角館《かくのだて》などに分家があったが、大名扱いされていたのは、この岩崎の佐竹家だけで、佐竹南家と呼ばれた。秋田県知事の佐竹敬久《のりひさ》は角館佐竹家の当主。

秋田から日本海に沿って南下したところの由利本荘市は、六郷氏の城下町である。鎌倉幕府の重鎮だった二階堂氏の一族が、秋田県横手地方の六郷荘の地頭となった。関ヶ原の戦いでは日和見《ひよりみ》を決め込んだが、東軍の勝利が明らかになるや、西軍寄りの小野寺氏を攻めて、常陸府中に一万石を得て、大坂の陣ののち、本荘城主となった。

市内北部にあった亀田藩の岩城《いわき》家は、平国香《たいらのくにか》の末孫である則道が藤原秀衡《ひでひら》の娘と結婚し、岩城郡に定着したのが始まり。その後、佐竹家より養子を迎え、その縁もあって、一六二三年に当地に入った。

宮城県（陸奥の一部）——樅ノ木は残った

ＮＨＫの大河ドラマは五〇年以上続いているが、そのなかで視聴率ナンバーワンだったのが、一九八七年の「独眼竜政宗」である。近代物が続いたあと、三年ぶりの戦国ものというのも歓迎された理由であるし、配役も豪華だった。若手の実力派だった渡辺謙が主役を演じ、秀吉を勝新太郎、家康を津川雅彦といった大物が固め、正室・愛姫《めごひめ》の少女時代を演じた後藤久美子が美少女ブームを起こすなど、話題性十分だった。しかし、天下こそ取れなかったとはいえ、伊達政宗の生涯がドラマに満ちたものでキャラクターとしても魅力的だったのが決め手となったのはいうまでもない。

幼いころの失明、敵に人質にとられた父を手勢の銃撃で撃ち殺してしまったこと、弟を溺愛する母に毒殺されかけ、助かったものの弟を殺すはめになったことなど、ホームドラマとしてもできすぎの人生である。小田原攻めへ遅参したときだけでなく、一揆を扇動して蒲生氏郷らを窮地に陥《おとしい》れたことが露見したときにも、関白・秀次に接近しすぎてあわや事件に連座する寸前までいったときにも、いずれも芝居がかった申し開きで秀吉を手玉に取った。伊達者という言葉が政宗と関係あるかどうかはいろいろな説があるが、政宗主従の豪華絢爛な出で立ちは、京洛でも評判だったし、秀次事件のときなど、どうせ殺されるならと、金箔押しの磔《はりつけ》柱を先頭に立てて上洛するといったパフォーマンスを見せている。

伊達氏の先祖は藤原氏の一族と称し、常陸国下館《しもだて》にあったが、源頼朝によって、陸奥伊達郡（福島県）の地頭として送り込まれた。やがて米沢に本拠を移し、政宗の代には黒川（会津若松）を攻略したが、秀吉によって米沢に戻され、さらに旧葛西・大崎領であるいまの宮城県に移され、はじめは岩出山城を本拠とした。

仙台には、一六〇〇年から築城にかかったが、海抜一二三メートルという高い青葉山の上に本丸があり、御殿などは麓《ふもと》に営まれた。本丸内に小高い台地があるが、これが天守閣を築こうとしたものかどうかは不明である。戦争前には名護屋《なごや》城から移されたと伝えられる豪華な大手門があり、青葉城のシンボルとなっていたが、戦災で失われ、いまではわずかに二層の隅櫓が復元されている。天守代わりだった艮《うしとら》櫓を復元しようという話もあったが立ち消えになっている。

この政宗の娘婿が、徳川家康の六男・松平忠輝であった。激しい性格で、大坂の陣の際に将軍・秀忠の旗本を切り捨てるなどの横暴ぶりがたたって、伊勢神宮に近い朝

陸奥国

藩　名	大名家	石　高(万石)	分　類	藩庁所在地	格
仙台	伊達	62.0	外様	仙台市	城主

態に流されたが、家康の実子に対する処分としては厳しすぎるという疑問がある。忠輝がキリシタンなどと深い関わりを持っていたことや、彼らと共謀して天下を奪う計画だという噂があったことが、英国人R・コックスの日記などから明らかになっている。能役者出身で佐渡の金山奉行、そして忠輝の後見役でもあった大久保長安が死後、不正蓄財の容疑で一族根絶やしともいうべき処分を受けた事件も謎が多いし、忠輝の夫人・五六八姫《いろはひめ》の父である伊達政宗が支倉《はせくら》常長を欧州へ派遣したのも、スペイン王フェリペ三世に陰謀への協力を求めたものだと推理できなくもない。真偽のほどは確かめようもないが、それぞれに優れた能力と野心をもちながら、戦国の争乱がほぼ終わりを告げようとしていたころになって歴史の舞台に登場してきた男たちが、とてつもない夢を見たとしても不思議ではあるまい。

伊達藩を題材にした大河ドラマはもう一つある。伊達騒動を扱った「樅《もみ》ノ木は残った」である。伊達政宗の領国経営は意外に中世的で、重臣たちに大きな領地を与え、藩主の権力基盤は弱かった。そのなかで、政宗の末子である伊達兵部《ひょうぶ》は権力を一手に集め、あわよくば藩主を狙う勢いだった。その側近が、主人公・原田甲斐で、旧勢力代表が伊達安芸《あき》という構図だった。幕府は、最初は伊達兵部派に好意的だったが、一六七一年になって、家内の混乱が大きくなるにつれ風向きを変えて、大老・酒井忠清邸で両派の尋問が行われた。このとき、不利を悟った原田甲斐が伊達安芸を惨殺したのが、事件の大筋である。

宮城県には仙台以外に藩はないが、白石に家老・片倉氏の城があり、近年、木造で本格的な復興がされた。湾岸戦争のときの駐イラク大使・片倉邦雄は子孫である。

岩手県（陸奥の一部）——南部氏の八戸上陸作戦

関東から東北にかけての城は、良質の石材がないため、主に土塁で築かれていることが多い。そんな東北で、見事な石垣をもつ城ということになると、白河城と盛岡城ということになる。盛岡地方には、北上川、雫石川《しずくいしがわ》、中津川の三川が合流して、交通の要だったが、河川が氾濫《はんらん》しやすいところだった。それを、蒲生氏郷らが進んだ土木技術を持ち込んで協力したので、都市を築くことが可能になった。城は花崗岩《かこうがん》でできた低い丘の上にあり、天守閣に代わる三層の櫓があった。

南部氏は小笠原氏と同族で、甲斐国南巨摩《みなみこま》郡南部町を領していたが、源頼朝が奥州藤原氏を滅ぼしたあと、青森県南部から岩手県北部にかけて広がる糠部《ぬかのぶ》郡の地頭を命じられた。当時としては最果ての地であり、統治は容易でなかったが、南部光行主従七三人は、八戸《はちのへ》の海岸に上陸して砦《とりで》を築いた。

南部氏は、青森県の三戸《さんのへ》、のちには一時、九戸《くのへ》を本拠にしたが、一六一九年に盛岡に移った。源頼朝時代からの大領主で、幕末まで同じ土地で生き残ったのは、薩摩の島津氏と南部氏のみである。それだけに誇りは高く、いったん領地を返上して、別の封土を得て譜代大名扱いになって、幕閣の要職につきたいといってみたり、領地を一部返上しても、津軽藩より高い官職を欲しがったりもした。南部藩士が津軽藩主を参勤交代の途中襲撃しようとした、相馬大作事件などというものもあった。さらに、一八〇八年に名目上の表高を倍の二〇万石に増やしたために格は上がったが、幕府への奉仕義務も倍増して、財政難に輪をかけることになった。大名の石高は、新田開発が進んでもそのままが普通で、格式も各種の義務も、それを基準にしていた。だから、表高といわれた公式の石高が増えることは、「実より名を取る」ことになった。

戊辰戦争では、奥羽列藩同盟に参加して、賊軍の汚名を着せられたが、その汚名を返上しようという反発心は類を見なかった。日露戦争で戦死した南部利祥《としなが》伯爵は、英雄として尊敬され、盛岡城跡に銅像がかつて建立《こんりゅう》され、いまも台座が残るし、初の平民首相となった原敬は、ことあるごとに南部藩の名誉回復に奔走した。優秀な軍人を

陸奥国

藩名	大名家	石高(万石)	分類	藩庁所在地	格
南部	南部	20.0	外様	盛岡市	城主
一関	田村	3.0	外様	一関市	城主

多く出し、そのうち、東条英機、米内光政は総理にまでなった。

宮城県選出の代議士・愛知和男が新進党を離脱したとき、岩手県の小沢一郎が新進党宮城県連会長になって、人々を驚かせたことがある。このときの理屈の一つが、出身地の水沢（奥州市）は伊達藩領だということだった。たしかに、岩手県の南半分は伊達藩で水沢も家老のミニ城下町だった。

この地方には、藤原三代が黄金に輝く文化を花開かせた平泉もあり、江刺市には、大河ドラマ「炎立つ」の撮影のときに使われたセットが「えさし藤原の郷」というテーマパークになっている。

新幹線の駅もある一関は、伊達家と姻戚関係にある田村藩の城下町である。藩主の田村氏は、坂上田村麻呂の子孫と称し、三春《みはる》に拠った。政宗の正室・愛姫《めごひめ》の実家で、一六五二年に再興。一六八二年に一関へ入った。

青森県（陸奥の一部）——北国の新興大名

津軽地方が開発されたのは、比較的新しい時代のことである。縄文時代には栄えたが稲作文化の浸透は遅れた。大和朝廷の勢力も、八世紀には八戸のあたりまで伸びてきたが、防衛線とされた柵はもっと南に置かれ、北海道と同じく、蝦夷《えぞ》の地といった扱いだった。だから、高校などで使われている歴史地図では、青森県はちょん切られていることすらある。鎌倉時代になって、南部氏が南東部の支配者となったが、西部の津軽地方では、蝦夷《えみし》出身の安東氏が、日本海に面する良港として栄えた十三湊《とさみなと》にあり、北海道や沿海州あたりと盛んに交易もしていた。

一四四三年ごろ、南部氏が安東氏を北海道へ追いやり、津軽地方も支配下に置いた。しかし、南部氏の郡代であった大浦為信は独立し、津軽氏と改姓し、津軽地方の支配者になった。小田原の陣に際しても、南部氏の機先を制して秀吉に拝謁し、これで津軽の支配権が公認された。しかし、両藩の対立は深刻で、戊辰戦争の際には、姻戚関係のあった近衛家からの勧めで奥羽列藩同盟を離脱し官軍につき、ここでも南部藩とたもとを分かった。

この間、津軽領では新田の開発も進み、表向きは四万七千石、のちに一〇万石だったが、実収は数十万石といわれた。そうはいっても、寒冷地の悲しさで冷害には弱く、天明の飢饉のときには、過酷な年貢の取り立てともあいまって、八万人の餓死者を出す惨状を招き、他国からかなりの農民を移住者として受け入れた。

弘前城は一六一〇年に築城された。いまでこそ、城下町らしい落ち着いたたたずまいをみせるこの町だが、むしろ、北のフロンティアで躍進する新興大名の意気込みこそ感じられるべきであろう。切妻の飾り破風が印象的な三層の天守閣をはじめ、三つの櫓、五つの城門、石垣や土塁、町並み、日本最北の五重塔をもつ最勝院などの寺院群が残っている。さらに西の郊外には、津軽家の菩提寺である長勝寺の門前に三〇以上の禅宗の寺が集められ、砦としての機能ももっていた。弘前へは、青森空港からバスを使うのが便利である。

「黒石よされ」と呼ばれる盆踊りで有名な黒石には、一八〇九年に旗本・津軽親足《つがるちかたり》が、弘前藩から一万石を分与されて成立した。商店街の軒を張り出して木製アーケード付きの歩道にした「こみせ通り」は、「日本の道百選」にも選ばれた。弘前から少し東寄りに位置する。

県の東部は南部藩領で、今日に及んでも地域対立感情は消えない。南部家の本拠は、県内の三戸、九戸から岩手県の盛岡に移ったが、県内にも二つの分家があった。八戸には、南部三代目の重直の死後、弟の直房が二万石で分家した。支藩扱いではなく独立の藩で、島津家から養子を迎えていたので、戊辰戦争でも自重した。東京から青森へ向かう国道四号線は、八戸から北へは、東北本線より少し内陸側を

陸奥国

藩名	大名家	石高(万石)	分類	藩庁所在地	格
弘前	津軽	10.0	外様	弘前市	城主
黒石	津軽	1.0	外様	黒石市	陣屋
七戸	南部	1.1	外様	七戸町	城主格
八戸	南部	2.0	外様	八戸市	城主格

通過している。その途中に、戦前は軍馬の育成で知られていた七戸《しちのへ》がある。ここには、一八一九年に旗本・南部信隣《のぶちか》が、宗家から領地を分与され諸侯になった。盛岡新田藩ともいう。戊辰戦争で盛岡藩はこの地方を失ったが、そのあとに五戸《ごのへ》と下北半島をもらって会津藩が移ってきてむつ市を本拠に斗南《となみ》藩を置いた。不毛の地に流刑されたと司馬遼太郎はいうが、領内猪苗代での減封よりこの地を希望したのは会津藩だし、不毛の地でもない。

県庁所在地の青森は、弘前藩によって、東回り、西回りの回船の合流する港として開発された。

北海道（蝦夷）――アイヌ民族とは何か

アイヌ人について、かつては白人系の人種であるといった説が流布していた。しかし、DNA分析などが進んだ現在では、モンゴロイド系であり、また、内地人の中にも、そこそこ同じ血脈が流れているということがわかってきた。

古代の蝦夷と呼ばれる人たちの多くは、縄文時代の日本人の子孫だったが、徐々に渡来系の文化を受け入れ、混血も進んでいった。しかし、青森県や北海道では、長く縄文文化的な生活が残っていた。とくに北海道では、紀元前後に「續縄文文化」といったものが成立し、本土では鎌倉時代にあたる一三世紀ごろには、アイヌ文化といわれるものができあがった。また、樺太《からふと》などのアイヌが、蒙古《もうこ》などと交易をもっていたことも知られている。

和人の北海道での活動の萌芽《ほうが》は、鎌倉時代から見られ、青森県の安東氏が、アイヌとの交易の統制を始めた。さらに、和人で北海道南部に住む人も増えてきた。ところが、一四五七年にコシャマインの乱が起こり、この余波は一〇〇年にわたって続く。この乱のときに、下北半島にいた蠣崎《かきざき》氏の客将で、若狭武田氏の流れという武田信広がコシャマインを討ち取り、蠣崎氏を嗣ぐとともに、和人の代表という地位を確立してくる。

一五五一年には、交易の利益から取る税の一部をアイヌ側にも渡すという条件で、交易権を蠣崎氏が独占するというアイヌの族長との条約ができた。蠣崎慶広《よしひろ》は、豊臣秀吉、徳川家康からも蝦夷地の支配権を認められ、姓も松前氏と改めた。

一六六九年には、松前氏による収奪が激しいことを不満とした日高地方のシャクシャインが反乱し、蝦夷地に広く支持は拡大したが、松前氏と幕府は講和を結んだあ

蝦夷

藩　名	大名家	石　高(万石)	分　類	藩庁所在地	格
松前	松前	3.0	外様	松前町	城主

と、シャクシャインを謀殺した。

松前は一六〇〇年以来、松前氏の本拠だったが、幕末になって城を築くことを許され、一八五四年に完成した。海防強化のためだったが、三層の天守閣をもつなんとも古典的な城だった。天守閣は明治維新の際にも残された。戦後、焼失したが、現在では復元されている。

函館（箱館）は、太平洋岸の東蝦夷を直轄地とした幕府が奉行所を置いたところだが、日米和親条約によって、一八五五年に下田とともに最初の開港場となった。五稜郭《ごりょうかく》は一八五七年に着工された洋式の要塞である。星形のプランをもっているが、このような形式は、ルイ一四世時代に活躍したフランスの伝説的土木技師ヴォーバンによって完成されたもので、小澤《おざわ》征爾《せいじ》が世界への一歩を踏み出した指揮者コンクールや、雅子妃が留学した語学講座で知られるブザンソンなども、同じ様式で建設された要塞都市である。

戊辰戦争のときには、榎本武揚《たけあき》が率いる幕府残党が蝦夷共和国独立宣言を行って、フランス人お雇い教官とともに、ここに立てこもった。榎本武揚はオランダにも留学した優秀な官僚だったが、この共和国の発想そのものが領地の私物化を前提とした封建時代の残滓《ざんし》にすぎず、プロシャ人に広大な土地の九九年の租借を許すなど日本の独立を危うくするものでもあった。民政においても、民衆の支持を受けることができず、ついには函館の鍛冶職人・蓮蔵が決死の覚悟で五稜郭に侵入して、大砲の口を壊しまわったのをきっかけに落城した。滅ぶべき封建制度に別れを告げるにふさわしい結末だった。

第十章　なぜいま江戸時代なのか

彦根城

自分の故郷の藩を探す方法

日本人は城下町が大好きである。日本的な情緒があって、現代人の殺伐《さつばつ》とした生活の疲れを癒《いや》してくれる、さわやかな気分がそこにあるからだ。「格子戸をくぐりぬけ見上げる夕焼けの空に　だれが歌うのか　子守唄　わたしの城下町」というのは、かつて小柳ルミ子が歌った「わたしの城下町」という流行歌の歌詞だが、城下町というものに対する日本人の懐かしさとか憧れといったものを、よく表現している。

明治維新は、日本的なシステムを根っ子から変えるような大変革だったが、不思議なことに、新しい都市建設はほとんど行われなかった。戊辰《ぼしん》戦争でも東北の都市でいくつか焼けたものもあったが、ごく例外で、ほとんどの都市がそのまま残っていたからである。

だから、都道府県庁所在地にしても、新しく建設されたのは札幌と宮崎だけで、あとはすべて既成の都市であり、だいたいは、城下町か天領の代官所のあったところである。なにしろ、新政府は財政難でお金がなかった。それにもかかわらず富国強兵をめざさなければならなかったのだから、都市建設などにまわすお金がなかったのである。

そんなわけで、日本の魅力的な古い町のほとんどは、城下町ということになる。また、それだけに、日本人の意識には、城下町の生まれでなくても、自分のルーツはどこの藩だといった意識も強い。また、それがないと根無し草のような気分になる人もいるし、「うちのお祖父ちゃんは島根県だから、松江藩だろうか」といったアバウトなとらえ方をする人もいる。

しかし、江戸時代の大名の領地というのは複雑に入り組んでおり、一つの都道府県が、すべて一つの藩などというのは例外的である。それに、石高で全国の四分の一、人口だと当時で最も大きい部分、今日の人口だと、おそらく日本の半分ほどは、幕府の直轄領だった。だから、それぞれの町や村がどこの領地だったかという情報は、とうてい一冊の本に収まりきるようなものでなく、そうした資料は、少なくとも私は見たことがないし、地図も正確には作成不能だ。

もし、自分の先祖の町や村が、どこの藩に属していたかを知りたければ、都道府県別に出ている地名辞典でムラと呼ばれた集落のことを調べると、だいたい書いてあるし、おそらく意外な発見があるのではないか。ちなみに、私の祖父祖母の出身地は、いずれも滋賀県内にあるが、幕末の段階では、それぞれ近江大溝藩飛び地（守山市矢島）、丹後宮津藩飛び地（守山市守山）、石山寺領（大津市石山寺辺）、天領大津代官所管内（大津市馬場）、というように、普通の意味の殿様がいて、まとまった形の地方自治体のようになっているといったところは一ヵ所もない。曽祖父母まで遡《さかのぼ》ると、河内狭山藩領（草津市野村）、天領（草津市馬場）、膳所《ぜぜ》藩領（大津市平津・南郷）といったところが加わるが、こうしたことを調べるのも、なかなか難儀だったほどである。

大名一覧はどの時点を基準にするか

この本では、三〇〇藩すべての城下町と殿様を紹介してあるので、あまり聞いたことのない藩の出身の方にも、おもしろい発見があると思う。藩をどの時点でとらえるかには一長一短がある。江戸時代の初期には、大きな藩がどんどん取り潰しにあっているが、その最後は、三代将軍・家光の時代における一六四〇年の生駒氏（高松）と、一六四三年の加藤氏（会津若松）である。綱吉の時代に高田藩が取り潰された越後騒動があったが、親藩のごたごたで、しかも、のちに津山藩として復活しているので少し性格が違う。そのあとも、減封《げんぽう》や小藩の取り潰しは珍しくなかったが、それも五代将軍・綱吉時代までで、以後はそれすら稀《まれ》になっている。

ところが、幕末になると、再び移動が活発になる。そして、一八六八年には、御三家の家老家など、これまで陪臣扱いだった殿様がいくつも独立を認められたし、戊辰戦争のあとには、奥羽列藩同盟に参加した藩の処分や、徳川家の静岡移封とそれに伴って、玉突き式に移動があった。会津藩が青森県の斗南《となみ》藩になったとか、沼津藩が上総菊間へ、浜松藩が上総鶴舞へ移されたりした。また、名称も同じものがないように変更させられた。

そんなわけで、大名一覧といったものをつくる場合に、どの時点をとるかについては、だいたい四種類の考え方がある。一つは、幕末の混乱が始まる直前の嘉永年間(一八五〇年ごろ)である。あとは、一四代将軍・家茂《いえもち》が大坂に移った慶応元年(一八六五)から始まる慶応年間、戊辰戦争直前の慶応四年(一八六八)、それに廃藩置県があった明治四年(一八七一)である。

本書では、慶応四年を基準にした。新しく認められた藩についても書いておきたかったためである。ただし、石高については、幕末に減封されたものは、それ以前のものにしてある。彦根藩は桜田門外の変の責任を取らされて二〇万石になったが、江戸三〇〇年のほとんどの期間にあって三五万石だったのだからそちらをとるべきであろう。より細かく知りたい方には、『江戸三百藩　藩主総覧』(別冊歴史読本24)、『ふるさとの藩』(前田勤著、朝日出版社)をお勧めする。前者は、慶応三年時点での藩を基準に、江戸時代はじめから幕末に至るまでを、殿様の系譜でなく、お城の所在地別に記述している。後者は慶応四年の時点でとらえて、殿様とお城と両方から紹介してあり、本書では藩のとらえ方としては、読者の便宜も考えて、これに合わさせてもらった。とくに、すべての城跡、陣屋跡に実際に行ってこられた案内は、他に類を見ない。また、幕末にはなくなっていた藩について知りたければ、『藩史事典』（藩史研究会編、藤井貞文・林陸朗監修、秋田書店）と『徳川大名改易録』（須田茂著、崙書房出版）がよい。

さらに、殿様を呼ぶときは、「浅野内匠頭《たくみのかみ》殿」と呼ぶのであって、「浅野長矩《ながのり》殿」とか「赤穂藩主殿」とは呼ばない。いまの役所で「鈴木課長」などというのと同じである。ただし、この官職は、ある程度は変化する。しかし、だいたいは安定していたので、一〇万石以上は巻末の藩順位一覧に入れておいた。『徳川幕府諸侯格式一覧表』（奥平昌信著）と「城郭フォーラム」のホームページを参考にした。

殿様の紹介は、原則として幕末の殿様に限り、その出自と、ほかの大名家との本家分家関係などを記した。ご先祖の話は、本家筋のところで説明してある。ただし、お城を築いた殿様など、大きな足跡を残した殿様については、徳川幕府以前に遡って紹介してある。また、都道府県別に、室町時代の後半あたりからの政治軍事状況のあらましを簡単に書いておいた。西洋の歴史でも、現代史につながってくるのは中世末期あたりからだが、日本の場合も、とくに地方の歴史は、そのあたりから見ていかないとよくわからない。

城下町は世界の奇跡

いつもすごいと思うのは、城下町がほとんど、戦国時代の末期から江戸時代の初めにかけて新たに建設された都市であることである。また、われわれのイメージにあるようなお城というのも、一五七六年に着工された安土城に始まって、一気に全国に普及したものだ。立派な石垣があって、天守閣が聳《そび》えるお城というようなものは、それ以前にはなかった。本格的なお城の建設の最後は、一六二二年に完成した福山城だから、わずか五〇年ほどの嵐のような時代に、日本の都市はその基礎をつくられたということになる。

こうしたお城は、信長、秀吉、家康の三人によって建設された、近代的な国家の哲学を具現化するもので、飛鳥時代から奈良時代にかけて、古代国家のシンボルとして国府や国分寺が建設されて以来の大精神運動でもあった。この時代は、ヨーロッパでいえば、ルネサンス時代の終わりごろである。この時代のすばらしいエネルギーに、現代の日本は多くのものを負っているし、世界の文明史上における奇跡の一つだといってよいのではないか。

それに対して、明治維新のときは新都市建設はあまり行われなかったし、役所にはできるだけ、城や代官所、あるいは寺院といった、もともとあった建物が使われた。それどころか、たまたま適当なお寺の本堂があったというだけで、予定されていた岩槻から変更して県庁を勝ち取った浦和（現・さいたま市）のような例すらある。

かなり無理をしても新時代の精神を具現化するために、堂々とした新建築群を建設した山形県の三島通庸《みちつね》県令のような変わり者もいたし、政府高官でも、鹿鳴館《ろくめいかん》時代の演出者だった井上馨などは例外に属するが、この時代の指導者たちは、そういう方面にはあまり関心がなかったようである。公共建築物が立派になっていくのは、大正から昭和にかけてである。それに、維新の時代の洋館はプリミティブで、あまり評価できるものではない。各地で保存運動が起きるような建築でも、美術的にはほとんど意味のないものが多いのではないか。

その一方、城下町でも、民間では日本の経済力の発展に伴って、立派な建物ができてきた。だから、現代人が城下町らしい風景と考えているすばらしい町並みのほとんどは、江戸時代でも末期か、むしろ明治以降のものである。京都の町並みですら、明治のはじめごろの写真を見ると、粗末な家々しか写っていない。その意味で、城下町は信長、秀吉、家康時代につくられ、明治になって、豪華で美しくなったと考えてよく、「古きよき時代」としての江戸時代への郷愁は、その意味でも誤りである。

やはり江戸時代は停滞の時代

戦前には、江戸時代は暗黒時代で、明治になって日本は発展したという歴史観が公式見解的に扱われていたが、最近の流行は、江戸時代から日本は立派な国だったという考え方である。「明治以前から、日本はかなりの先進国だった。江戸時代は教育水準も高かったし、江戸の町は清潔で、自然循環の思想が徹底しており、地方分権が進んで、すばらしい文化が花開いた」といった具合である。そこから、今後の日本が取るべき方向として、江戸時代への回帰をいう人もいる。

そういう人たちに私は、「安土桃山時代に、日本は世界の先進国水準に追いついていたでしょう。それが、江戸時代が終わるころには、大きく後れをとっていたではないですか」と反論している。信長、秀吉、家康は、無敵艦隊で知られるスペインのフエリペ二世、英国のエリザベス女王やシェークスピア、フランスのカトリーヌ・ド・メディシス、それにガリレオなどと同時代人である。ロシアのピョートル大帝やフラ

コラム「お城の基礎知識①」

日本の城については、慣用的に用いられている専門用語がある。本書では、できるだけ専門用語は避けたが、それでもある程度は使ったので解説する。

砦《とりで》と城の違いは、強いていうとすれば、居住施設を伴うかどうかということだろう。

陣屋というのは、堀、塀など、ごく簡単な防御施設を備えただけの居館兼政庁で、江戸時代には大名の本拠地について、城を建設してよいか、陣屋しか認められないか、厳しく区別されていた。

城の形式については、山の上に築かれた山城、丘の上の平山城、平地に築かれた平城、それに水辺の水城と分けられる。山城と平山城の区別は、だいたい、麓《ふもと》から一〇〇メートルくらいが境界線か。

近代、とくに戦後になって再建された天守閣などについては、復元、復興、疑似などという言葉を、もともと存在したものかどうかで区別することがあるが、日本語として、こなれているとは思えないので、本書ではそれほど厳密に書き分けず、復元という言葉を使っている。ただし、まったく存在しなかった天守閣を新たに建設したときなどは、そのむねを記した。

堀には、水堀のほかに、空堀がある。

石垣の積み方のうち、サイズのそろわない小さな石を積み上げたものを野面《のづら》積みといい、とくに、大津市坂本の穴太《あのう》の職人たちによって築かれたものを穴太積みという。

ンスのルイ一四世は、五代将軍・綱吉から八代将軍・吉宗の時代であり、松平定信が反動的な寛政の改革をやっているときに、フランス革命が起きている。

時代劇で見る江戸の町民たちは、平和でそこそこ豊かそうな生活をし、公方様の支配に満足していたように見える。それは当然で、当時は生活レベルの地域差が大きく、江戸の町民は地方とは比べものにならない暮らしをしていたのである。たび重なる飢饉《ききん》で餓死者が出ていたときにも将軍や大名は贅沢《ぜいたく》な暮らしを続け、江戸の町民はそのおこぼれにあずかっていた。江戸の町は立派で清潔だったし、乏《とぼ》しい資源はできる限り再利用されていた。森林の資源も濃密に利用された結果、現代の日本と違い、山の緑は薄かった。

ここまで書いてくると、賢明な読者は、現代のある国と実に共通点が多いことに気がつかれるだろう。いうまでもなく、朝鮮民主主義人民共和国（北朝鮮）である。「体制の安定」を至上命令とし、「自給自足」にこだわるところもよく似ている。

もちろん、江戸時代の三〇〇年もの間に、日本はまったく世界の進歩と没交渉であったわけではない。江戸時代前半には、安土桃山時代に南蛮から取り入れられた技術が全国に広まっていき、人口も生産高も増加した。ところが、後半には天災もあったが、経済は疲弊し、とくに東日本の人口は減少した。世界がルネサンスから産業革建物の印象は、壁の色によってずいぶん違うが、本書では、白壁（漆喰総塗籠《しっくいそうぬりごめ》）、上半分が白壁で下半分が板張りの下見板張り、それに、下半分が平瓦張りの海鼠《なまこ》張りの四種類で表現した。

天守閣の形式としては、独立式のほか、小さな玄関のような櫓《やぐら》をもつ複合式、渡り櫓で小天守とつながる連結式、天守を含めて複数の建物がつながっている連立式、さらには、それらの複合形態がある。

櫓については、普通のものは隅櫓と呼ばれ、細長く壁のようになっているものを多聞櫓という。月見櫓というのは、通常、高欄を最上階にもつ。

屋根、途中階の破風《はふ》（飾り屋根）の形式には、入母屋《いりもや》、切妻《きりづま》、寄棟《よせむね》の三種がある。

コラム　「お城の基礎知識②」

天守閣

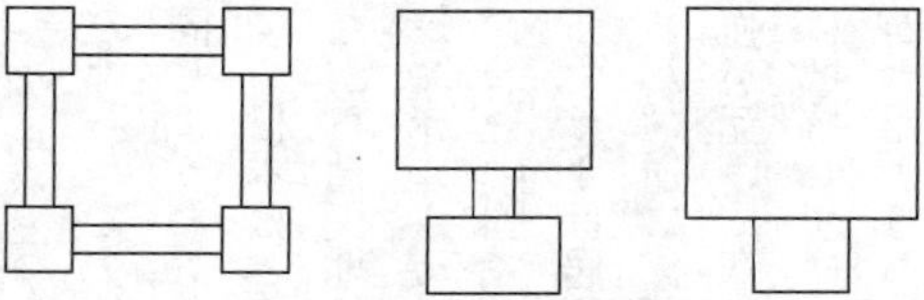

複合式　連結式　連立式

屋根

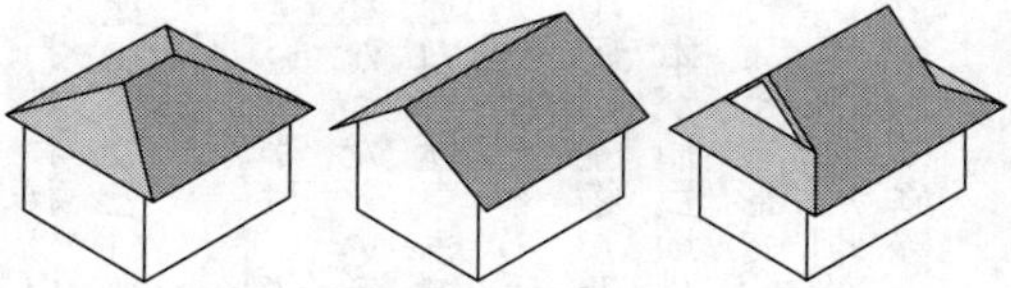

入母屋　切妻　寄棟

命、市民革命を通過し、自由と豊かな生活を享受しはじめているときに、日本は静かに眠っていたのである。かつて鎖国状態にあったアルバニアでは、「われわれは自分たちの過去と比較して、よくなっていればよいのであって、外国と比べることは無意味」だといったが、江戸時代礼讃論は、それと同じようなものだ。

もし、日本が鎖国などしないでいたら、アジアや日本はどうなっていたかは、単純に予測できるものではない。ただ、鎖国していたから植民地にならなかったというのは間違いである。だいたい、一六世紀にスペインやポルトガルが大兵力を極東まで送ることができたとは考えにくいし、現実に、インドや中国でも、ゴアやマカオのような拠点を与える以上にはならなかった。しかも、マカオは居留地で中国の主権が及んでいた。植民地化されたのはアヘン戦争よりあとだ。逆に、幕末に日本が植民地化されなかったのは、運がよかった。たまたま、列強が互いに牽制しあうような形で日本に到達したし、日本側も、通商上の要求を無理に抵抗せずにのんで、さらに、明治維新という奇跡的な形で近代化に成功したからよかったようなもので、まさに危機一髪だった。

ただ、江戸時代を評価するとすれば、西南雄藩《せいなんゆうはん》などで例外的に成功した地方における実験が、新しい日本への指針となったことであろう。その意味で、いきづまってしまった現代日本が生まれ変わるきっかけが、地方における革新的な取り組みにあるだろうということで、江戸時代が評価されるとすれば正しい。

ひとことでいえば、「地方の時代」というのも、江戸三〇〇年の怠惰への回帰であってはならず、再び維新を起こすための引き金として位置づけられるべきであろう。徹底した改革は、全国一律でないと進まない。たとえば、道州制や全国三〇〇程度の基礎自治体に再編成することが、合併など地方の自主的な動きのなかから生まれるのは無理だ。

かつての武士に当たる地方議員、公務員や利権構造をいったんリセットし、廃藩置県と市町村制の樹立のように、新しく合理的な枠組みを与えた上で地方分権を進めた方が良い。三〇〇藩をそのまま、武士という身分があったままで明治維新に匹敵する改革ができたはずがないのである。

大河ドラマ「花燃ゆ」の主人公の二番目の夫である楫取素彦は、群馬県の生みの親というべき明治初期の県令（知事）だが、明治維新の成功の鍵は、藩の廃止、四民平等、そして、義務教育制度の樹立であり、それを徹底できたのは、世界史でもフランス革命と明治維新くらいだからこそ世界史的偉業となったのである。

28	高田	榊原	式部大輔	15.0
28	姫路	酒井	雅楽頭	15.0
28	松山	松平	隠岐守	15.0
32	高松	松平	左近衛中将	12.0
33	柳河	立花	左近将監	11.9
34	小田原	大久保	加賀守	11.3
35	桑名	松平	越中守	11.0
35	佐倉	堀田	相模守	11.0
35	福山	阿部	伊勢守	11.0
38	小浜	酒井	修理大夫	10.3
39	淀	稲葉	丹後守	10.2
40	弘前	津軽	出羽守	10.0
40	津山	松平	越後守	10.0
40	二本松	丹羽	左京大夫	10.0
40	大聖寺	前田	備後守	10.0
40	大垣	戸田	采女正	10.0
40	対馬	宗	対馬守	10.0
40	富山	前田	出雲守	10.0
40	中津	奥平	大膳大夫	10.0
40	宇和島	伊達	遠江守	10.0
40	忍	松平	下総守	10.0
40	棚倉	阿部	播磨守	10.0
40	松代	真田	信濃守	10.0
40	新発田	溝口	主膳正	10.0

石高は慶応４年を原則とするが、彦根藩については幕末に減封される前の数字を使用した。

官位は必ずしも代々同じ肩書を継承するとは限らず、とくに若年で死んだ場合には低い官位で終わることも多いが、江戸時代後期において比較的多かったものを採用した。

石高による藩順位一覧

順位	藩名	大名家	通称	石高(万石)
1	加賀	前田	中納言	102.2
2	薩摩	島津	薩摩守	77.0
3	仙台	伊達	陸奥守	62.0
4	尾張	徳川	大納言	61.9
5	紀州	徳川	大納言	55.5
6	熊本	細川	越中守	54.0
7	福岡	黒田	筑前守	47.3
8	広島	浅野	安芸守	42.6
9	長州	毛利	大膳大夫	36.9
10	佐賀	鍋島	肥前守	35.7
11	水戸	徳川	中納言	35.0
11	彦根	井伊	掃部頭	35.0
13	鳥取	池田	左近衛少将	32.5
14	津	藤堂	和泉守	32.3
15	福井	松平	左近衛中将	32.0
16	岡山	池田	左近衛少将	31.5
17	会津	松平	肥後守	28.0
18	徳島	蜂須賀	阿波守	25.7
19	土佐	山内	土佐守	24.2
20	久留米	有馬	左近衛少将	21.0
21	久保田	佐竹	右京大夫	20.5
22	南部	南部	大膳大夫	20.0
23	米沢	上杉	弾正大弼	18.7
24	松江	松平	左近衛少将	18.6
25	前橋	松平	大和守	17.0
25	庄内	酒井	左衛門尉	17.0
27	郡山	柳沢	甲斐守	15.1
28	小倉	小笠原	右近将監	15.0

1991	平成 3	太平記	足利尊氏	真田広之
1992	平成 4	信長	織田信長	緒形直人
1993	平成 5	琉球の風	啓泰	東山紀之
1993	平成 5	炎立つ	藤原経清	渡辺謙
1994	平成 6	花の乱	日野富子	三田佳子
1995	平成 7	八代将軍吉宗	徳川吉宗	西田敏行
1996	平成 8	秀吉	豊臣秀吉	竹中直人
1997	平成 9	毛利元就	毛利元就	中村橋之助
1998	平成10	徳川慶喜	徳川慶喜	本木雅弘
1999	平成11	元禄繚乱	大石内蔵助	中村勘九郎
2000	平成12	葵～徳川三代	徳川家康	津川雅彦
2001	平成13	北条時宗	北条時宗	和泉元彌
2002	平成14	利家とまつ	前田利家	唐沢寿明
2003	平成15	武蔵 MUSASHI	宮本武蔵	市川新之助
2004	平成16	新撰組！	近藤勇	香取慎吾
2005	平成17	義経	源義経	滝沢秀明
2006	平成18	功名が辻	山内一豊の妻	仲間由紀恵
2007	平成19	風林火山	山本勘助	内野聖陽
2008	平成20	篤姫	篤姫	宮﨑あおい
2009	平成21	天地人	直江兼続	妻夫木聡
2010	平成22	龍馬伝	坂本龍馬	福山雅治
2011	平成23	江～姫たちの戦国～	江	上野樹里
2012	平成24	平清盛	平清盛	松山ケンイチ
2013	平成25	八重の桜	新島八重	綾瀬はるか
2014	平成26	軍師官兵衛	黒田官兵衛	岡田准一
2015	平成27	花燃ゆ	杉文	井上真央
2016	平成28	真田丸	真田信繁	堺雅人

NHK大河ドラマ一覧

西暦	年号	タイトル	主人公	主演俳優
1963	昭和38	花の生涯	井伊直弼	尾上松緑
1964	昭和39	赤穂浪士	大石内蔵助	長谷川一夫
1965	昭和40	太閤記	豊臣秀吉	緒形拳
1966	昭和41	源義経	源義経	尾上菊之助
1967	昭和42	三姉妹	おむら	岡田茉莉子
1968	昭和43	竜馬がゆく	坂本竜馬	北大路欣也
1969	昭和44	天と地と	長尾景虎	石坂浩二
1970	昭和45	樅ノ木は残った	原田甲斐	平幹二朗
1971	昭和46	春の坂道	柳生宗矩	中村錦之助
1972	昭和47	新・平家物語	平清盛	仲代達矢
1973	昭和48	国盗り物語	斎藤道三	平幹二朗
1974	昭和49	勝海舟	勝海舟	松方弘樹
1975	昭和50	元禄太平記	柳沢吉保	石坂浩二
1976	昭和51	風と雲と虹と	平将門	加藤剛
1977	昭和52	花神	大村益次郎	中村梅之助
1978	昭和53	黄金の日日	呂宋助左衛門	市川染五郎
1979	昭和54	草燃える	源頼朝	石坂浩二
1980	昭和55	獅子の時代	平沼銑次	菅原文太
1981	昭和56	おんな太閤記	ねね	佐久間良子
1982	昭和57	峠の群像	大石内蔵助	緒形拳
1983	昭和58	徳川家康	徳川家康	滝田栄
1984	昭和59	山河燃ゆ	天羽賢治	松本幸四郎
1985	昭和60	春の波濤	川上貞奴	松坂慶子
1986	昭和61	いのち	高原未希	三田佳子
1987	昭和62	独眼竜政宗	伊達政宗	渡辺謙
1988	昭和63	武田信玄	武田信玄	中井貴一
1989	平成元	春日局	春日局	大原麗子
1990	平成2	翔ぶが如く	西郷隆盛	西田敏行

正徳2 1712	延享4 1747	天明2 1782	文化14 1817	嘉永5 1852
正徳3 1713	寛延1 1748	天明3 1783	文政1 1818	嘉永6 1853
正徳4 1714	寛延2 1749	天明4 1784	文政2 1819	安政1 1854
正徳5 1715	寛延3 1750	天明5 1785	文政3 1820	安政2 1855
享保1 1716	宝暦1 1751	天明6 1786	文政4 1821	安政3 1856
享保2 1717	宝暦2 1752	天明7 1787	文政5 1822	安政4 1857
享保3 1718	宝暦3 1753	天明8 1788	文政6 1823	安政5 1858
享保4 1719	宝暦4 1754	寛政1 1789	文政7 1824	安政6 1859
享保5 1720	宝暦5 1755	寛政2 1790	文政8 1825	万延1 1860
享保6 1721	宝暦6 1756	寛政3 1791	文政9 1826	文久1 1861
享保7 1722	宝暦7 1757	寛政4 1792	文政10 1827	文久2 1862
享保8 1723	宝暦8 1758	寛政5 1793	文政11 1828	文久3 1863
享保9 1724	宝暦9 1759	寛政6 1794	文政12 1829	元治1 1864
享保10 1725	宝暦10 1760	寛政7 1795	天保1 1830	慶応1 1865
享保11 1726	宝暦11 1761	寛政8 1796	天保2 1831	慶応2 1866
享保12 1727	宝暦12 1762	寛政9 1797	天保3 1832	慶応3 1867
享保13 1728	宝暦13 1763	寛政10 1798	天保4 1833	明治1 1868
享保14 1729	明和1 1764	寛政11 1799	天保5 1834	
享保15 1730	明和2 1765	寛政12 1800	天保6 1835	
享保16 1731	明和3 1766	享和1 1801	天保7 1836	
享保17 1732	明和4 1767	享和2 1802	天保8 1837	
享保18 1733	明和5 1768	享和3 1803	天保9 1838	
享保19 1734	明和6 1769	文化1 1804	天保10 1839	
享保20 1735	明和7 1770	文化2 1805	天保11 1840	
元文1 1736	明和8 1771	文化3 1806	天保12 1841	
元文2 1737	安永1 1772	文化4 1807	天保13 1842	
元文3 1738	安永2 1773	文化5 1808	天保14 1843	
元文4 1739	安永3 1774	文化6 1809	弘化1 1844	
元文5 1740	安永4 1775	文化7 1810	弘化2 1845	
寛保1 1741	安永5 1776	文化8 1811	弘化3 1846	
寛保2 1742	安永6 1777	文化9 1812	弘化4 1847	
寛保3 1743	安永7 1778	文化10 1813	嘉永1 1848	
延享1 1744	安永8 1779	文化11 1814	嘉永2 1849	
延享2 1745	安永9 1780	文化12 1815	嘉永3 1850	
延享3 1746	天明1 1781	文化13 1816	嘉永4 1851	

年号と西暦対照表（応仁の乱から明治維新まで）

応仁1	1467	天正8	1580	慶長18	1613	正保3	1646	延宝7	1679
文明1	1469	天正9	1581	慶長19	1614	正保4	1647	延宝8	1680
長享1	1487	天正10	1582	元和1	1615	慶安1	1648	天和1	1681
延徳1	1489	天正11	1583	元和2	1616	慶安2	1649	天和2	1682
明応1	1492	天正12	1584	元和3	1617	慶安3	1650	天和3	1683
文亀1	1501	天正13	1585	元和4	1618	慶安4	1651	貞享1	1684
永正1	1504	天正14	1586	元和5	1619	承応1	1652	貞享2	1685
大永1	1521	天正15	1587	元和6	1620	承応2	1653	貞享3	1686
享禄1	1528	天正16	1588	元和7	1621	承応3	1654	貞享4	1687
天文1	1532	天正17	1589	元和8	1622	明暦1	1655	元禄1	1688
弘治1	1555	天正18	1590	元和9	1623	明暦2	1656	元禄2	1689
永禄1	1558	天正19	1591	寛永1	1624	明暦3	1657	元禄3	1690
永禄2	1559	文禄1	1592	寛永2	1625	万治1	1658	元禄4	1691
永禄3	1560	文禄2	1593	寛永3	1626	万治2	1659	元禄5	1692
永禄4	1561	文禄3	1594	寛永4	1627	万治3	1660	元禄6	1693
永禄5	1562	文禄4	1595	寛永5	1628	寛文1	1661	元禄7	1694
永禄6	1563	慶長1	1596	寛永6	1629	寛文2	1662	元禄8	1695
永禄7	1564	慶長2	1597	寛永7	1630	寛文3	1663	元禄9	1696
永禄8	1565	慶長3	1598	寛永8	1631	寛文4	1664	元禄10	1697
永禄9	1566	慶長4	1599	寛永9	1632	寛文5	1665	元禄11	1698
永禄10	1567	慶長5	1600	寛永10	1633	寛文6	1666	元禄12	1699
永禄11	1568	慶長6	1601	寛永11	1634	寛文7	1667	元禄13	1700
永禄12	1569	慶長7	1602	寛永12	1635	寛文8	1668	元禄14	1701
元亀1	1570	慶長8	1603	寛永13	1636	寛文9	1669	元禄15	1702
元亀2	1571	慶長9	1604	寛永14	1637	寛文10	1670	元禄16	1703
元亀3	1572	慶長10	1605	寛永15	1638	寛文11	1671	宝永1	1704
天正1	1573	慶長11	1606	寛永16	1639	寛文12	1672	宝永2	1705
天正2	1574	慶長12	1607	寛永17	1640	延宝1	1673	宝永3	1706
天正3	1575	慶長13	1608	寛永18	1641	延宝2	1674	宝永4	1707
天正4	1576	慶長14	1609	寛永19	1642	延宝3	1675	宝永5	1708
天正5	1577	慶長15	1610	寛永20	1643	延宝4	1676	宝永6	1709
天正6	1578	慶長16	1611	正保1	1644	延宝5	1677	宝永7	1710
天正7	1579	慶長17	1612	正保2	1645	延宝6	1678	正徳1	1711

谷家……………………………山家
田沼家…………………………相良
田村家…………………………一関
津軽家………………黒石、弘前
土屋家…………………………土浦
土井家…………大野、刈谷、古河
藤堂家…………………津、久居
遠山家…………………………苗木
土岐家…………………………沼田
徳川家…………尾張、紀州、水戸
戸沢家…………………………新庄
戸田家……足利、宇都宮、大垣、大垣新田、高徳、松本
鳥居家…………………………壬生
内藤家……岩村田、挙母、高遠、延岡、村上、湯長谷
永井家…………加納、高槻、櫛羅
中川家……………………………岡
中山家…………………………松岡
鍋島家…小城、鹿島、佐賀、蓮池
成瀬家…………………………犬山
南部家…………七戸、南部、八戸
西尾家………………………横須賀
丹羽家……………二本松、三草
蜂須賀家………………………徳島
林家……………………………請西
久松家……多古、(＊桑名、松山)
土方家…………………………菰野
一柳家………………小野、小松
北条家…………………………狭山
保科家…………………………飯野
細川家…宇土、熊本、熊本新田、谷田部
堀田家…………佐倉、佐野、宮川
堀家……飯田、椎谷、須坂、村松
本庄家………………高富、宮津
本多家……飯山、泉、岡崎、神戸、膳所、田中、西端、山崎
前田家……加賀、大聖寺、富山、七日市
蒔田家…………………………浅尾
牧野家……笠間、小諸、田辺(丹後)、長岡、三根山
増山家…………………………長島
松浦家…………平戸、平戸新田
松平家…… 会津、明石、尼崎、糸魚川、今治、岩村、上田、忍、小島、小幡、上山、亀山(丹波)、川越、杵築、桑名、西条、宍戸、島原、高須、高松、田野口、津山、西尾、浜田、広瀬、福井、府中、府内、前橋、松江、松山、母里、守山、吉井
松前家…………………………松前
間部家…………………………鯖江
三浦家…………………………勝山
水野家……新宮、鶴牧、沼津、山形、結城
溝口家………………………新発田
三宅家…………………………田原
毛利家…清末、佐伯、長府、長州、徳山
森家………………赤穂、三日月
森川家…………………………生実
柳生家…………………………柳生
柳沢家………黒川、郡山、三日市
山口家…………………………牛久
山内家…………高知新田、土佐
米津家…………………………長瀞
米倉家…………………………金沢
六郷家…………………………本荘
脇坂家…………………………竜野
分部家…………………………大溝
渡辺家…………………………伯太

(＊は通常は松平で呼ばれるが本姓である奥平、久松で呼ばれることもある)

大名家五十音順一覧

青木家……麻田
青山家……郡上、篠山
秋田家……三春
秋月家……高鍋
秋元家……館林
浅野家……広島、広島新田
阿部家……佐貫、棚倉、福山
安部家……岡部
有馬家……久留米、吹上、丸岡
安藤家……平、田辺（紀伊）
井伊家……彦根、与坂
池田家……岡山、岡山新田、鴨方、鹿野、鳥取、若桜
石川家……亀山（伊勢）、下館
板倉家……安中、庭瀬、福島、松山（備中）
市橋家……仁正寺
伊東家……岡田、飫肥
稲垣家……鳥羽、山上
稲葉家……淀、臼杵、館山
井上家……下妻、高岡、浜松
岩城家……亀田
上杉家……米沢、米沢新田
植村家……高取
内田家……小見川
遠藤家……三上
大岡家……岩槻、西大平
大久保家……荻野山中、小田原、烏山
大河内家……大多喜、高崎、吉田
大関家……黒羽
太田家……掛川
大田原家……大田原
大村家……大村
小笠原家……安志、勝山、唐津、小倉、小倉新田
岡部家……岸和田
奥平家……中津、（＊忍、小幡）
織田家……柏原、芝村、天童、柳本
片桐家……小泉
加藤家……大洲、新谷、水口
加納家……一宮
亀井家……津和野
吉川家……岩国
喜連川家……喜連川
木下家……足守、日出
京極家……多度津、丸亀、峰山、豊岡
九鬼家……三田、綾部
久世家……関宿
朽木家……福知山
久留島家……森
黒田家……秋月、久留里、福岡
小出家……園部
五島家……五島
酒井家……伊勢崎、小浜、勝山、庄内、敦賀、姫路、松山（出羽）
榊原家……高田
相良家……人吉
佐竹家……久保田、秋田新田
真田家……松代
島津家……薩摩、佐土原
新庄家……麻生
諏訪家……高島
関家……新見
仙石家……出石
宗家……対馬
相馬家……相馬
高木家……丹南
竹腰家……今尾
立花家……柳河、三池
伊達家……宇和島、仙台、吉田
建部家……林田

鹿島	かしま	佐賀	古河	こが	茨城
勝山	かつやま	千葉	小倉	こくら	福岡
勝山	かつやま	福井	小倉新田	こくらしんでん	福岡
勝山	かつやま	岡山	五島	ごとう	長崎
金沢	かねざわ	神奈川	小松	こまつ	愛媛
加納	かのう	岐阜	菰野	こもの	三重
上山	かみのやま	山形	小諸	こもろ	長野
亀田	かめだ	秋田	挙母	ころも	愛知
亀山	かめやま	三重	西条	さいじょう	愛媛
亀山	かめやま	京都	佐伯	さえき	大分
鴨方	かもがた	岡山	佐賀	さが	佐賀
烏山	からすやま	栃木	相良	さがら	静岡
唐津	からつ	佐賀	佐倉	さくら	千葉
刈谷	かりや	愛知	篠山	ささやま	兵庫
川越	かわごえ	埼玉	薩摩	さつま	鹿児島
神戸	かんべ	三重	佐土原	さどはら	宮崎
紀州	きしゅう	和歌山	佐貫	さぬき	千葉
岸和田	きしわだ	大阪	佐野	さの	栃木
杵築	きつき	大分	鯖江	さばえ	福井
喜連川	きつれがわ	栃木	狭山	さやま	大阪
清末	きよすえ	山口	三田	さんだ	兵庫
郡上	ぐじょう	岐阜	椎谷	しいや	新潟
櫛羅	くじら	奈良	鹿野	しかの	鳥取
久保田	くぼた	秋田	宍戸	ししど	茨城
熊本	くまもと	熊本	七戸	しちのへ	青森
熊本新田	くまもとしんでん	熊本	新発田	しばた	新潟
久留米	くるめ	福岡	芝村	しばむら	奈良
久留里	くるり	千葉	島原	しまばら	長崎
黒石	くろいし	青森	下館	しもだて	茨城
黒川	くろかわ	新潟	下妻	しもつま	茨城
黒羽	くろばね	栃木	請西	じょうざい	千葉
桑名	くわな	三重	庄内	しょうない	山形
小泉	こいずみ	奈良	新宮	しんぐう	和歌山
高知新田	こうちしんでん	高知	新庄	しんじょう	山形
郡山	こおりやま	奈良	須坂	すざか	長野

藩名五十音順一覧

会津 あいづ	福島	宇都宮 うつのみや	栃木
明石 あかし	兵庫	宇土 うと	熊本
秋田新田 あきたしんでん	秋田	宇和島 うわじま	愛媛
秋月 あきづき	福岡	大垣 おおがき	岐阜
赤穂 あこう	兵庫	大垣新田 おおがきしんでん	愛知
浅尾 あさお	岡山	大洲 おおず	愛媛
麻田 あさだ	大阪	大多喜 おおたき	千葉
足利 あしかが	栃木	大田原 おおたわら	栃木
足守 あしもり	岡山	大野 おおの	福井
麻生 あそう	茨城	大溝 おおみぞ	滋賀
尼崎 あまがさき	兵庫	大村 おおむら	長崎
綾部 あやべ	京都	岡 おか	大分
安志 あんじ	兵庫	岡崎 おかざき	愛知
安中 あんなか	群馬	岡田 おかだ	岡山
飯田 いいだ	長野	岡部 おかべ	埼玉
飯野 いいの	千葉	岡山 おかやま	岡山
飯山 いいやま	長野	岡山新田 おかやましんでん	岡山
出石 いずし	兵庫	小城 おぎ	佐賀
泉 いずみ	福島	荻野山中 おぎのやまなか	神奈川
伊勢崎 いせざき	群馬	忍 おし	埼玉
一関 いちのせき	岩手	小島 おじま	静岡
一宮 いちのみや	千葉	小田原 おだわら	神奈川
糸魚川 いといがわ	新潟	小野 おの	兵庫
犬山 いぬやま	愛知	小幡 おばた	群馬
今尾 いまお	岐阜	小浜 おばま	福井
今治 いまばり	愛媛	飫肥 おび	宮崎
岩国 いわくに	山口	小見川 おみがわ	千葉
岩槻 いわつき	埼玉	生実 おゆみ	千葉
岩村 いわむら	岐阜	尾張 おわり	愛知
岩村田 いわむらた	長野	柏原 かいばら	兵庫
上田 うえだ	長野	加賀 かが	石川
牛久 うしく	茨城	掛川 かけがわ	静岡
臼杵 うすき	大分	笠間 かさま	茨城

浜松《はままつ》	静岡	三上《みかみ》	滋賀
林田《はやしだ》	兵庫	三草《みくさ》	兵庫
彦根《ひこね》	滋賀	三日市《みっかいち》	新潟
久居《ひさい》	三重	水戸《みと》	茨城
日出《ひじ》	大分	水口《みなくち》	滋賀
人吉《ひとよし》	熊本	峰山《みねやま》	京都
姫路《ひめじ》	兵庫	三根山《みねやま》	新潟
平戸《ひらど》	長崎	三春《みはる》	福島
平戸新田《ひらどしんでん》	長崎	壬生《みぶ》	栃木
弘前《ひろさき》	青森	宮川《みやがわ》	滋賀
広島《ひろしま》	広島	宮津《みやづ》	京都
広島新田《ひろしましんでん》	広島	村上《むらかみ》	新潟
広瀬《ひろせ》	島根	村松《むらまつ》	新潟
吹上《ふきあげ》	栃木	母里《もり》	島根
福井《ふくい》	福井	森《もり》	大分
福岡《ふくおか》	福岡	守山《もりやま》	福島
福島《ふくしま》	福島	柳生《やぎゅう》	奈良
福知山《ふくちやま》	京都	谷田部《やたべ》	茨城
福山《ふくやま》	広島	柳河《やながわ》	福岡
府中《ふちゅう》	茨城	柳本《やなぎもと》	奈良
府内《ふない》	大分	山家《やまが》	京都
本荘《ほんじょう》	秋田	山形《やまがた》	山形
前橋《まえばし》	群馬	山上《やまがみ》	滋賀
松江《まつえ》	島根	山崎《やまざき》	兵庫
松岡《まつおか》	茨城	結城《ゆうき》	茨城
松代《まつしろ》	長野	湯長谷《ゆながや》	福島
松前《まつまえ》	北海道	与板《よいた》	新潟
松本《まつもと》	長野	横須賀《よこすか》	静岡
松山《まつやま》	岡山	吉井《よしい》	群馬
松山《まつやま》	山形	吉田《よしだ》	愛知
松山《まつやま》	愛媛	吉田《よしだ》	愛媛
丸岡《まるおか》	福井	淀《よど》	京都
丸亀《まるがめ》	香川	米沢《よねざわ》	山形
三池《みいけ》	福岡	米沢新田《よねざわしんでん》	山形
三日月《みかづき》	兵庫	若桜《わかさ》	鳥取

関宿 せきやど	千葉	土浦 つちうら	茨城
膳所 ぜぜ	滋賀	津山 つやま	岡山
仙台 せんだい	宮城	敦賀 つるが	福井
相馬 そうま	福島	鶴牧 つるまき	千葉
園部 そのべ	京都	津和野 つわの	島根
大聖寺 だいしょうじ	石川	天童 てんどう	山形
平 たいら	福島	徳島 とくしま	徳島
高岡 たかおか	千葉	徳山 とくやま	山口
高崎 たかさき	群馬	土佐 とさ	高知
高島 たかしま	長野	鳥取 とっとり	鳥取
高須 たかす	岐阜	鳥羽 とば	三重
高田 たかだ	新潟	富山 とやま	富山
高槻 たかつき	大阪	豊岡 とよおか	兵庫
高遠 たかとお	長野	苗木 なえぎ	岐阜
高徳 たかとく	栃木	長岡 ながおか	新潟
高富 たかとみ	岐阜	長島 ながしま	三重
高取 たかとり	奈良	中津 なかつ	大分
高鍋 たかなべ	宮崎	長瀞 ながとろ	山形
高松 たかまつ	香川	七日市 なのかいち	群馬
多古 たこ	千葉	南部 なんぶ	岩手
竜野 たつの	兵庫	新見 にいみ	岡山
館林 たてばやし	群馬	新谷 にいや	愛媛
館山 たてやま	千葉	西尾 にしお	愛知
多度津 たどつ	香川	西大平 にしおおひら	愛知
田中 たなか	静岡	西端 にしばた	愛知
棚倉 たなぐら	福島	仁正寺 にしょうじ	滋賀
田辺 たなべ	京都	二本松 にほんまつ	福島
田辺 たなべ	和歌山	庭瀬 にわせ	岡山
田野口 たのくち	長野	沼田 ぬまた	群馬
田原 たはら	愛知	沼津 ぬまづ	静岡
丹南 たんなん	大阪	延岡 のべおか	宮崎
長州 ちょうしゅう	山口	伯太 はかた	大阪
長府 ちょうふ	山口	蓮池 はすのいけ	佐賀
津 つ	三重	八戸 はちのへ	青森
対馬 つしま	長崎	浜田 はまだ	島根

田野口	竜岡藩と改称
長州	国名で都市名は萩。幕末に山口に移転
長府	府中とも言う。同一名回避で豊浦藩に
対馬	国名で都市名は府中。厳原藩と改称
敦賀	鞠山藩と改称
土佐	国名で都市名は高知
長瀞	千葉県大網藩に移転、さらに龍ケ崎藩と改称
南部	通称で都市名は盛岡。一時、宮城県白石に移転
仁正寺	幕末に西大路藩と改称
沼津	千葉県菊間藩に移転
浜田	長州征伐の敗北で岡山県の鶴田藩に
浜松	千葉県鶴舞藩に移転
福島	愛知県重原藩に移転
府中	茨城県。同一名回避で石岡藩に
松前	舘藩と改称
松山	山形県。同一名回避で松嶺藩に
松山	岡山県。同一名回避で高梁藩に
三池	陸奥の下手渡藩から移転
三上	大阪府吉見藩に移転
三根山	新潟県。同一読み回避で峰岡藩に
守山	茨城県松川藩に移転
山形	近江朝日山藩に移転
谷田部	茂木藩と改称
横須賀	千葉県花房藩に移転
吉田	愛知県。同一名回避で豊橋藩に
米沢新田	本藩に吸収
若桜	元は鳥取新田藩。本藩に吸収

維新から廃藩置県までの間に、本藩への吸収、財政難などで廃藩したものもあるが、それはここではあげていない。維新後に諸侯と認められたもののうち、御三家家老、長州藩の吉川家は本書で藩として扱っている。一方、交代寄合（旗本の一種）から諸侯に昇格した、矢島藩（秋田県・生駒氏）志筑藩（茨城県・本堂氏）堀江藩（静岡県・大沢氏）田原本藩（奈良県・平野氏）村岡藩（兵庫県・山名氏）福本藩（兵庫県・池田氏）成羽藩（岡山県・山崎氏）は、本書では諸侯扱いしない。また、徳川宗家が設立した静岡藩、幕末の短期間諸侯扱いされた船形藩（千葉県）も入れていない。

藩の別名と明治初期の異動一覧

会津	郡名で都市名は若松。維新に伴い青森県斗南藩に
秋田新田	岩崎藩となる
糸魚川	清崎藩と改称
大垣新田	美濃に移り野村藩に
岡部	愛知県半原藩に移転
小島	千葉県桜井藩に移転
尾張	国名で都市名は名古屋
加賀	国名で都市名は金沢
掛川	千葉県柴山藩に移転
勝山	千葉県。同一名回避で加知山藩に
勝山	岡山県。同一名回避で真島藩に
金沢	神奈川県。同一藩名回避で六浦藩に
亀山	京都府。同一藩名回避で亀岡藩に
久保田	秋田藩と改称
熊本新田	高瀬藩となる
小倉	長州征伐の敗北で香春藩、ついで豊津藩に
小倉新田	長州征伐の敗北で千束藩に
五島	列島の名前で都市名は福江
相良	千葉県小久保藩に移転
薩摩	国名で都市名は鹿児島
鹿野	鳥取新田藩が改称
請西	戊辰戦争で廃藩
庄内	地方名で都市名は鶴岡。大泉藩と改称
相馬	地方名で都市名は中村
高徳	千葉県曽我野藩に移転
田中	千葉県長尾藩に移転
田辺	同一名回避で舞鶴藩に

慶応４年におけるそれを基本としている。また、藩という組織名は明治維新後の府藩県三治制、つまり、新政府の直轄領を府ないし県としたのに対して、大名領国を藩と呼ぶことにしたときに誕生したものである。その際に、藩名はすべて所在地名としたのである。したがって、長州藩とか薩摩藩というような名称の藩はそもそも存在したことがないのであるが、そういう呼び方が人口に膾炙しているので、本書では通称を尊重している。また、戊辰戦争に伴う移動や領地を持たなかった支藩が領地を設定されるなどして藩名が変更された場合もあり、本表では、本書で使った藩名以外で使われる藩名を理由も付してあげた。

年表（建武の新政から廃藩置県まで）

一三三三
南北朝時代
一三九二
室町時代
一四六七

一三三四 建武の新政
一三三八 足利尊氏征夷大将軍に
（一三三八 百年戦争始まる）
（一三六八 明の建国）
一三九二 南北朝の合一
（一三九二 高麗滅び李氏朝鮮建国）
一三九四 足利義満太政大臣に
一四四一 嘉吉の乱で将軍義教が殺される
（一四五三 東ローマ帝国滅亡）
一四五七 関東で古河公方と堀越公方が分立。太田道灌が江戸城築城
一四六七 応仁の乱が起こる
（一四七八 フィレンツェでメディチ家の独裁）
一四八八 加賀一向一揆が守護富樫氏を滅ぼす

戦国時代

一四九一	北条早雲が伊豆を奪取
（一四九二	コロンブスのアメリカ発見）
一四九六	蓮如が石山本願寺を築く
（一四九八	バスコ＝ダ＝ガマのインド到達）
（一五一七	ルターの宗教改革）
一五二三	細川・大内氏が寧波《ニンポー》で争う
一五四三	種子島に鉄砲伝来
一五四九	ザビエルがキリスト教を伝える
一五五一	陶晴賢が大内氏を滅ぼす
（一五五七	ポルトガル人がマカオに居住）
（一五五八	エリザベス一世即位）
一五六〇	桶狭間の戦い
一五六八	織田信長上洛し、足利義昭を征夷大将軍に
一五七〇	姉川の戦い
（一五七〇	スペインがフィリピンを植民地化）
一五七三	足利幕府滅びる

—一五七三—

安土時代
—一五八二—
桃山時代
—一六〇三—
江戸時代
家康①

一五七五　長篠の戦いで織田軍が武田軍を破る
一五七六　織田信長が安土城に入る
一五八二　本能寺の変
一五八三　賤ヶ岳の合戦。大坂城の築城
（一五八三　満州でヌルハチ挙兵）
一五八五　豊臣秀吉が関白に
一五八八　後陽成天皇が聚楽第に行幸
一五九〇　秀吉が小田原城を開城し天下統一成る。徳川家康が江戸に入城
一五九二　朝鮮遠征始まる
一五九八　豊臣秀吉死す
一六〇〇　関ヶ原の戦い
（一六〇〇　英国で東インド会社設立）

一六〇五	一六二三	一六五一	一六八〇	
秀忠②	家光③	家綱④	綱吉⑤	

一六一五　大坂夏の陣で豊臣氏滅ぶ。一国一城令
一六一六　徳川家康死す
（一六一六　ヌルハチが瀋陽で後金を建国）
一六三五　参勤交代制の確立
一六三七　島原の乱起こる
一六四三　会津の加藤氏取り潰し（実質的に最後の大藩取り潰し）
（一六四四　清が北京を首都として建国）
（一六六一　ルイ一四世親政開始）
一六六三　殉死を禁ずる
一六八七　生類憐みの令
（一六八九　ピョートル大帝親政開始）
一七〇二　赤穂浪士の討ち入り

一七〇九 家宣⑥

一七一二 家継⑦

一七一六 吉宗⑧

一七四五 家重⑨

一七六〇 家治⑩

新井白石らによる正徳の治

一七一四 江島事件が大奥を揺るがす

（一七一五 ルイ一四世死す）

一七一六 享保の改革始まる

（一七二二 康熙帝死す）

一七三九 尾張宗春が蟄居《ちっきょ》させられる

（一七四〇 フリードリヒ大王即位）

一七五一 徳川吉宗死す

（一七五七 プラッシーの戦いで英国のインド支配強まる）

（一七七〇頃 英国で産業革命）

一七七二 田沼意次が老中になる

一七七五 上杉鷹山の改革進む

一七八七	家斉⑪	一八三七	
一八三七	家慶⑫	一八五三	
一八五三	家定⑬	一八五八	

（一七七六 米国独立宣言）
一七八三 天明の大飢饉
一七八七 松平定信による寛政の改革始まる
（一七八九 フランス大革命）
一七九二 ラクスマン根室で通商要求
（一八〇四 ナポレオン即位）
一八〇八 間宮林蔵の樺太探検
一八二五 異国船打払令
（一八四〇 アヘン戦争）
一八四一 水野忠邦による天保の改革
一八四四 オランダ国王開国を進言
（一八五二 ナポレオン三世即位）
一八五三 浦賀にペリー来航
一八五八 日米修好通商条約
（一八五八 インドが英国に併合される）

家茂⑭
一八六六
慶喜⑮
一八六七
明治時代

一八六〇 桜田門外の変
（一八六一 アメリカで南北戦争）
（一八六一 イタリア王国成立）
一八六三 家茂が上洛
一八六四 蛤御門の変
一八六五 第二次長州征伐
一八六六 薩長連合成る
一八六七 大政奉還
一八六八 鳥羽伏見の戦い。東京遷都
一八六九 版籍奉還
（一八六九 スエズ運河開通）
一八七一 廃藩置県
（一八七一 普仏戦争とドイツ帝国成立）

清和源氏系図

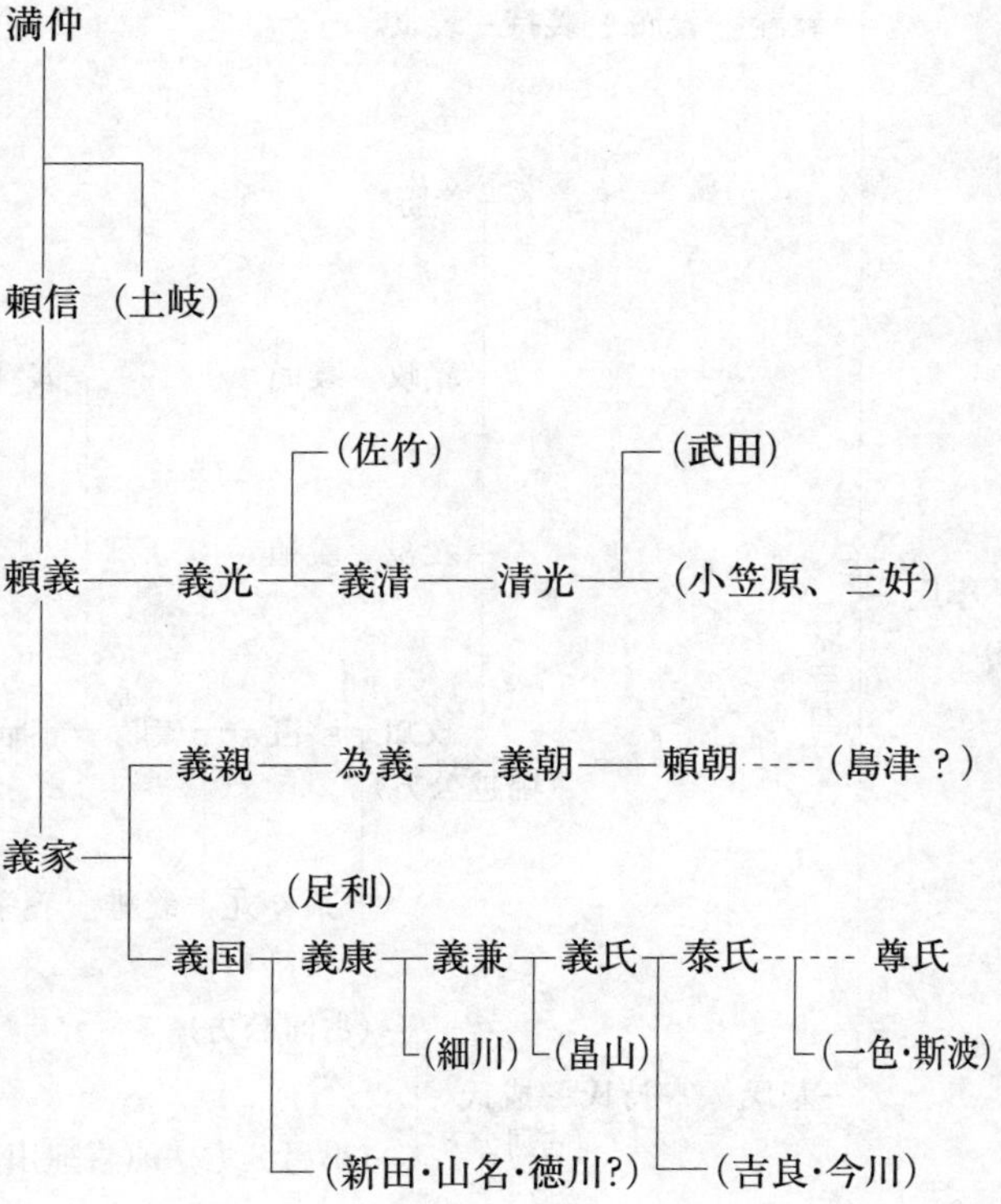

----は途中省略あり

足利家系図

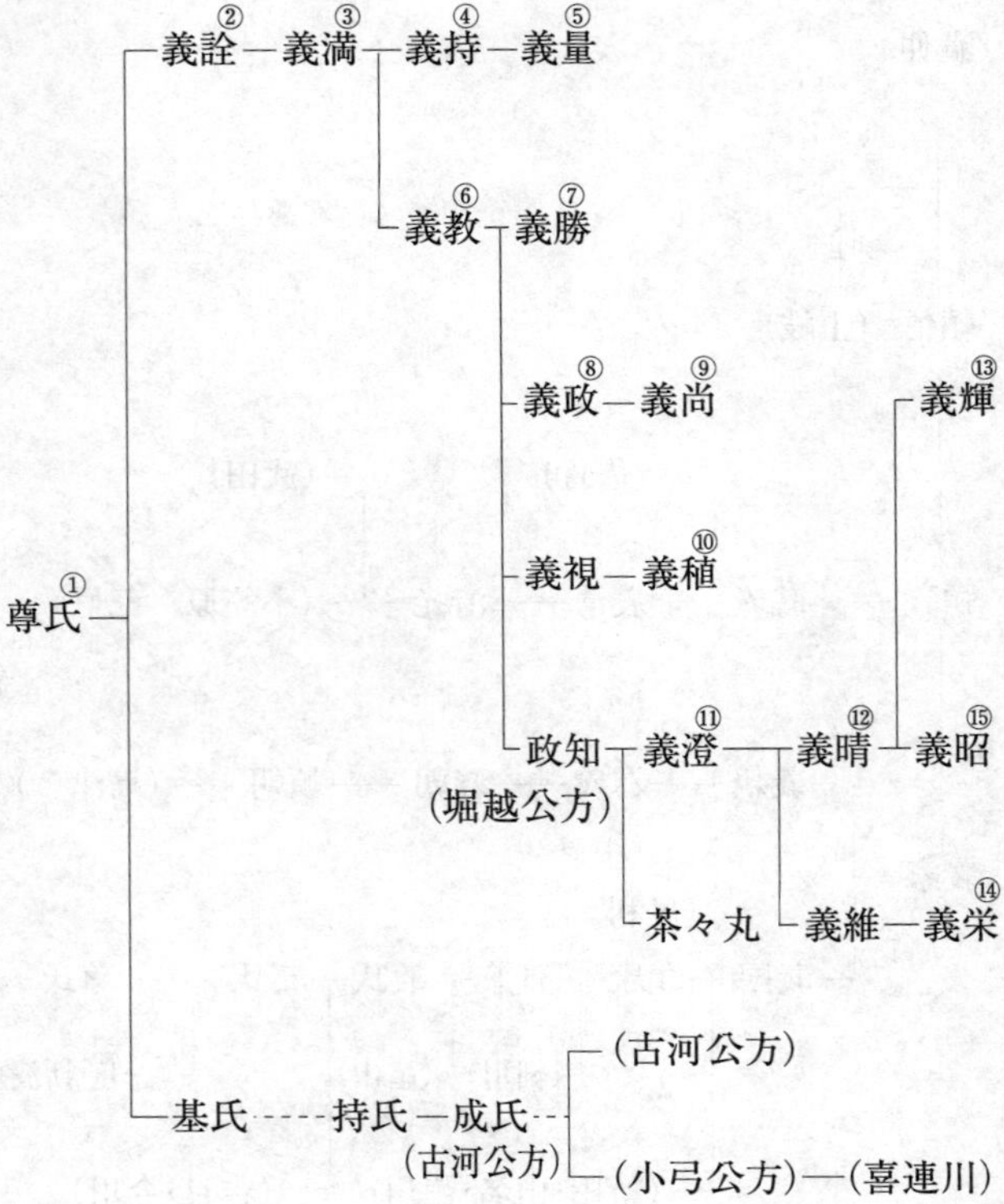

○内は将軍継承順
----は途中省略あり

松平家系図

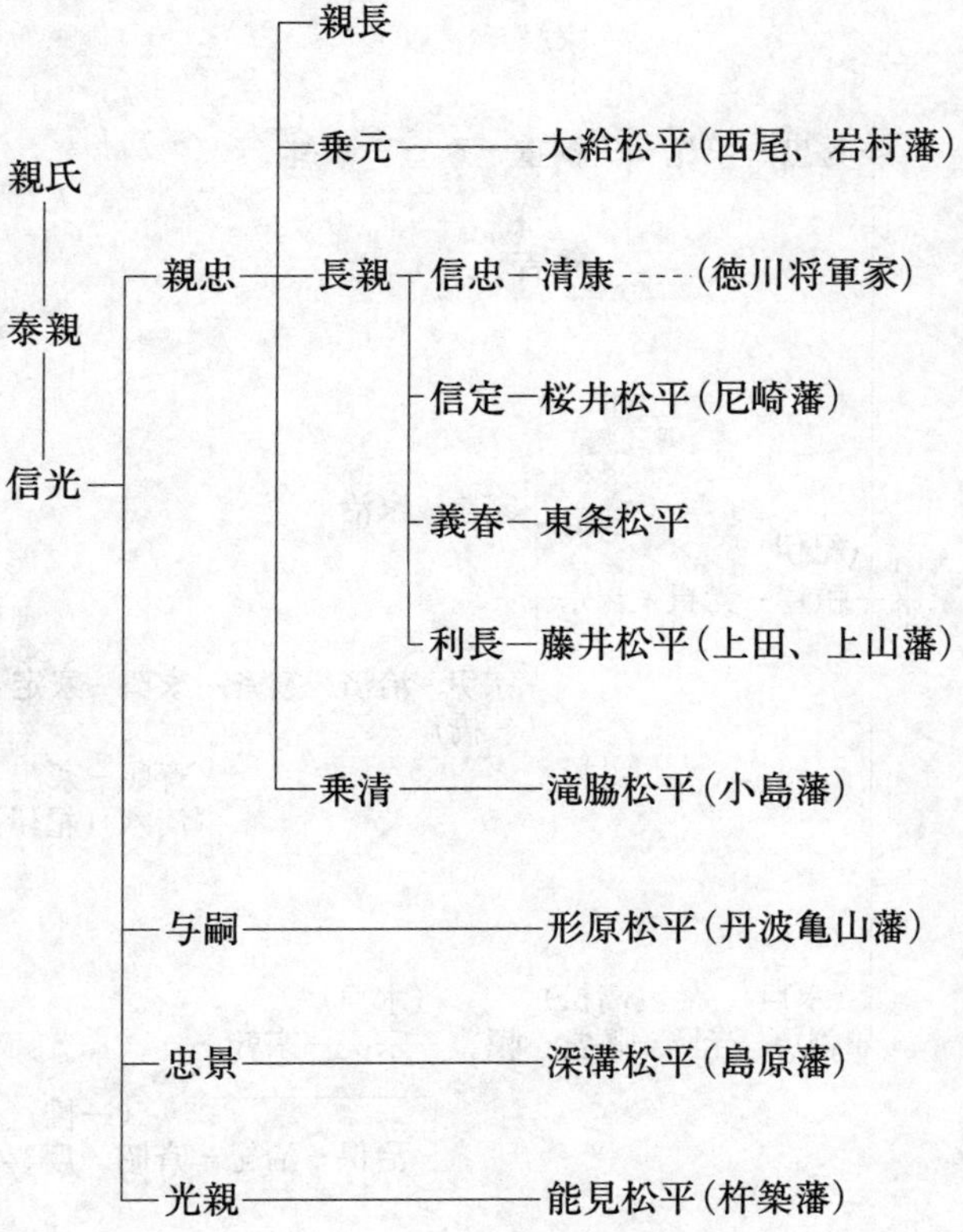

---- は途中省略あり

徳川将軍継承図（血縁関係のみで記述）

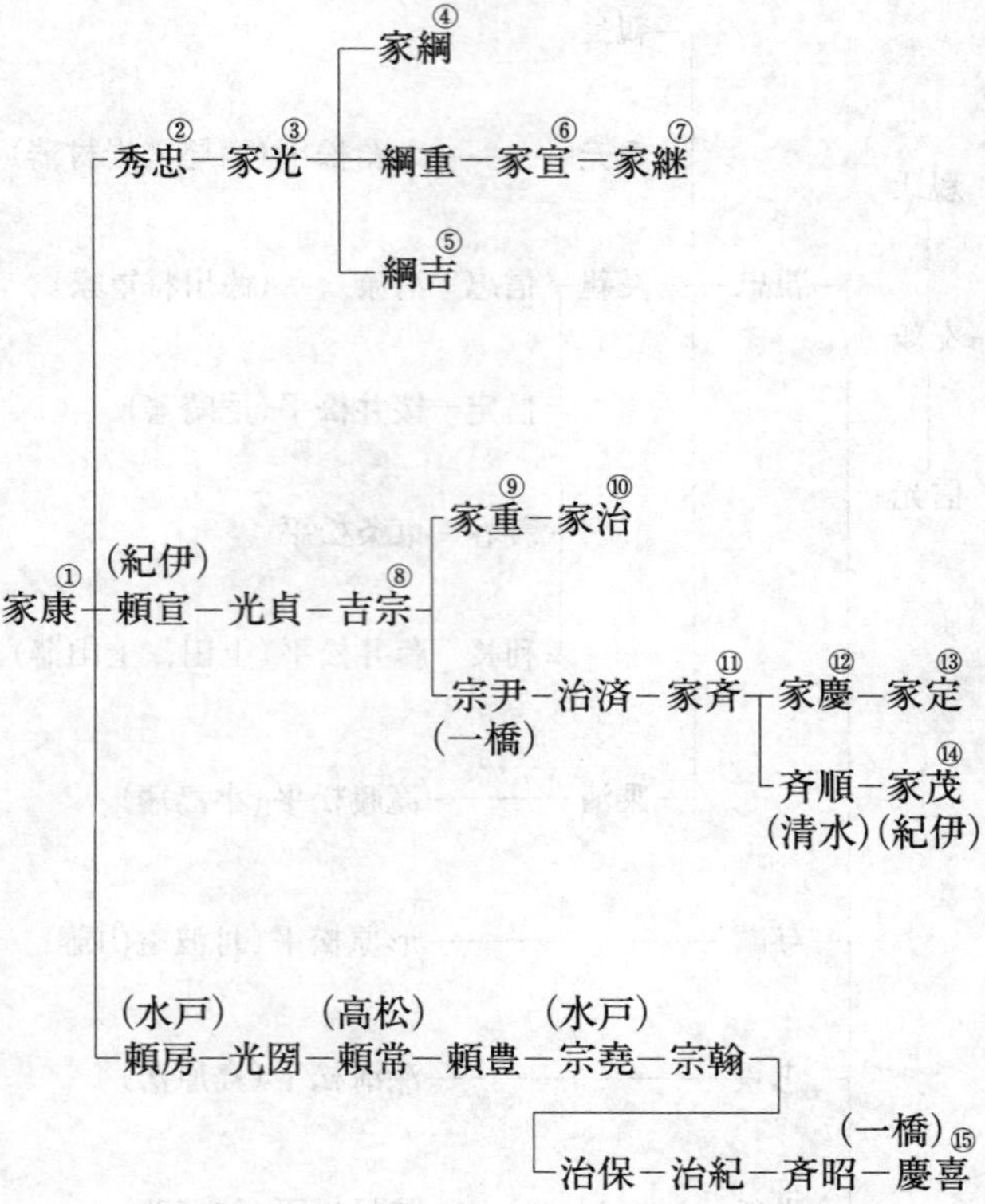

○は将軍継承順

本多家系図

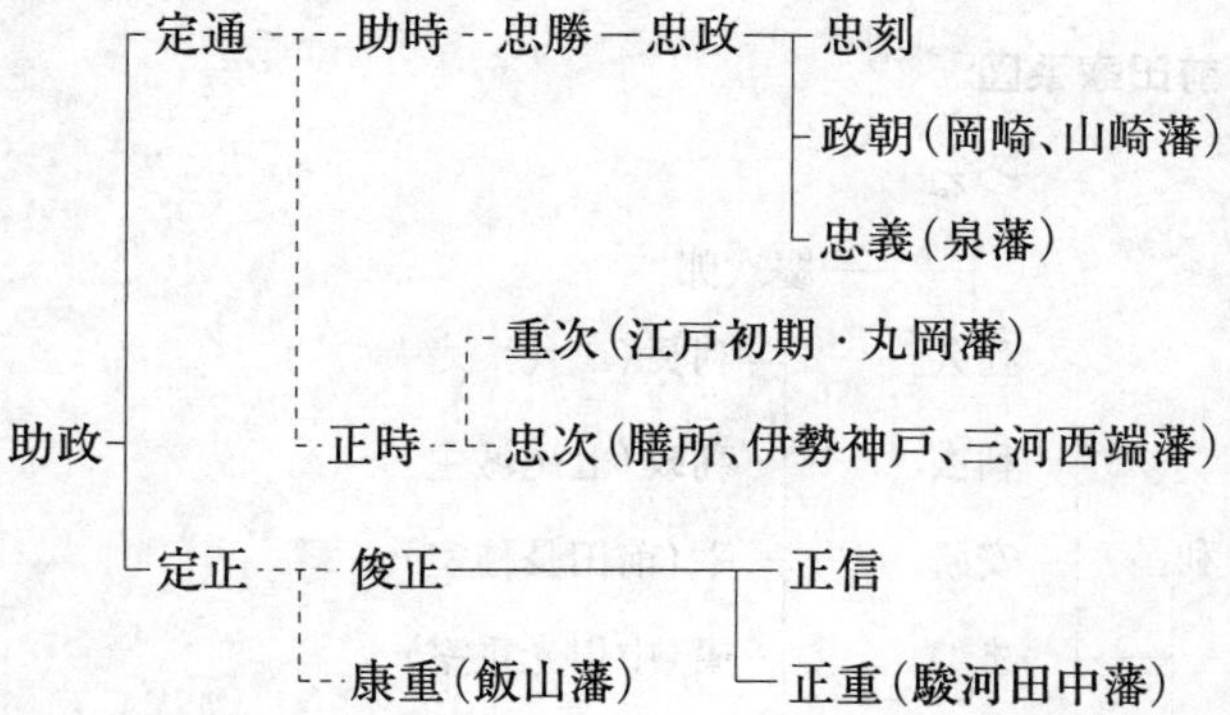

酒井家系図

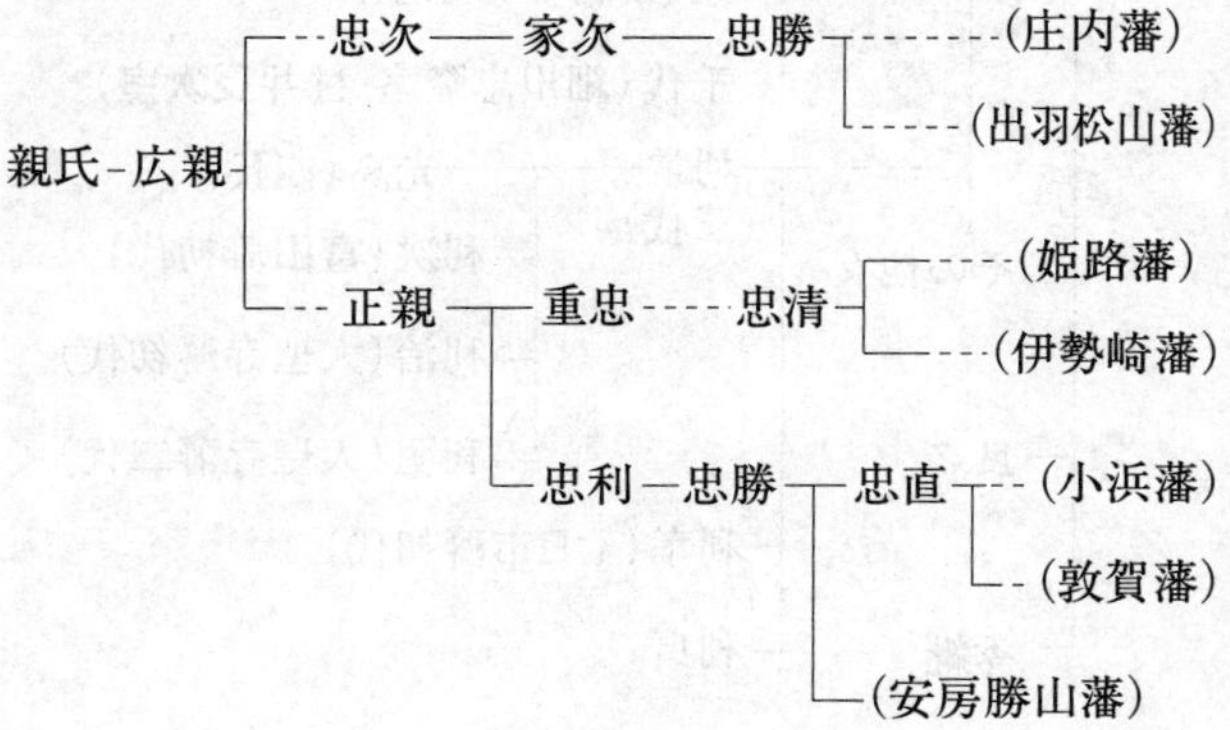

----は途中省略あり

前田家系図

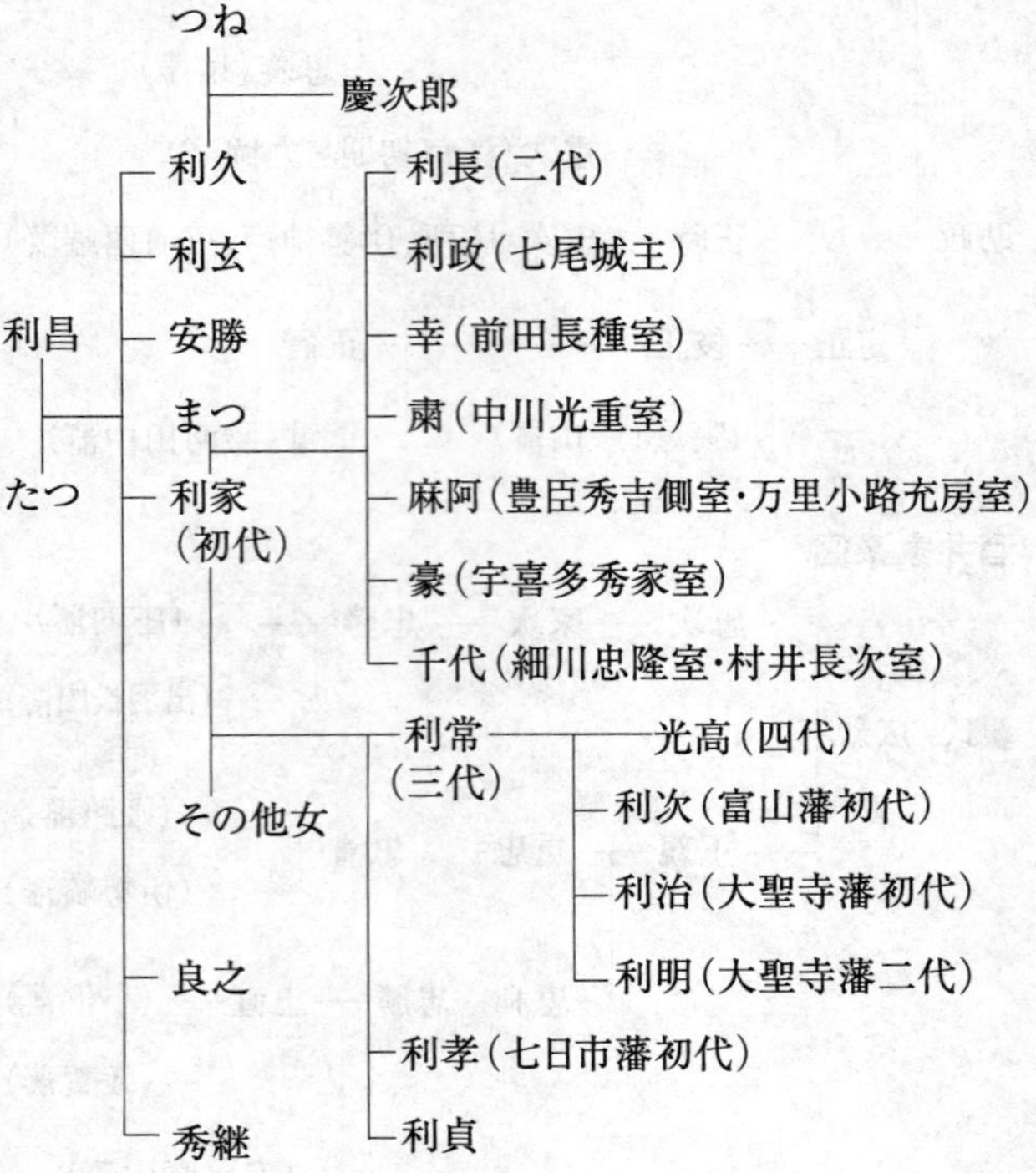

つね
慶次郎
利久
利玄
利昌
安勝
まつ
たつ
利家
（初代）
利長（二代）
利政（七尾城主）
幸（前田長種室）
粛（中川光重室）
麻阿（豊臣秀吉側室・万里小路充房室）
豪（宇喜多秀家室）
千代（細川忠隆室・村井長次室）
利常
（三代）
光高（四代）
利次（富山藩初代）
利治（大聖寺藩初代）
利明（大聖寺藩二代）
その他女
良之
利孝（七日市藩初代）
秀継
利貞

徳川家康と子孫たち

- 久松俊勝 ＝ 於大の方
  - 康元（小諸藩）
  - 康俊（下総多古藩）
  - 定勝（松山、桑名、今治藩）
- 於大の方 ＝ 広忠
  - 家康
    - 信康—女二名（岡崎、小倉藩祖の室）
    - 亀姫（奥平信昌室）
    - 督姫（北条氏直、池田輝政室）
    - 秀康
      - 忠直（津山藩）
      - 忠昌（福井、糸魚川藩）
      - 直政（松江、広瀬、母里藩）
      - 直基（前橋藩）
      - 直良（明石藩）
    - 秀忠
      - 家光
        - 家綱＝綱吉 ＝家宣−家継＝吉宗
          - 吉宗
            - 家重
              - 家治（将軍家）
              - 重好（清水家）
            - 宗武（田安家）
            - 宗尹（一橋家）
        - 綱重−清武（浜田藩）
      - 忠長
      - 保科正之（会津藩）
    - 忠吉
    - 振姫（蒲生秀行室）
    - 信吉
    - 忠輝
    - 義直（尾張、高須藩）
    - 頼宣（紀伊、西条藩）
    - 頼房（水戸、高松、守山、府中、宍戸藩）

＝は養子

本書は当文庫のために書き下ろした『江戸300藩 県別うんちく話』に、大幅加筆修正を加え、改題した作品です。

八幡和郎－1951年、滋賀県大津市に生まれる。東京大学法学部を卒業後、通商産業省入省。フランス国立行政学院（ENA）留学。北西アジア課長、大臣官房情報管理課長、国土庁長官官房参事官などを経て退官後、評論家・テレビコメンテーターとして活躍。現実の政治や経済についての豊富な知識や経験から、歴史の謎を鋭くユニークに分析する。著書には、『本当は恐ろしい江戸時代』（SB新書）、『江戸三〇〇年「普通の武士」はこう生きた　誰も知らないホントの姿』（ベスト新書）、『江戸三〇〇藩最後の藩主』（光文社新書）、『戦国大名 県別国盗り物語　我が故郷の武将にもチャンスがあった!?』（PHP文庫）、『江戸全170城　最期の運命』（イースト・プレス）、『浅井三姉妹の戦国日記』（文春文庫）などがある。

講談社＋α文庫　歴史ドラマが100倍おもしろくなる
江戸《えど》300藩《ばん》 読《よ》む辞典《じてん》

八幡和郎《やわたかずお》

2015年 8 月20日第 1 刷発行

発行者――――鈴木 哲
発行所――――株式会社 講談社
東京都文京区音羽2-12-21 〒112-8001
電話 編集(03)5395-3532
販売(03)5395-4415
業務(03)5395-3615
デザイン――――鈴木成一デザイン室
カバー印刷――凸版印刷株式会社
印刷――――――慶昌堂印刷株式会社
製本――――――株式会社国宝社
JASRAC出　1508437 - 501

落丁本·乱丁本は購入書店名を明記のうえ、小社業務あてにお送りください。
送料は小社負担にてお取り替えします。
なお、この本の内容についてのお問い合わせは
第一事業局企画部「＋α文庫」あてにお願いいたします。
Printed in Japan ISBN978-4-06-281604-5
定価はカバーに表示してあります。